A Hierarquia Angélica e o Karma Planetário

O próximo passo para entender a presença dos anjos em nossa vida

Robert J. Grant

A Hierarquia Angélica e o Karma Planetário

O próximo passo para entender a presença dos anjos em nossa vida

Introdução
G. SCOTT SPARROW, Ed.D.

Tradução
KAZUKO TERUYA EICHEMBERG
NEWTON ROBERVAL EICHEMBERG

EDITORA PENSAMENTO
São Paulo

Título do original:
Are We Listening to the Angels?
The Next Step in Understanding Angels in Our Lives

Copyright © 1994 by Robert J. Grant.
Publicado mediante acordo com a A.R.E. Press,
Virginia Beach, Virginia.

Edição	Ano
1-2-3-4-5-6-7-8-9	96-97-98-99

Direitos de tradução para o Brasil e Portugal
adquiridos com exclusividade pela
EDITORA PENSAMENTO LTDA.
Rua Dr. Mário Vicente, 374 - 04270-000 - São Paulo, SP - Fone: 272-1399
que se reserva a propriedade literária desta tradução.

Impresso em nossas oficinas gráficas.

*Este livro é dedicado, com amor,
ao meu pai e à minha mãe,
George H. e Mary Lou Grant.*

O Empíreo
de Gustave Doré

Sumário

Introdução – G. Scott Sparrow, Ed.D. 9

Prefácio 13

Agradecimentos 17

1. Não Estamos Sós 19

2. Escolhido por um Anjo 41

3. O Arcanjo Miguel 59

4. O Senhor do Karma 83

5. A Hierarquia Angélica 99

6. Satã e seus Anjos Decaídos 117

7. A Promessa Angélica – De Adão a Jesus 145

8. O Apocalipse e os Anjos Interiores 171

9. Nossos Amados Anjos da Guarda 201

Bibliografia 228

Lista das Gravuras

As gravuras incluídas neste livro são de Gustave Doré e foram selecionadas dentre suas ilustrações para o *Paraíso Perdido*, de John Milton, a *Divina Comédia*, de Dante, e a Bíblia.

O Empíreo 6

Beatriz 18

Elias Alimentado por um Anjo 40

Os Portais do Purgatório 60

Destruição do Exército de Senaqueribe 82

O Céu das Estrelas Fixas 100

"Bem alto, no trono de um domínio real, onde, na lonjura/
Resplandece a riqueza de Ormus e de Ind", de *Paraíso Perdido* ... 118

Júpiter 144

A Visão dos Quatro Carros 172

O Sol – Almas Glorificadas 202

A Nova Jerusalém 227

Introdução

No Ocidente, passamos a depender da evidência científica para apoiar nossas teorias a respeito do mundo e dos mistérios que ainda nos confundem. Em face dessa obstinada orientação empírica, acho notável o fato de que tantas pessoas ainda acreditem em Deus nos dias atuais, quando Deus parece tão inacessível a nós. Como essa fé é sustentada? Quando arranhamos a superfície dessa fé, em geral descobrimos que os crentes possuem evidências vivenciais surpreendentemente ricas e variadas da presença de Deus em suas vidas. É típico o fato de eles terem tido sonhos e visões e experimentado acontecimentos inexplicáveis que constituem uma base pessoal para sua fé no Invisível.

Essas experiências nem sempre têm sido consideradas de maneira favorável pela religião organizada. Desde a Reforma, os protestantes, em particular, têm olhado com suspeita para qualquer coisa, por mais sublime que seja, que se situe entre um indivíduo e o seu Deus. Quando a hierarquia sacerdotal foi posta de lado pelo esforço empreendido por Martinho Lutero para remover as barreiras humanas então percebidas entre Deus e nós mesmos, a hierarquia espiritual dos anjos e dos santos foi igualmente destituída. Os protestantes foram deixados tentando se relacionar com Deus através de uma distância que, de repente, ficou privada de mediadores humanos e divinos.

Não causa surpresa o fato de essa situação não poder durar. Isso porque todas as vezes em que anseios espirituais legítimos são suprimidos – ou considerados destituídos de importância ou "irreais" – eles um dia voltam à tona nas experiências privadas dos indivíduos em todos os lugares. Atualmente, em livros como *A Hierarquia Angélica e o Karma Planetário*, de Robert J. Grant, vemos isso acontecer de maneira dramática. Aparições de Maria, encontros com Cristo e manifestações de anjos combinam-se para formar uma evidência irresistível de que Deus, através de árida linha divisória, nos alcança.

Escrevi em outro lugar a respeito dos encontros modernos com Cristo (*I Am with You Always*, com publicação prevista para 1995 pela Bantam Books). Conseqüentemente, tenho muitas vezes me perguntado a respeito da relação entre os anjos e Cristo, não tanto de um ponto de vista teológico, mas de uma perspectiva psicológica – isto é, do ponto de vista da necessidade humana. Tenho indagado: "Por que as pessoas *precisam* de anjos, e em que essa necessidade difere da de um Mestre ou de um Redentor mais humano?"

Ocorre-me a idéia de que os anjos sempre foram a voz pessoal, embora não-humana, de Deus. São essencialmente *emanações* da Realidade suprema que, não obstante, cessou de súbito de se tornar plenamente encarnada. Em comparação com os mestres e com os pastores humanos, permanecem para sempre primordiais e não maculados pela vida cotidiana. Os anjos conferem a Deus uma espécie de dimensão rarefeita, como facetas de uma pedra preciosa refletindo e revelando sua beleza intrínseca. São como os raios coloridos da Luz una, fornecendo um matiz particular àquilo que, em si mesmo, é todo-abrangente e não-específico. Creio que necessitamos dessa dimensão para conceber um plano de vida. Isso porque raras vezes é satisfatório o bastante ficarmos contemplando uma totalidade nebulosa quando estamos lidando com questões bastante específicas aqui embaixo.

Psicologicamente, os anjos fazem bastante sentido porque aproximam o Divino do domínio humano. Entretanto, se os anjos têm a ver com *emanações* de Deus, então Cristo tem a ver com *encarnação* de Deus – um passo além do processo pelo qual Deus se expressa em forma pessoal.

Recorrendo a várias fontes, Robert J. Grant enfatiza que um anjo em particular, o arcanjo Miguel, estava comprometido em ajudar a preparar a encarnação de Cristo. Além disso, Miguel parece atuar ativamente em nossas tarefas quando novos desenvolvimentos estão na iminência de se desdobrarem. Ficamos cientes de que esse anjo supervisiona as manifestações de Deus neste mundo. Poder-se-ia dizer que ele é o anjo da *Encarnação*.

Os leitores não-cristãos podem estar interessados em saber que essa relação entre Deus, anjos e a encarnação de Deus é retratada de maneira semelhante em outras religiões. No budismo Mahayana, por exemplo, o universo é representado pela mandala sagrada – um desenho circular que descreve a relação do Divino com o mundo dos fenômenos. No centro da mandala reside o Buda primordial, Vairocana. Representado pela luz branca, Vairocana assemelha-se muito à nossa divindade transcendente que contém tudo mas carece de especificidade. No entanto, ao seu redor, há quatro budas *dyani* que, como anjos, nunca encarnaram. Cada um deles expressa um atributo particular da unidade divina, como, por exemplo, a sabedoria que tudo discerne ou a sabedoria da igualdade. Um dos budas *dyani* em particular, Amoghasiddhi, representa a sabedoria que tudo realiza – o impulso para trazer o Divino à expressão material. Assim como no caso de Miguel, esse buda permanece, de alguma maneira, separado de tudo o mais, pois ele supervisiona o processo da encarnação.

A importância desse ser angélico para o Mahayana não nos causa surpresa porque, ao contrário de outras formas de budismo, o budismo Mahayana enfatiza o fato de que a mais alta realização para qualquer alma é *retornar à Terra* como ser iluminado – isto é, encarnar para iluminar o mundo. Portanto, não é surpreendente o fato de que os mahayanistas se empenhem na prática de deslocar Vairocana do centro da mandala para a periferia e colocar Amoghasiddhi no centro. Ao meditar sobre essa nova configuração, quem medita confirma a importância da *encarnação* sobre a *emancipação* – uma vida de serviços situada até mesmo acima da liberdade que poderia ser desfrutada pela superação do ciclo dos renascimentos.

Desse modo, podemos comungar com anjos, budas *dyani* e outros seres arquetípicos que expressam a dimensionalidade de Deus. E também podemos comungar com essa força angélica cujo impulso é trazer Deus para baixo, para viver entre nós, como uma expressão completa do infinito no finito.

Neste livro instigante e bem pesquisado, Robert J. Grant fez um trabalho excelente ao descrever anjos a partir de várias perspectivas sem concretizar inteiramente esses seres. Estendendo a gama dos fenômenos angélicos a áreas que, usualmente, não se costuma associar com anjos, ele nos lembra de que, antes de mais nada, estamos lidando com intervenções espirituais que podem assumir várias formas. Desse modo, deixa aberta a possibilidade de que as pessoas percebam essa intervenção de acordo com seus próprios sistemas de crenças.

Em um dos encontros com Cristo descritos em meu livro *I Am with You Always*, uma mulher vê um Ser de Luz num bosque. Ela pergunta: "Quem é você?" O Ser responde: "Alguns me chamam de Buda e alguns me chamam de Cristo." Então ela diz: "Não conheço Buda." O Ser responde: "Então, sou Cristo." Essa experiência sugere que Deus está além da nossa necessidade de vivenciá-lo de acordo com nossas crenças e com nossos pressupostos. O espírito é deleitosa e amorosamente amoldável. E, portanto, deveríamos talvez nos sentir livres para permitir a nós mesmos e a outras pessoas relacionarem-se com o divino através das formas vitais ricamente diversificadas disponíveis. Para muitos de nós, ouvir os anjos pode ser uma das melhores maneiras de entrar em comunhão, capaz de mudar nossa vida, com nossas naturezas espirituais mais profundas.

G. Scott Sparrow, Ed.D.

Prefácio

Desde há muito tempo, me fascina a concepção de que há anjos capazes de guiar, de influenciar, de dirigir e de inspirar nossas vidas a partir dos domínios invisíveis. Fiquei convencido da realidade dos anjos durante o tempo em que trabalhei como funcionário de um asilo junto a doentes terminais. Testemunhei muitas pessoas que, libertadas da dor nas últimas horas de suas vidas, ficaram com a mente limpa e falaram de visões de anjos que tinham vindo ajudá-las a se dirigir para "o outro lado". Essas experiências não eram apenas um alívio para os pacientes, mas também para as famílias, que queriam que seus amados, vítimas de doença terminal, tivessem algum descanso das devastações causadas pelo câncer ou pela AIDS.

De acordo com muitos voluntários desse asilo, com os quais conversei, visões de anjos no leito de morte são especialmente comuns entre crianças. Não creio que essas visões sejam alucinações produzidas por medicamentos ou por dor intensa. Creio que, assim como temos uma equipe de médicos e de enfermeiras para, na sala de parto, ajudar um bebê a nascer neste mundo, também há espíritos, anjos e guias que ajudam o moribundo – quando uma alma "nasce" para o outro lado. Realizei um levantamento informal com amigos e associados e descobri que era surpreendentemente grande o número de pessoas que acreditavam terem tido um encontro com um anjo. Foram essas histórias que me levaram inicialmente a conceber este livro e a examinar o quadro mais amplo da influência dos anjos em nossa vida.

Muitos livros foram escritos sobre a realidade dos anjos e sua interação com a humanidade. Neste, tento defender a idéia de que a atividade dos anjos em nossos dias não é, em absoluto, fortuita, havendo em suas interações um propósito que ultrapassa a transformação individual. Atualmente, há uma mudança global ocorrendo na nossa cultura, mudança essa que, acompanhada pela influência dos anjos, abre uma instigante possibilidade: estamos ingressando na aurora de uma era de grande despertar e realização espirituais, e os anjos estão nos assistindo nesse despertar.

Outro interesse que me levou a escrever este livro é a vida fascinante do chamado "profeta dorminhoco" Edgar Cayce, a cujos trabalhos e leituras mediúnicas recorri extensamente neste livro. A vida de Cayce mudou drasticamente devido à influência de anjos. Seu encontro efetivo com um deles, quando tinha treze anos, foi a "ponta do *iceberg*" para ele: Cayce iria se tornar um dos mais notáveis médiuns do mundo, ajudando milhares de pessoas durante sua vida graças ao seu dom único e peculiar. Depois do seu encontro com o anjo, Cayce adquiriu a capacidade de entrar num estado de sono auto-induzido e de responder com precisão a qualquer pergunta que lhe fosse dirigida. A precisão das respostas foi bem documentada devido à sua fantástica capacidade para diagnosticar doenças e prescrever tratamentos para pessoas que ele nunca encontrara nem vira. Nos anos posteriores de sua vida, as pessoas lhe faziam perguntas sobre a natureza dos anjos e dos arcanjos e sobre o seu papel na humanidade. Suas "respostas" formaram a base para a elaboração de uma perspectiva fascinante, não apenas sobre os arcanjos e os anjos da guarda, mas também sobre o propósito das manifestações deles em nossa época.

As informações que Cayce fornecia enquanto estava dormindo foram denominadas "leituras", das quais há mais de 14.000. Pode-se dizer com precisão que o encontro que Cayce teve com um anjo foi o primeiro passo no papel que ele iria desempenhar no século XX como um profeta e vidente dos tempos modernos. O anjo o dirigiu para uma realidade maior do que aquela de que estivera ciente até então. Creio que isso vale para todas as experiências com anjos. O contato ou experiência inicial é o *princípio*. Escrevi este livro com o propósito de analisar o quadro mais amplo da influência dos anjos sobre o nosso desenvolvimento espiritual pessoal e planetário: estamos sendo orientados no sentido de obter acesso a uma realidade espiritual mais ampla, não apenas por intermédio dos anjos, mas também de Deus, que nos envia esses mensageiros angélicos.

É certo que interações da humanidade com anjos têm ocorrido ao longo do tempo. Há, no entanto, na evolução da Terra, épocas críticas nas quais a presença dos anjos exerce maior influência. Creio que a época atual é uma delas. As informações contidas nas leituras mediúnicas de Cayce indicam que estamos agora no período mais importante da história do mundo, um período em que a espiritualidade está sendo novamente despertada na mente das pessoas em todos os lugares. Como aconteceu há 2.000 anos, os anjos estão novamente proclamando essa ascensão na consciência espiritual, como o tinham feito na época de Cristo. Minha convicção nessa crença baseia-se nos meus mais de quinze anos de pesquisas e de estudos das leituras de Cayce. Ele não apenas nos ofereceu informações sobre os anjos como também obteve *mensagens vindas diretamente dos anjos* em suas leituras mediúnicas, que são aplicáveis a cada um de nós até mesmo atualmente. Essas mensagens inspiradoras estão sendo oferecidas a nós como uma preparação para uma consciência espiritual mais elevada, que está apenas começando a nascer na nossa época. Não obstante, cabe-nos reconhecer essa consciência espiritual crescente, tornando-nos parte dela, ou não dar atenção a ela, permanecendo imersos em nossas vidas materiais.

Surpreendia-me o fato de até hoje não ter sido escrito livro algum a respeito da comunhão de Cayce com anjos. Esse material é importante porque suas experiências confirmam que não estamos sós em nossos esforços cotidianos, e que há muito mais a ser descoberto quando examinamos a influência deles no desenvolvimento espiritual da consciência. Essa concepção vai além de um "fenômeno angélico" e coloca a experiência no âmbito de uma humanidade que está mudando, crescendo e se tornando mais ciente da atividade espiritual do mundo material. Tenho a esperança de que este livro possa ajudar o leitor não só a compreender as influências angélicas como também a reconhecer que um convite espiritual acena para cada um de nós à sua própria natureza.

Em 1933, um jovem aproximou-se de Edgar Cayce para perguntar-lhe a respeito das atividades mediúnica e angélica. Ele queria saber qual era a mais elevada realização mediúnica. Cayce respondeu-lhe que "Deus Pai fala diretamente aos filhos dos homens – assim como prometera".[1] Acredito que os anjos são as *vozes diretas* que Deus utiliza para falar conosco – bastaria que os escutássemos. Outras fontes incluídas neste livro – Rudolf Steiner, George Ritchie, C.S. Lewis, Emmanuel Swedenborg, *O Livro de Enoch*, a Bíblia –, assim como as leituras de Cayce, estabelecem correlações com essa idéia da comunicação angélica como um passo necessário em nossa jornada em direção a uma comunhão consciente com Deus.

Pessoas de todas as posições sociais que encontraram anjos foram deixadas com um conhecimento inacreditável, que ultrapassa a mera crença espiritual: elas sabem, sem sombra de dúvida, que Deus existe e está intimamente ciente delas e amorosamente atento com relação a elas. Os anjos, muitos acreditam, têm sido enviados para nos lembrar de que, em meio às nossas tristezas e às nossas provações, há sempre a esperança de que um Criador nos ame e que cuide de nós além do alcance da nossa compreensão. Pessoalmente, creio que os anjos estão sendo enviados a nós pelo Criador para nos permitir compreender que não há grande diferença entre os mundos do visível e do Invisível. Estamos nos aproximando, no nível da consciência, de uma compreensão plena e mais clara não somente de nós mesmos enquanto almas, como também da nossa relação com Deus. Isto, creio eu, é parte da mensagem maior dos anjos.

---

1. Leitura 440-4.

AGRADECIMENTOS

Nossos sinceros agradecimentos aos seguintes editores pela permissão para reproduzir trechos ou gravuras dos seguintes livros:

Dover Books, por reproduções de obras de Gustave Doré utilizadas para ilustrar este livro.

Return from Tomorrow, por George C. Ritchie, M.D., com Elizabeth Sherrill. Copyright © 1978 por George C. Ritchie, M.D. Reimpresso por permissão de Baker Book House Company.

The Boy Who Saw True, Anônimo, com Introdução, Posfácio e Notas de Cyril Scott. Copyright © 1953 por C.W. Daniel Company Limited. Reimpresso com permissão de C.W. Daniel Company, Ltd., Editores, 1 Church Path, Saffron Walden, Essex CB10 1JP, Inglaterra.

Creating with the Angels – An Angels-Guided Journey into Creativity, por Terry Lynn Taylor. Copyright © 1993 por Terry Lynn Taylor. Reimpresso por permissão de H.J. Kramer, Inc., P.O. Box 1082, Tiburon, CA 94920.

Know Your Angels – The Angel Almanac with Biographies, por John E. Ronner. Copyright © 1993 por John E. Ronner. Reimpresso por permissão de Mamre Press, 107 Second Avenue, Murfreesboro, TN 37130.

Todas as citações das Escrituras foram extraídas de *A Bíblia Sagrada*, Sociedade Bíblica do Brasil, Rio de Janeiro, GB, 1968. As citações de *The Book of Enoch* foram extraídas da tradução de Laurence Richard, Londres: Kegan, Paul, Trench & Co., 1883.

A Association for Research and Enlightenment, Inc. (A.R.E.) é uma organização de associados para as pessoas que se interessam pelo estudo e pelo uso das leituras mediúnicas de Edgar Cayce.

Para fins de referência e para preservar o anonimato, a cada pessoa que recebeu uma leitura de Cayce foi atribuído um número, que acompanha a leitura em vez do nome da pessoa. Por exemplo, a leitura 3902-2 foi concedida à pessoa de número 3902. Esta leitura, em particular, foi a segunda que a pessoa obteve de Cayce. Os números das leituras para as citações utilizadas neste livro podem ser encontrados nas Notas.

1
Não Estamos Sós

"Porque aos seus anjos dará ordens a teu respeito, para que te guardem em todos os teus caminhos. Eles te sustentarão nas suas mãos, para não tropeçares nalguma pedra." – Salmo 91:11-12

Um Lázaro dos Tempos Modernos

O dr. George Rodonaia, médico, psiquiatra e cientista russo, estava em grandes apuros. Ultrapassara os limites, porém não suspeitava de nada. Tanto quanto sabia, a União Soviética só estava ciente do seu trabalho como professor e doutor na Universidade da Geórgia. Mas o dr. Rodonaia estava errado. A KGB o estava rastreando como dissidente político e tinha conhecimento de suas atividades secretas no movimento de resistência. Sua tarefa básica nesse movimento era fazer com que dissidentes saíssem clandestinamente da Rússia para os Estados Unidos e para outras nações democráticas. Os membros desse movimento editavam boletins de notícias, em rede com outras pessoas de mentalidade semelhante, e estavam promovendo uma rápida mobilização rumo a uma revolução pacífica. O comunismo era inaceitável para o dr. Rodonaia, e ele se dedicara aos ideais de liberdade.

O Kremlin sabia que o estimado professor era um inimigo, e estivera planejando detalhadamente seu assassinato durante muitos meses. Ironi-

19

camente, o dr. Rodonaia sentia-se em segurança; conseguira obter um visto de saída para os Estados Unidos, para onde fora convidado devido, em grande parte, aos seus trabalhos científicos, como médico e professor. Ele obtivera igualmente um respeitável *status* na Rússia. Tinha grau de doutor em psicologia, em teologia, em ciências e em línguas orientais. Estava bem animado quando chegou ao aeroporto para encontrar-se com sua família, que o esperava para deixar com ele o país, rumo aos Estados Unidos. Estava finalmente deixando a Rússia para trás a fim de prosseguir uma vida livre das limitações e da opressão do comunismo. Não viu o carro que o seguia lentamente a menos de um quarteirão de distância, nem percebeu que a vigilante KGB estava acompanhando seus movimentos. Quando o doutor deixou a calçada para atravessar a avenida de quatro pistas em direção ao terminal do aeroporto, o agente da KGB, de súbito, acelerou seu veículo de quatro portas, descendo pela avenida em sua direção. O doutor só teve tempo de ver o carro se aproximando. Ficou paralisado. O carro vinha a uma velocidade de cerca de 70 quilômetros por hora e o atingiu, atirando-o na rodovia, fraturando-lhe o crânio e quebrando-lhe o pescoço e a espinha. Os agentes da KGB fugiram rapidamente do local do assassinato. Espectadores curiosos se aproximaram. Quando a ambulância chegou, o dr. Rodonaia já estava morto.

A equipe médica colocou o seu corpo na ambulância e o levou para o necrotério da cidade. A autópsia seria realizada dentro de alguns dias. Numa situação normal, seria esse o fim da história do dr. Rodonaia, mas depois de três dias, inexplicavelmente, ele despertou da morte, só para revelar que tivera algumas experiências extraordinárias no mundo dos mortos.

A alma do dr. Rodonaia observou a remoção do seu cadáver da rua a partir de um curioso ângulo de visão: acima da cena, presenciou os últimos momentos da sua vida e a colocação do seu corpo num congelador.

Estranhamente desprendido, teve sua atenção voltada para os inusitados arredores. Escuridão. Pixe. Negrume.

Onde estou?, pensou ele. *Não estou morto?* Não havia inquietação. Flutuando num mar de contentamento, o dr. Rodonaia não sentia dor nem ansiedade.

Um minúsculo ponto de luz começou a aparecer na escuridão. Pouco a pouco, a luz aumentou, e ele se sentiu arrastado na sua direção. À medida que se aproximava dela, experimentava uma sensação de imensa alegria e paz. Então, foi absorvido pelo brilho resplandecente. Estava sozinho, mas sentiu-se completamente envolvido num amor insondável. Não via ninguém; nenhum parente morto veio recebê-lo.

Compreendeu que a luz não era uma pessoa, mas uma inteligência – viva –, mais viva do que qualquer pessoa que ele conhecera. Havia mundos dentro da luz. Logo, viu-a dividida em setores: outros seres dentro de um grande Ser. Notou que também ele era uma "luz", como a esfera na qual se encontrava. Queria explorar essas luminárias irradiantes, e imediatamente viu-se imerso em esferas de luz. Elas tinham nomes: Sabedoria e Conhecimento. Eram duas esferas distintas da inteligência, mas tinham uma fonte comum.

O dr. Rodonaia ficou maravilhado ao saber que o Conhecimento e a Sabedoria que vivenciara eram inteligências além da sua capacidade imaginativa; eram as fontes de tudo o que poderia ser aprendido no mundo físico. Mais tarde refletiria, depois de despertar, que essas esferas celestes abrangiam o espírito humano mas eram maiores que ele – muito maiores do que um corpo ou um ser terrestre. À medida que viajava na infinidade dessa luz, experimentava uma forma de conhecimento universal. Tão depressa quanto podia formular mentalmente uma questão, uma resposta instantânea se apresentava. O dr. Rodonaia estava assombrado, pois era um cientista e nunca dera importância a qualquer pensamento sobre a sobrevivência da alma após a morte. Uma alegria mais plena do que jamais experimentara na Terra jorrou através dele, transportando-o para domínios superiores de compreensão, de harmonia e de paz. Enquanto isso, seu corpo jazia silencioso e esquecido no necrotério – esquecido por sua alma, bem como por seus adversários, que o haviam assassinado.

Sentindo-se mais vivo do que jamais se sentira na Terra, o dr. Rodonaia absorveu a brilhante compreensão da vida em todos os seus aspectos. Conheceu os antigos mistérios, os enigmas, os segredos de todas as eras. Absorveu o conhecimento contido na luz, compreendendo que o universo é uma coisa viva, benévola, onipotente.

Depois de algum tempo, que lhe pareceu durar eras, dentro dessa luz, o dr. Rodonaia sentiu que estava descendo. Voltando sua atenção para essa descida, viu a Terra e as pessoas que conhecera em sua vida mortal. Quis saber o que estava acontecendo com seus amigos e com sua família, e se viu atraído para dentro da casa do seu melhor amigo, Maurice. O doutor continuava a se sentir flutuando e sereno – pairando no ar bem acima da cena que se desenrolava como uma peça de teatro. De repente, seu sentimento de paz foi substituído por pensamentos sombrios. Observou seu melhor amigo olhando fixamente, e sem esperança, para um berço de grades altas onde um pequeno bebê gritava de dor. O dr. Rodonaia, ainda nesse estado incomum de consciência em que, a um simples desejo, qualquer pergunta podia ser respondida, compreendeu instantaneamente o que estava acontecendo. Embora seu melhor amigo não soubesse por que a criança estivera chorando sem parar durante todo o dia, o dr. Rodonaia soube de imediato que a bacia do bebê estava fraturada. Uma enfermeira descuidada deixara a criança cair e não relatara o acidente. Ao chegarem em casa, os pais, ignorando a tragédia, encontraram o bebê chorando desesperadamente.

O dr. Rodonaia teve vontade de dizer à criança que parasse de chorar, pois ninguém conseguia entender o que o bebê estava tentando comunicar. Tão logo esse desejo cruzou os pensamentos de sua psique, a criança imediatamente parou de chorar e olhou para cima, para o dr. Rodonaia. Nenhuma outra pessoa na sala sentiu a sua presença, a não ser a criança. Os amigos do dr. Rodonaia ficaram estarrecidos. A criança estivera chorando durante o dia todo! Por que parara?

Nesse momento, ele se sentiu puxado para baixo, deixando a cena na casa do amigo e retornando aos campos celestes de Sabedoria e de Conhecimento. Mas a imagem do bebê, que acabara de ver, tinha-o desconcertado. Quis poder fazer algo para ajudá-lo. Nas asas desse pensamento, sentiu-se puxado para fora da luz e para dentro da escuridão que vira imediatamente após o seu assassinato.

O doutor sentiu uma grande ansiedade ao perceber que estava deixando a luz. Logo, viu-se novamente olhando de cima para uma outra cena terrestre: o hospital para onde seu corpo fora levado.

A sala de autópsia! Os patologistas tinham transportado seu corpo frio e imóvel do necrotério para a mesa de autópsia. Quando a equipe médica passou a trabalhar no cadáver, fazendo cortes no seu tórax e na sua cavidade abdominal, o dr. Rodonaia começou a perder sua consciência expandida, deslizando para baixo em direção ao seu corpo. Repentinamente, teve uma sensação de frio. Sentiu-se congelando. Em seguida, sentiu o peso do seu corpo. O frio era insuportável. Tentou gritar, mas suas cordas vocais estavam congeladas. Não conseguia mover nenhuma parte do seu corpo, exceto as pálpebras. Começou a piscar rapidamente, esperando que alguém percebesse que ele estava consciente. "Está vivo!", gritou o patologista. Seguiu-se um pandemônio. Bandejas e instrumentos médicos foram atirados ao chão quando os médicos assistentes saltaram para trás, horrorizados.

"Para o tratamento intensivo!", gritou um dos médicos. "Imediatamente!" O dr. Rodonaia começou a respirar novamente. Foi transportado para a sala de emergência e fluidos intravenosos foram injetados nele. Colocaram-lhe uma máscara de oxigênio para ajudá-lo a respirar.

O dr. Rodonaia voltou dentre os mortos depois de passar três dias no necrotério!

"Isto é impossível", murmurou o patologista. "Impossível!"

Quando recobrou totalmente a consciência, cerca de uma semana mais tarde, o dr. Rodonaia viu seu melhor amigo de pé ao lado de seu leito, com olhos arregalados e em choque.

"Seu bebê", sussurrou o dr. Rodonaia com voz baixa e rouca, falando pela primeira vez. "A bacia do seu filho... está quebrada... precisa imediatamente de um médico..."

Seu amigo olhou-o com espanto. "George, George, como você poderia saber o que está errado com meu filho?"

Com todas as forças que conseguiu reunir, o dr. Rodonaia suplicou-lhe para levar o seu filho ao hospital. "A enfermeira deixou cair a criança... está fraturada... muito. Vá! Agora!"

A dor tornou-se intensa, e o dr. Rodonaia perdeu a consciência. O amigo parou na recepção e telefonou para a esposa, pedindo-lhe para trazer imediatamente a criança ao hospital para um exame de raios X.

A criança, a essa altura quase perto da morte, foi trazida ao hospital. Os raios X revelaram fratura no osso da bacia. Foi chamado um especialista. "A criança ficará bem", disse o médico aos pais aflitos.

O amigo do dr. Rodonaia chorou enquanto caminhava até o leito de George. Agarrou a miraculosa mão do amigo. "Você salvou o meu filho... você salvou o meu bebê..."

A miraculosa recuperação do doutor foi completa, e não houve lesão cerebral. Sua espinha e seus ossos fraturados se solidificaram. Mais tarde, ele conseguiu fugir da União Soviética, antes da queda do comunismo e hoje é um pastor metodista nos Estados Unidos. Lembra-se, nos mínimos detalhes, da sua incursão de três dias pelo mundo dos mortos. Como conseqüência, tem dedicado sua vida e seu trabalho a serviço da humanidade.

O dr. Rodonaia, que relatou essa história numa entrevista em 1993, bem como num pequeno documentário intitulado *Life After Life* (produzido por Cascom International em 1992), nunca esqueceu a sua visita aos mundos celestes da Sabedoria e do Conhecimento. De acordo com um antigo texto, *O Livro de Enoch*, que fazia parte da Bíblia, Sabedoria é uma inteligência divina – um anjo, cuja influência é ensinada nas escolas de misticismo, embora a verdadeira fonte da sabedoria resida nos reinos invisíveis: "Sabedoria foi habitar entre os filhos dos homens, mas não encontrou morada. Sabedoria retornou ao seu lugar, e se sentou no meio dos anjos..." (*O Livro de Enoch* 42:2)

O dr. Rodonaia sentiu que toda a educação acadêmica que tivera na vida emanara desse reino, e durante os três dias em que estivera morto vivenciou a experiência abençoada de aprender da *fonte* da sabedoria. Nesses três dias, sentiu que aprendera mais do que nos seus trinta e seis anos terrestres. Ele nunca havia refletido sobre a realidade dos anjos antes de sua experiência de morte e, não obstante, soube depois de acordar que foram eles que o guiaram através de muitos domínios dos mundos invisíveis. A perspectiva de conceber a Sabedoria e o Conhecimento como anjos é muito diferente da visão tradicional que se tem deles como mensageiros divinos e, no entanto, os anjos são definidos como mensageiros que guiam e concedem sabedoria e inspiração aos seres humanos. A experiência de morte do dr. Rodonaia é um poderoso lembrete, àqueles que estão vivos, de que há mundos ainda não descobertos, mundos nos quais vive a alma.

Hoje, ele afirma que seu período de morte foi "a maior educação de vida a que alguém possa aspirar".

Um Resgate Angélico

Ao longo do século passado, houve um dramático aumento do número de pessoas que tiveram experiências milagrosas com anjos. Qualquer pessoa que estude o fenômeno concluirá rapidamente que há forças invisíveis guiando e dirigindo continuamente a humanidade no seu caminhar. Isto soa como um paradoxo para a mente racional. Para muitos, o que não pode ser visto não existe. As pessoas, com freqüência, zombam da idéia de forças invisíveis e de fenômenos mediúnicos, mas este pensamento está sendo substituído por incontáveis encontros inexplicáveis, os quais indicam que algo divino está realmente em ação no mundo atual. A seguinte história é um bom exemplo de um desses encontros angélicos, que de outra maneira seriam inexplicáveis:

"Oh, meu Deus, agora não!", exclamou Marie em voz alta. "Por favor, agora não!"

O Dodge 1972 de Marie Utterman engasgou e deu solavancos na Estrada Interestadual 95, nas vizinhanças de Richmond, na Virgínia. O carro estava perdendo velocidade quando ela o empurrou para o acostamento. O carro morreu lentamente, sem fumaça, sem vapor, sem nenhuma "mastigação" barulhenta do motor. Porém, Marie sabia que ele estava mesmo morto. Há meses que a transmissão vinha desaparecendo.

Encontrava-se na estrada para Washington, D.C., vinda de Norfolk, na Virgínia. Sua filha estava para dar à luz em algumas semanas, e a gravidez fora difícil. Marie tivera um pressentimento, uma sensação de urgência a respeito de sua filha durante toda a manhã. Não conseguia afastar a inquietação que a dominava quando pensava na filha. Sua preocupação transformou-se numa ansiedade que não a deixava em paz.

Vá até ela. Vá para Jenny. Depressa!

Finalmente, ela seguiu sua intuição, depois de ligar para Jenny e ouvir a resposta da secretária eletrônica. *Jenny deveria ter atendido ao telefone*, pensou Marie. *Ela está sempre em casa a esta hora.*

"Jenny, é a mamãe", disse Marie depois de ouvir o *bip* do aparelho. "Querida, estou indo para D.C. Sei que você dirá que não devo, mas estou indo. Espero que esteja bem. Vejo-a logo."

Ela vai pensar que estou louca, refletiu Marie. Não era de se intrometer nos assuntos da filha, mas esse *sentimento* exigiu que fosse até ela imediatamente. "Intuição de mãe", murmurou, enquanto arrumava a maleta. "Deus, espero que eu *esteja* louca."

Marie reclinou a cabeça no volante, revivendo os acontecimentos do início do dia, que a tinham colocado nesse inquietante dilema à beira da estrada. Estava a várias milhas a leste ou a oeste da saída mais próxima. Também estava a duas horas de distância da casa da filha, nas vizinhanças de Alexandria, na Virgínia.

"Deus, por favor, me ajude", disse Marie. "Tenho de chegar até Jenny. *Por favor!*"

Marie não entendia nada de automóveis, mas, mesmo assim, decidiu abrir o capô. "Talvez seja um fio. Talvez seja apenas um maldito fio que se soltou."

Veículos passavam correndo quando desceu do Dodge. Era quase hora do *rush* na Interstate 95 e ela duvidava que alguém pensasse em parar. Levantou o capô e examinou bem o motor. Nada de fios soltos. Apenas um motor que não funcionava. Entrou novamente no carro depois de fechar o capô. Com os olhos fechados e concentrando toda a esperança que podia reunir, girou a chave enquanto visualizava o carro funcionando de novo. O motor girou, mas não pegou. Marie sentiu-se completamente desesperada. Lágrimas jorravam dos seus olhos enquanto olhava para a agitada rodovia. "Por favor", sussurrou para os carros que passavam correndo. "Oh, por favor... tenho de chegar até Jenny!"

No momento em que esse apelo saiu de seus lábios, um furgão branco indefinível parou no acostamento, em frente ao carro de Marie. O motorista ligou seu pisca de emergência e deu marcha à ré para se aproximar do Dodge.

Marie estava incrédula, mas enorme era o seu alívio. "Oh, oh, graças a Deus!", exclamou.

As grandes portas laterais do motorista e do passageiro abriram-se ao mesmo tempo, e três homens que lhe pareceram jovens universitários saíram do veículo. Aparentavam ter vinte e quatro ou vinte e cinco anos, a mesma idade de Jenny. Marie sentiu-se imediatamente à vontade ao vê-los. Eram muito bonitos, distintos e sorridentes. Ela pensava que eles deviam estar a caminho de um clube, pois estavam de camisa pólo branca, jaquetas e calças brancas largas. *Talvez sejam internos do hospital*, pensou Marie, à medida que baixava o vidro da janela.

O homem louro deu um sorriso tranqüilizador para Marie. "Senhora, se sair do carro, tentaremos fazê-lo funcionar de novo." Marie não hesitou.

"Não sei como lhes agradecer", disse, saindo do carro. "Tenho de ver minha filha. Ela está prestes a ter um bebê, e..."

Marie contou sua história enquanto os três homens tiravam a caixa de ferramentas e o macaco hidráulico do bagageiro do furgão. O macaco do automóvel era novo e brilhante. Sorriram para Marie e acenavam com a cabeça à medida que ela lhes explicava seu dilema. Não hesitaram em começar o trabalho.

Ao perceber que estavam tentando consertar o carro, Marie começou a protestar. "Garotos, todos vocês estão arrumados para algum tipo de programa. Por favor, se me deixarem telefonar, chamarei um dos amigos de minha filha ou o marido dela para vir ajudar. Vocês não precisam..."

"Não há problema, senhora", disse o homem louro enquanto se arrastava sob o carro de Marie. "Nós a colocaremos de volta na estrada em um minuto."

"Passe-me o soquete, Mitch." Marie notou que Mitch era parecido com seu genro, o marido de Jenny. Ele pediu licença e passou por ela, vasculhando a caixa de ferramentas.

"Isso", disse o louro para o outro homem. "Agora, passe-me o alicate de ponta fina."

Durante os cinco minutos seguintes, o louro pedia ferramentas como um cirurgião pede instrumentos durante a cirurgia. Mitch se arrastou sob o lado direito do carro e ajudou o amigo. O terceiro rapaz mexia no motor por baixo do capô aberto.

Meu Deus, suas roupas ficarão sujas de graxa, pensou Marie. Ela nunca havia se sentido tão grata em toda a sua vida. Notou que sua ansiedade se aquietara completamente. Ficou muito contente – na verdade, sentiu-se flutuando. Era estranho, em circunstâncias tão estressantes, que se sentisse tão calma. Os três homens gastaram um total de dez minutos trabalhando no carro de Marie. Mitch, que estava debaixo do carro, saiu, sentou-se no banco do motorista e girou a chave. O Dodge engasgou, deu partida e passou a funcionar normalmente. Marie ficou perplexa. Em seguida, saltou do carro e caminhou em sua direção. "Acho que agora estará bom", disse ele. "A senhora já pode voltar aos seus compromissos."

Marie estava imensamente grata. "Não tenho palavras para lhes agradecer. Por favor, quero pagar pelo incômodo." Abriu sua carteira e ofereceu a eles uma nota de 50 dólares que reservava para emergências.

Os três jovens começaram a guardar as ferramentas e o macaco no bagageiro do furgão, ignorando a mão estendida de Marie. Mitch fez uma pausa depois de ter guardado o macaco e sorriu para ela. "Não é necessário", disse. "É para isso que estamos aqui." Os três trocaram entre si um sinal de mútuo assentimento, acenando com a cabeça. Subitamente, Marie ficou estarrecida – não pelo fato de rejeitarem o dinheiro, mas devido à sua aparência. Pela primeira vez, notou que os jovens não tinham nenhuma sujeira ou mancha de graxa nas roupas ou nas mãos. Suas roupas brancas estavam tão limpas como quando desceram do furgão.

Marie se sentiu como se estivesse num sonho. "Como vocês podem... quero dizer... vocês estiveram se arrastando pelo chão... vocês deveriam estar..."

"A senhora precisa ir", disse o homem moreno. "Sua filha precisa da senhora."

A lembrança tirou Marie do seu espanto. "Oh, sim! Vou retomar o meu caminho. Mas como posso lhes agradecer?" Aproximou-se dos três homens, sentindo-se atraída, quase como se os conhecesse de algum lugar.

"A senhora já o fez", disse o homem louro, com uma breve saudação. "Agora, cuide-se."

Dando um passo para trás, Marie teve de se apoiar no pára-lama dianteiro do carro ligado. Sentiu-se um pouco desnorteada. *Eles teriam sido enviados para me ajudar?*, pensou. Pela primeira vez na vida, acreditou em anjos. Não havia outra maneira de explicar o que acabara de acontecer. Ela sabia, pois seu vizinho mecânico lhe dissera, que quando a transmissão deixava de funcionar, assim permaneceria até que fosse substituída.

Num estado de temor reverente, Marie ficou olhando para o furgão enquanto ele subia pela colina ao longo da Interstate 95 East. Antes de atingir o horizonte na subida, desapareceu. Embora ela estivesse muito transtornada, apressou-se em pegar a rodovia, rumo à casa de sua filha em Alexandria. Perdera, ao todo, apenas quinze minutos no seu tempo de viagem.

Quando chegou, Marie estacionou o carro na entrada da garagem de Jenny e rapidamente bateu na porta da frente. Nenhuma resposta. Ao mexer na maçaneta, viu que a porta estava destrancada.

"Jenny! Jenny!", gritou enquanto entrava pela casa. "É mamãe! Onde está...?"

De súbito, parou, olhando fixamente para a figura no chão da cozinha. Jenny estava caída, com uma poça de sangue em volta do abdômen e dos quadris. Marie ajoelhou-se rapidamente junto à filha e verificou sua respiração e seu pulso. Estava muito pálida, mas ainda respirava. Sem perda de tempo, discou 911. Mesmo em meio ao seu pânico, a visão dos três homens na rodovia interestadual dominava seus pensamentos. Com muita calma, deu o endereço da filha ao operador de emergência e explicou a situação. Sentiu-se parcialmente desprendida, como se fosse uma observadora da cena. *Minha filha viverá*, disse a sua parte desprendida. *Ela viverá.* Em sua memória vívida, os três homens sorriam para ela.

Marie ouviu atentamente as instruções do operador quanto a Jenny. Desligou o telefone e verificou que a hemorragia não era tão grave quanto parecia. Pegou uma manta no sofá da sala de visitas e cobriu a filha, colocando um travesseiro sob sua cabeça. Parte de Marie não podia acreditar que estivesse se sentindo tão calma, tão segura.

A equipe de emergência chegou, irrompendo pela porta da frente e ajoelhando-se ao lado da sua filha inconsciente. A pressão sangüínea de Jenny estava perigosamente baixa. Injetaram-lhe fluidos intravenosos, enquanto a transportavam para a ambulância.

Um dos médicos disse a Marie que Jenny sobreviveria. "A pressão dela está baixa, mas não está caindo. O pulso está estável. Graças a Deus você chegou a tempo."

"Sim, graças a Deus", concordou Marie. Como havia espaço somente para Jenny e a equipe médica, Marie seguiu a ambulância no seu automóvel até o hospital, que ficava a apenas quinze minutos dali. A imagem dos três homens na sua mente a manteve calma e segura.

"A senhora precisa ir. Sua filha precisa da senhora." O eco de suas vozes confortou-a.

Graças a uma cesariana de emergência, nasceu o bebê de Jenny. Ela recebeu transfusões e sua situação se estabilizou. O neto de Marie, Michael, teve nascimento prematuro de três semanas. Os médicos que a atenderam estavam atônitos pelo fato de a mãe e a criança se recuperarem tão rapidamente. Jenny e o bebê voltaram para casa depois de um mês.

Marie contou a muito poucas pessoas sobre os acontecimentos incomuns que vivenciara na rodovia interestadual. Ela era um tipo de pessoa pragmática, terra-a-terra. Não obstante, essa experiência abriu-lhe toda uma nova percepção de vida. Depois que Jenny deu à luz o bebê, Marie teve uma série de sonhos nos quais via os jovens que a ajudaram. Nesses sonhos, eles apareciam envoltos numa luz branca. Estavam de pé no que parecia um grande balcão branco de teatro. Marie se via no palco abaixo deles. Depois de ponderar sobre os sonhos durante algumas semanas, chegou à conclusão de que estavam tentando enviar-lhe a mensagem de que nunca estivera sozinha, de que sempre havia alguém velando por ela. Interpretou o palco nos seus sonhos como sendo "o palco da vida, onde se desenrolam os dramas". Os anjos no balcão a estavam observando e cuidando dela. Depois de tudo o que sofreu com a filha, Marie não só passou a acreditar em anjos da guarda, como também soube que eles são uma realidade na nossa vida.

Anjos Tranqüilizadores

Às vezes, recebemos confirmações milagrosas fornecidas não apenas por pessoas amadas mas também por seres invisíveis, que confortam a nós, os vivos, durante épocas de aflição. A história seguinte ilustra o fato de que há presenças divinas conosco em nossas horas mais sombrias:

Darrell Cook estava mergulhado em tristeza. Sua mãe morrera repentinamente aos sessenta anos de idade. O jovem sabia que o diabetes de sua mãe estava afetando muito sua saúde, mas fora tranqüilizado por membros da família, os quais lhe disseram que a breve estada hospitalar seria apenas para testes e tratamentos menores devido à elevada taxa de açúcar no sangue.

Ele estava de pé do lado de fora da casa onde passara a infância, em Indiana, admirando o jardim de sua mãe, revivendo o telefonema que recebera no dia anterior.

"Darrell, é Diane", disse sua irmã, "mamãe morreu hoje, às duas e meia. Papai foi vê-la no hospital, e ela apenas fora..."

Torpor foi a única coisa que ele experimentou durante a viagem da Flórida a Indiana para assistir ao funeral de sua mãe. Nem sentiu a viagem. *Ela não pode ter ido embora*, pensou. *Papai disse que estava tudo bem com ela.*

A morte era uma misteriosa estrangeira para Darrell. Antes disso, nunca perdera alguém que amasse. Olhou para o jardim florido de que sua mãe cuidara durante mais de trinta anos e se perguntou quem cuidaria dele agora.

A morte da mãe de Darrell era ainda mais difícil porque os dois nunca haviam sido muito próximos, mas uma coisa de que ambos partilhavam era a beleza da natureza. Os jardins dela costumavam ser um lugar reconfortante. Agora, no entanto, a visão do jardim e dos pássaros nada mais trazia a Darrell senão dor. Não houve despedida – não houve últimas palavras, não houve adeus. Foi ao jardim para lhe dizer adeus, mas descobriu que não era capaz de fazê-lo nesse lugar. O jardim estava demasiadamente... *vivo.*

Entrou no carro da família, um Mustang conversível 1969, e dirigiu-se até o pequeno cemitério onde sua mãe fora enterrada há algumas semanas. "Mamãe, talvez aqui eu possa lhe dizer adeus", pensou, à medida que percorria a curta distância até o cemitério. O pôr-do-sol era particularmente espetacular. De súbito, parou em frente ao túmulo de sua mãe. Não era possível que fosse real o que estava vendo.

Um tordo, o pássaro favorito de sua mãe, fizera um ninho bem no topo da floreira sobre a pedra tumular e estava pousado vigilante sobre ele. À medida que crescia o seu assombro, Darrell notou que a mamãepássaro chocava quatro ovos. Estava intrigado. *Por que a mamãe tordo construiu seu ninho aqui e não em alguma árvore nos arredores do túmulo?*

"Mamãe...", disse Darrell em voz alta, "oh, mamãe..." Ficou bastante tempo sentado, olhando fixamente para o estranho evento. Soube então que podia voltar para casa, para o querido jardim de sua mãe, e dizer-lhe adeus; a experiência não seria dolorosa. Os sentimentos de tristeza de Darrell o abandonaram como se fossem uma coisa física. Estava agora, de maneira inexplicável, completamente em paz.

Enquanto voltava para casa, Darrell se viu falando em voz alta com sua mãe, dizendo-lhe todas as coisas que queria ter dito se ela estivesse viva. Sentiu-se inundado de alívio. Estacionou o carro na entrada da garagem e percorreu a curta distância até o quintal, onde estava o jardim de sua mãe. Podia agora sentir fisicamente a sua presença. Ela estava invisível, mas muito próxima.

Perto da arcada de roseiras, Darrell notou um grupo de plantas que nunca vira antes. Era um aglomerado de flores parecidas com peônias, cujos centros lembravam os de rosas. O colorido dessas flores era mais brilhante que o das outras; elas eram cor de vinho, com pétalas de cor castanha e um pistilo amarelo no centro de cada uma. *Que espécie de flor é esta? Mamãe nunca teve flores assim.* Estavam plenamente abertas, como ipoméias, mas a configuração das pétalas parecia com a das peônias.

Darrell levou o pai até o jardim para que visse o inusitado fenômeno. "Não", disse o seu pai, "ela nunca plantaria nada nessa área do jardim – não junto às rosas." Ele também estava perplexo. "Tenho olhado para esse jardim durante trinta e cinco anos e nunca vi nada parecido." As tais flores chegavam até mesmo a se comportar como ipoméias. Durante os três dias seguintes, elas se abriam de manhã e se fechavam à noite. Então morreram, deixando atrás de si suas brilhantes folhagens verdes. Darrell e seu pai consideraram o aparecimento das flores como um sinal: uma mensagem especial vinda de além-túmulo.

"Você acredita em anjos, papai?", perguntou Darrell.

"Agora, acredito", respondeu o pai.

É difícil dizer se a experiência de Darrell veio de sua mãe ou de um anjo. De qualquer modo, uma confirmação milagrosa fora dada a ele e à sua família, transformando a visão que tinham da morte e do morrer. Darrell soube, depois dessa experiência, que sua mãe *vivia.*

Um Anjo Visita um Moribundo

Doreen esteve perturbada durante várias semanas. O câncer do seu marido não estava regredindo. A quimioterapia não chegara nem mesmo a retardar a progressão do mal. Frente aos seus olhos, David definhava lentamente. Estava tendo dificuldades para caminhar. O câncer se espalhara do fígado para a espinha, e agora afetava seus membros. A febre estava muito alta na noite em que Doreen verificou sua temperatura no hospital.

Ela permaneceu ali até que ele adormecesse em conseqüência das drogas. Sentia dores terríveis recentemente. Estava piorando, e cada vez mais dependia de morfina para aliviar suas dores.

Quando Doreen foi visitá-lo no dia seguinte, no hospital, não o encontrou no quarto. Ao perguntar por ele na recepção, disseram-lhe que David estava em seu quarto na última vez em que foi visto.

"Vocês não entenderam", disse Doreen, "ele não estava conseguindo *andar*. Alguém deve tê-lo ajudado a sair da cama."

Duas enfermeiras ajudaram-na a procurá-lo. Ele não estava na sala de visitas nem no banheiro. Finalmente, Doreen andou até o fim do corredor e abriu a porta que dava para a capela. Encontrou-o sentado junto a um adolescente de cabelos louros.

"David, estive procurando você por toda a parte", disse Doreen, um tanto espantada. "O que você..."

"Estou bem", respondeu David, sem olhar para a mulher. "Sairei daqui a pouco."

Doreen quis saber com quem ele estava falando. De repente, o garoto virou-se para trás e olhou para ela. No mesmo instante, ela sentiu-se dominada por uma sensação de calma e de paz.

"O garoto tinha olhos sobrenaturais", disse Doreen mais tarde. "Nunca vi olhos como aqueles. Quando fixou seus olhos em mim, tive a sensação de uma calma maravilhosa e inebriante. Sabia que David estava bem e que, naquele momento, ele precisava ficar com o garoto. Sabia que tinha de deixá-los imediatamente."

Doreen deixou-o na capela e esperou. Depois de trinta minutos, David apareceu caminhando com facilidade. Ela tentou esconder sua surpresa. Mas mesmo assim, quando o olhou, sabia que ele tivera alguma experiência extraordinária. Uma luz parecia emanar dele e envolvê-lo como uma aura.

"David, quem era aquele garoto?", perguntou.

"Você não acreditaria em mim", respondeu.

"Tente me dizer."

"Aquele era o meu anjo da guarda." Doreen, que jamais discutira esses assuntos com o marido, acreditou nele de imediato. David, que no dia anterior estava com aspecto doentio e pálido, parecia exuberante, sem dor e em paz. Ela percorreu rapidamente o corredor até a capela para dar uma outra olhada no garoto que vira com seu marido.

"Ele não está lá", David exclamou, quase rindo. "Mas se você se sentir melhor constatando pessoalmente, fique à vontade."

Doreen encontrou a capela vazia e olhou espantada para o marido. "O que ele lhe disse, David?", perguntou tranqüilamente.

David começou a dizer que seu anjo da guarda lhe perguntara se gostaria de ser perdoado por alguns atos passados. Discriminou alguns conflitos ou incidentes não-resolvidos, e o anjo lhe disse que tudo aquilo tinha sido perdoado. Então, o anjo tranqüilizou-o, dizendo-lhe que estava tudo bem.

O aspecto mais dramático dessa história é o seu desenlace. Após o encontro de David com o anjo, ele passou a confortar muitas pessoas no hospital. Ficava pouco tempo em seu próprio quarto, pois perambulava pelos corredores visitando pacientes e falando com eles. Doreen contou que seu marido, nos seus últimos dias, não teve medo da morte. No entanto, antes da visita do anjo, ele tinha medo de morrer.

Ela pensou, equivocadamente, que o encontro de David com o anjo pudesse significar que ele sobreviveria ao câncer. Porém, não sobreviveu. Duas semanas depois desse encontro, David partiu deste mundo, sem sofrimento.

"No final, ele estava em grande paz", disse Doreen. "Estava até mesmo excitado diante da perspectiva de sua nova vida fora do corpo castigado pelo câncer. Não sobreviveu fisicamente, mas sei que estava curado espiritualmente. Sei que o anjo veio para reconfortá-lo nos seus últimos dias." O tempo que seguiu à morte de David foi suave para Doreen. Ela imaginara passar por um longo período de tristeza e solidão. Não foi o que aconteceu, pois sentia a presença do marido e do seu anjo da guarda.

"Eu estava em paz", disse ela. "Sabia que era hora de David voltar para casa. E sabia que era um anjo que ajudara a ele e, por conseguinte, a mim, na minha tristeza."

A Confirmação da Presença de Anjos entre Nós

As histórias acima confirmam que os anjos são enviados por Deus para nos assistir e nos tranqüilizar em épocas de crise pessoal. Em cada um dos casos, houve uma necessidade crítica e uma intervenção, além das explicações convencionais em termos do mundo físico, que vinham para aqueles que precisavam de ajuda. O caso do dr. Rodonaia é o mais fascinante deles, devido ao seu miraculoso retorno da morte depois de três dias. Aqui, a mensagem é que podemos estar no mundo físico, aparentemente limitado e, mesmo assim, ter uma conexão com os domínios espirituais por cujo intermédio os milagres podem acontecer. Isso confirma o que Jesus disse aos Seus perseguidores, antes da crucificação: "Acaso pensas que não posso rogar a meu Pai, e que Ele me mandaria neste momento mais de doze legiões de anjos?" (Mateus 26:53). Diz-se que Jesus veio para mostrar à humanidade tudo o que lhe seria possível se estivesse sintonizada com os reinos espirituais. Se Jesus prometeu que faríamos todas as coisas que Ele podia fazer, é evidente que todos nós temos o poder de clamar pelos anjos em tempos de necessidade. Um número cada vez maior de ocorrências bem-documentadas de atividades angélicas, que acontecem atualmente em escala mundial, nos faz compreender a idéia de que há muito mais em nós, no sentido espiritual, do que estávamos cientes.

Nos últimos anos, muitos livros, artigos, filmes e *shows* de televisão têm explorado os fenômenos paranormais relacionados com guardiães ou guias visíveis e invisíveis conduzindo pessoas, no dia-a-dia, para situações de segurança física, de paz emocional ou de transformação interior. Embora os quatro relatos acima sejam bem diferentes e não pareçam estar relacionados, há um fio comum que os liga: quando parece que estamos dominados por uma tristeza sem fim, quando há ocasiões em que temos a impressão de que o desastre ou a morte é iminente, pode ocorrer uma intervenção que, de maneira inexplicável, impede o desastre ou a morte e traz cura, paz e o reconhecimento de que os anjos estão cientes de nós.

Essas experiências não se ajustam àquilo que tradicionalmente tem sido chamado de encontros angélicos; não há seres alados que descem do céu para libertar as pessoas em apuros. Não obstante, se examinarmos a idéia de que as experiências angélicas são atribuídas à Fonte divina, então poderemos concluir que essa Fonte tem infinitas maneiras de se manifestar no mundo material. Desde a antigüidade, anjos e arcanjos têm aparecido a seres humanos que estavam em circunstâncias terríveis, ou que se achavam nas profundezas do desespero, necessitando de conforto ou de uma restauração da fé. Encontros angélicos têm inspirado visões, sonhos proféticos e curas miraculosas; muitas vezes, há uma manifestação física, como a que Marie vivenciou quando sua filha estava em apuros, ou como a do anjo da guarda que falou com David.

Os textos sagrados da maioria das religiões nos ensinam que as gerações que vieram antes de nós não somente recebiam a intervenção de forças benevolentes, tais como anjos e arcanjos, mas efetivamente *contavam com* essas forças para que dirigissem as atividades em suas vidas. Ao longo de todas as Escrituras, anjos vêm até homens e mulheres em sonhos ou em estado de consciência desperta. Inspirados por eles, profetas falavam de eventos futuros proclamados pelos anjos, e as pessoas dessas épocas costumavam ficar atentas a esses eventos. Os escolhidos eram constantemente lembrados de que há uma ordem divina. Essa crença era sustentada não apenas por pequenos grupos independentes, mas também pelas massas.

Constata-se, em nosso tempo, uma reafirmação de que o Divino está tão ciente de nós como nos velhos tempos bíblicos. Assim como Jesus ressuscitou Lázaro dentre os mortos há dois mil anos, o dr. George Rodonaia voltou à vida depois de estar morto durante três dias, na década de 70. Uma mãe, preocupadíssima com o bem-estar de sua filha, foi ajudada por um misterioso grupo de homens que desapareceu no ar depois de consertar o seu carro. Um doente em estado terminal, depois de encontrar um anjo numa capela, foi tranqüilizado e fortalecido a fim de enfrentar sua morte. Um jovem desolado recebeu a confirmação espiritual, no túmulo e no jardim de sua mãe, de que ela não estava realmente morta. Essas maravilhas atuais de intervenção angélica representam alguns dentre os milhares de casos que estão sendo recontados no mundo inteiro.

Em 27 de dezembro de 1993, a revista *Time* relatou que sessenta e nove por cento da população dos EUA acreditam em anjos. Na matéria da capa, a correspondente Nancy Gibbs escreveu: "Que idéia é mais encantadora do que a noção de espíritos felizes, libertos do tempo e do espaço e das fraquezas humanas, pairando entre nós e todas as iniqüidades? Acreditar em anjos é permitir que o Universo seja, ao mesmo tempo, misterioso e benigno. Até mesmo pessoas que se recusam a acreditar neles podem, depois de algum tempo, acabar admitindo que estão erradas."[1]

---

1. Revista *Time*, 27 de dezembro de 1993, p. 56.

Muitas pessoas acreditam que a intervenção de forças invisíveis e benevolentes não é um fenômeno, em absoluto; é – de acordo com a tradução da palavra "anjo" – uma "mensagem divina" ou um chamado dirigido à humanidade por Deus. Um chamado para o quê? Na perspectiva histórica, seres e forças angélicas chamam os seres humanos para que reconheçam a existência, junto a eles, de questões espirituais de importância crítica, e para que se dediquem a elas e se lembrem delas.

Estamos inclinados a acreditar que as experiências relatadas neste capítulo são raras e excepcionais. Entretanto, os milhares de encontros angélicos que estão sendo relatados todos os dias levam-nos à conclusão de que a humanidade como um todo está sendo chamada para uma missão especial, um papel especial neste peculiar renascimento espiritual. Em sua totalidade, as manifestações angélicas na vida das pessoas são tão diversificadas como as próprias pessoas. Estão ocorrendo curas espontâneas, a fé está sendo restaurada e seres humanos estão retornando da morte clínica, sem lesões cerebrais, depois de permanecerem mortos durante três dias. Desastres de automóvel iminentes e potencialmente fatais são impedidos por um milagre.

Um tema comum percorre as muitas experiências angélicas que estão sendo relatadas: *não estamos sós, nem nunca estivemos*. A ajuda está bem diante de nós. É interessante notar que as pessoas cujas histórias são contadas neste capítulo não se consideravam religiosas devotas. Não acreditavam necessariamente em anjos. Rodonaia era um filósofo russo que pouco pensava em um "Deus". Devido ao seu doutrinamento e à sua educação na União Soviética, só acreditava na mente. Marie não entrava numa igreja desde que era adolescente. Doreen e seu marido estavam preocupados com as complicações médicas da doença de David e não dispensavam momentos para a comunhão espiritual. Darrell tinha uma visão antagônica da igreja devido aos ensinamentos fundamentalistas que recebera quando criança, ensinamentos esses que nunca lhe foram explicados. Não visitava uma igreja desde sua adolescência.

No entanto, o que essas pessoas sofreram foi uma crise. No caso do dr. Rodonaia, essa crise foi física: a KGB tentou assassiná-lo. No caso de Marie, sua crise foi emocional *e* física: sua filha estava em grave perigo. No caso de Darrell, sua crise era espiritual: ele questionava os enigmas e as inquietações fundamentais a respeito da vida e da morte e

37

perdera subitamente a mãe sem nenhuma despedida. Nesses casos, uma confirmação bem-definida estava presente para dizer: *Você não está só*. Em cada um desses casos, como nos milhares de outros que relatam experiências angélicas e miraculosas, suas vidas e suas atitudes foram transformadas.

Ajuda para o Mundo

Um novo despertar está vindo para a humanidade através das pessoas que tiveram encontros angélicos e miraculosos. Embora esses acontecimentos paranormais com seres divinos possam parecer algo novo, eles estão apenas nos lembrando ou nos reafirmando a idéia de que sempre tivemos acesso a uma forma espiritual de ajuda e de intervenção. Os seres angélicos, desde o princípio de nossa criação, têm-se manifestado e nos guiado de volta à primeira premissa: *Você não está só – Deus cuida de você*. Mas cabe a nós abraçar essa idéia e atrair uma vida permeável à orientação divina.

Pode ser difícil acreditar que os anjos sejam capazes de representar uma grande ajuda para nós em meio a um mundo em crise. De fato, a aparência do mundo pode ser desapontadora: vemos a devastação de países em guerra. Epidemias e fome estão assolando o planeta. Terremotos e inundações ocorrem numa taxa sem precedentes. A instabilidade econômica é o problema do nosso tempo. A criminalidade nos Estados Unidos está num patamar que ultrapassa todos os outros pelos quais já passou. Essas situações não são novas, pois estavam presentes até mesmo durante a época de Cristo. Jesus chegou *em meio* a essas crises. O que ele proclamava era uma esperança além daquela que o mundo conhecera anteriormente: "Porque o Pai ama o Filho e lhe mostra tudo o que faz, e maiores obras do que estas lhe mostrará, para que vos maravilheis" (João 5:20). Cristo ensinava a importância da vida espiritual interior; ensinava que o reino do céu está *dentro* da alma e do espírito. Seus ensinamentos também refletem o fato de que estamos sob os cuidados de um Deus amoroso que está ciente das nossas lutas, bem como das nossas esperanças. No entanto, em meio a isso tudo, Jesus ensinava que o mundo das aparências estava desmoronando, e que esse estado continuaria enquanto a humanidade ignorasse a essência espiritual inerente que está por trás do mundo material.

O fato de que o mundo está sendo assolado por uma crise sem paralelo é, em si mesmo, um chamado divino, que parece dizer: *Lembre-se de onde você veio – você é, antes de mais nada, um ser espiritual.* Se o mundo material não estivesse sendo submetido a mudanças e a sublevações massivas, teria a humanidade qualquer razão para procurar um mundo espiritual? Não estaríamos num mundo realizado e satisfeito de si mesmo? Se os milhares de encontros angélicos são verdadeiros, é evidente que as Forças Criadoras, ou Deus, estão nos procurando intensamente para "nos despertar" e para fazer com que nos lembremos de nossa herança divina. Os encontros angélicos nos dizem, de muitas maneiras, que estamos nos aproximando rapidamente de uma nova consciência espiritual, de uma espiritualidade consciente e perceptiva, desconhecida na história registrada. Essa filosofia está no âmago daquilo que os profetas e que os sábios têm dito através das eras: chegará o dia em que a humanidade terá uma relação consciente com o Criador, com Deus. O potencial para uma maravilhosa ascensão a uma consciência espiritual superior está ao nosso alcance. É de fato surpreendente que os anjos estejam nos chamando.

O que é ainda mais assombroso são as possibilidades que aguardarão nosso planeta quando começarmos a ouvir esse chamado. E como devemos começar a ouvi-lo?

Em seguida, falaremos de alguém que não apenas *ouvia* os anjos, mas que também os *via*.

2
Escolhido por um Anjo

"Estes sinais hão de acompanhar aqueles que crêem: em meu nome
... falarão novas línguas ... se impuserem as mãos sobre enfermos,
eles ficarão curados." – Marcos 16:17-18

O Profeta Dorminhoco

Não há maior fonte de informações sobre anjos que um impressionante corpo de conhecimentos que veio à luz de uma maneira nada convencional.

Durante a primeira metade deste século, um homem notável, Edgar Cayce, utilizou sua capacidade mediúnica sem paralelo com o propósito de ajudar aqueles que iam lhe pedir conselhos. Tornou-se conhecido como "o profeta dorminhoco" ou "o homem que podia enxergar através do tempo e do espaço". Quando alguém o procurava para obter ajuda, Edgar Cayce se deitava, meditava e orava, entrando num estado de sono semelhante a um transe. Durante o tempo em que permanecia inconsciente, os consulentes recebiam informações extremamente precisas, vindas de uma fonte situada além da percepção do Cayce adormecido. Eles recebiam mensagens das quais Cayce não tinha conhecimento quando acordado.

A história da capacidade mediúnica desse homem extraordinário e de suas experiências surpreendentes com anjos representa uma avanço importante na compreensão do significado das experiências angélicas na nossa vida e na evolução global da humanidade.

Um Estrangeiro na Terra

Se Cayce quando criança, ainda sem instrução, dispusesse de vocabulário para descrever a si mesmo, teria dito: "Sou um estrangeiro na Terra." Mesmo quando queria se adaptar aos seus amigos e à sua família, ele, com freqüência, se sentia num mundo à parte. Em 1888, durante sua primeira infância, Edgar era capaz de "ver coisas" (como ele dizia). Às vezes, sentia que estava, de fato, vendo o que as pessoas pensavam. Cayce, que se tornaria o médium mais bem-documentado do mundo, não estava necessariamente lendo a mente das pessoas. Estava lendo um padrão de energia vital que vibra ao redor do nosso corpo físico em diferentes matizes e cores. Os místicos do Oriente chamariam essas cores de essência da vida, ou aura. Edgar observara essas auras durante toda a sua vida, e sabia que, quando enxergava um padrão de cor vermelha em torno das pessoas, elas estavam zangadas. Se via tonalidades cinzentas ou negras rodeando alguém, podia reconhecer que essa pessoa carregava ódios e ressentimentos. Se Edgar olhasse para essas cores durante um tempo suficiente, podia ver os pensamentos que estavam passando pela mente da pessoa. Para ele, era como ler livros.

Quando criança, pensava que todos conseguiam ver esses padrões coloridos dos pensamentos e dos sentimentos das pessoas. Seus colegas de escola faziam brincadeiras com esse dom de Cayce, quando ele falava sobre as cores brilhantes e escuras que circundavam seus amigos.

"Você é um velho maluco", teriam dito eles, rindo. "Velho" era um apelido que lhe fora dado por seu avô. Talvez porque, para aqueles que conseguiam senti-lo, Edgar parecia sábio, uma "velha alma".

Finalmente, ele falou com sua mãe a respeito das coisas peculiares que via. Ela sempre soube que seu filho era especial.

"É um dom, meu filho", afirmava. "Não dê importância ao que as pessoas dizem sobre isso. Apenas, não tente ver demais; isso pode perturbá-lo."

Edgar sabia que sua mãe estava certa. Às vezes, os adultos pensavam em coisas que não faziam muito sentido; ele tampouco conseguia entender muitas conversas de adultos. Via os padrões de cores, as tonalidades e os pensamentos dos adultos, e ficava bastante confuso. Por isso, tentava ver e entender apenas o lado mais brilhante dos pensamentos das pessoas. Sua mãe o encorajava a ler a Bíblia, para que pudesse encontrar nela as respostas sobre suas habilidades.

"Deus tem um plano especial para você, Edgar", dizia-lhe sua mãe. "Apenas ore a respeito disso."

Edgar sempre se sentia melhor depois de falar com sua mãe. Ela não ria nem o chamava de maluco quando ele lhe contava a respeito de suas visões. Muitas pessoas diziam que Edgar tinha companheiros imaginários. Mas sua mãe também conseguia ver os "elementais". Ela os chamava de *nature playmates* (companheiros de folguedos da natureza). Nos dias em que Edgar se sentia deprimido e calado, sua mãe lançava um olhar para fora da janela e via espíritos da natureza esperando por ele. "Seus companheiros de folguedos estão aqui", teria dito. E Edgar corria para fora a fim de encontrá-los. Engraçados, eles pareciam menininhos e menininhas. Ele se surpreendia com o fato de que ninguém mais, exceto ele e sua mãe, conseguisse vê-los. Anos mais tarde, Edgar leria livros e artigos sobre fadas e gnomos, os guardiões dos reinos vegetal e animal. Ficava ouvindo, num tranqüilo estado de deleite, seus amigos mantendo discussões acaloradas sobre a realidade ou não desses seres elementais. Edgar não discutia. Esses elementais tinham sido seus amigos durante toda a sua infância.

Quando criança, Edgar aprendeu a manter silêncio a respeito desses amigos secretos – sobre os quais não comentava, a não ser com sua mãe. Ela lhe contava histórias acerca do seu avô, Thomas Jefferson Cayce, que também tinha visões e experiências mediúnicas.

"Ele tinha o dom da vidência", dizia-lhe a mãe. "Era o melhor rabdomante de Christian County. No lugar em que sua vareta apontava, eles achavam água." Edgar amava seu avô e sentiu um profundo pesar quando ele foi assassinado em circunstâncias estranhas na região rural de Kentucky. Chorando, indagou à sua mãe sobre o porquê da morte do avô. Ela lhe explicou que chegara a hora do vovô Cayce voltar para o céu e ficar com os anjos. Edgar não via sentido no fato de seu avô ficar com os anjos quando estavam precisando dele aqui na Terra. Partilhava sua tristeza com a criada da família, Patsy, a qual lhe assegurou que ele veria novamente seu avô. "Você tem a vidência, Edgar." Não seria a última vez que o jovem Edgar ouviria essas palavras. No momento, porém, parecia não fazer a mínima diferença saber *que* tipo de visão possuía; o fato é que perdera seu avô.

Cayce não pensava muito no que as pessoas chamavam de a sua "vidência", até que um dia, quando estava no celeiro, viu uma aparição de vovô Cayce. A visão dele não assustou Edgar, pois era semelhante à dos espíritos da natureza que lhe apareciam – e que o olhavam quase como se pudessem ver através dele. Vovô não lhe pareceu nada diferente, e até mesmo sorriu para ele. Quando saiu do celeiro, não via a hora de contar à sua avó. Ela ouviu atentamente, acenando a cabeça. "Você é demais, como o seu avô", disse-lhe vovó Cayce.

Fez uma pausa e olhou fixamente para o jovem Cayce. "Não tenha medo desse poder que você possui. Só não faça uso errado dele." Ela o advertiu para permanecer no caminho estreito e apertado, e que Deus lhe mostraria a maneira de usar suas habilidades psíquicas.

Edgar viu o vovô Cayce em várias ocasiões depois da sua morte, chegando mesmo a conversar com ele. Percebeu que as pessoas tinham estranhas idéias sobre aquilo que é chamado de morte. Ele sabia que a morte era apenas deixar o corpo para trás. Seu avô lhe pareceu melhor depois de morto do que no dia em que morreu; parecia mais jovem.

Um Encontro Angélico

Quando Edgar Cayce tinha dez anos, sua família passou a levá-lo à Liberty Christian Church, em Hopkinsville, no Kentucky, para os ofícios dominicais. Edgar sentiu-se imediatamente em casa. Gostava dos sermões do pastor, principalmente das histórias sobre Jesus, e queria saber mais sobre a Bíblia. O pai de Edgar, Leslie, estava tão impressionado com o interesse do filho por religião que foi à cidade e lhe comprou uma Bíblia. Por volta de junho de 1887, seis meses depois de ganhar o presente, Edgar a havia lido de ponta a ponta. Não compreendera tudo o que estava no Livro, mas certo dia confessou que seria um perito nas Escrituras.

Edgar queria ler integralmente a Bíblia uma vez a cada ano de sua vida. As histórias chegavam vivas até ele, desde a queda da Babilônia até a Ressurreição e o Apocalipse; ele as lia repetidas vezes. Acima de tudo, gostava do Novo Testamento. Gostava das histórias de Jesus e de Seus Milagres.

Num dia claro de verão, aos treze anos de idade, Edgar levou sua Bíblia ao seu lugar de retiro favorito no bosque. Quando terminou a leitura do Novo Testamento e recomeçou a leitura do Livro do Gênesis, notou que a luz do sol tinha escurecido consideravelmente no bosque, como se alguém se pusesse na frente dele, tampando a luz. Ele se espantou ao ver que lá realmente estava alguém de pé, à sua frente. De início, pensou que a mulher fosse sua mãe. Porém, à medida que seus olhos se adaptavam, viu que essa figura era mais bela do que tudo o que já vira. Havia formas arredondadas por trás dos ombros da mulher, que se estendiam quase até o chão.

Asas, pensou Edgar. *São asas de anjo.*

Tão logo esse pensamento cruzou sua mente, a mulher à sua frente sorriu. "Suas preces foram ouvidas", disse ela. "Diga-me o que é que você mais gostaria de ter, para que eu possa lhe dar."

Edgar ficou paralisado de medo e de espanto. *Há um anjo na minha frente!* Não conseguia se mover. Não conseguia falar. Não conseguia fazer nada. Depois de um tempo que lhe pareceu uma eternidade, Edgar ouviu a sua própria voz como se estivesse falando de um lugar muito distante.

"Eu gostaria de ajudar os outros, especialmente as crianças doentes."

Jesus dedicou Sua vida a ajudar as pessoas, curando-as, e Ele amava as crianças. Edgar também queria ajudar. Queria ser um seguidor Dele, assim como o pastor na igreja. Edgar se perguntava se a senhora viera porque ele queria tanto entender a Bíblia.

Ela não é apenas uma senhora, pensou Edgar. *Seria ela o meu anjo da guarda?*

Tão depressa quanto surgiu, ela se desvaneceu diante de seus olhos.

Edgar correu para contar à sua mãe o que lhe acontecera. Preocupava-se com a possibilidade de estar perdendo o juízo; talvez estivesse lendo demais a Bíblia.

"Você disse que queria ajudar as pessoas", falou-lhe a mãe. "Isso não é loucura. É para isso que estamos aqui. E por que não? Por que um anjo não deveria aparecer a você? Você é um bom menino."

Edgar sentiu gratidão e ficou um pouco acanhado. Não se sentia à vontade em receber elogios. Sua mãe sugeriu que talvez ele estivesse sendo chamado para uma missão especial. Talvez devesse tornar-se médico ou pastor.

"Você será alguém, não há dúvida, Edgar."

No dia seguinte, sentiu-se cansado, desatento, aborrecido. Não conseguia se concentrar na escola. Sua mente, seus pensamentos estavam divagando. O professor ficou exasperado quando Edgar não conseguiu soletrar a palavra *cabin* (cabana). Era uma palavra fácil para um garoto de treze anos. O professor fez Edgar permanecer na escola e escrever a palavra *cabin* quinhentas vezes no quadro-negro. Depois de executar essa tarefa tediosa, Edgar voltou para casa sentindo-se mais cansado do que nunca.

Leslie Cayce estava esperando que seu filho voltasse da escola. O professor falara com ele, dizendo-lhe como Edgar tinha ido mal na escola, naquele dia. Quando o menino chegou em casa, Leslie não perdeu tempo em reprimi-lo.

"Sente-se nesta cadeira", ordenou. "Vamos repassar as lições de soletração até que você acerte. Isso é uma desgraça!" Durante as três horas seguintes, Edgar tentou repetidas vezes soletrar as palavras que seu pai ordenava; não parecia adiantar nada. Ele estava entristecido. Não conseguia se lembrar das lições mais básicas da escola. Leslie, enfurecido, censurou-o severamente, gritando com ele e até mesmo atirando-o com um soco para fora da cadeira.

"Você irá soletrar estas palavras corretamente mesmo que tenhamos de ficar a noite toda", gritou Leslie. Edgar sentia-se cada vez mais inferiorizado e triste; não conseguia entender a si mesmo. Quando seu pai se preparava para retomar a cartilha, Edgar ouviu uma voz muito nítida:

"Edgar, vá dormir sobre o livro e nós ajudaremos você." Era a voz da senhora, do anjo que vira no dia anterior.

Edgar suplicou a seu pai para deixá-lo descansar por apenas alguns minutos e permitir que ele ficasse com a cartilha. Prometeu-lhe que se sairia melhor.

"Por favor. Dê-me apenas alguns minutos."

Leslie, relutantemente, concordou com o filho, entregando-lhe a cartilha e retirando-se do quarto. Edgar colocou o livro na mesa e deitou a cabeça sobre ele. Imediatamente, adormeceu.

Transcorrido algum tempo, que lhe pareceu um breve momento, seu pai o sacudiu. "Vamos começar de novo", disse Leslie. Edgar esfregou os olhos e se sentou.

"*Cabin.*"

"C-a-b-i-n." Era estranho, mas Edgar podia realmente *ver* a palavra, que aparecia como uma figura perfeita em sua mente. Podia ver igualmente bem as outras palavras nas páginas, como numa fotografia. Leslie Cayce ficava cada vez mais assombrado à medida que o filho soletrava com precisão cada palavra que pedia. Finalmente, voltou-se para as palavras mais difíceis da cartilha.

"*Synthesis.*"

"S-y-n-t-h-e-s-i-s."

O espanto de Leslie transformou-se em raiva. "O que significa isso? Ficamos a noite inteira em cima deste livro e você não conseguia soletrar nada. Agora você consegue soletrar *tudo!* Por quê?"

"Não sei", disse Edgar. "Só dormi sobre o livro e agora posso ver cada palavra perfeitamente. Como uma figura." Edgar não somente podia soletrar cada palavra do livro, como sabia em que página as palavras apareciam.

"Vá para a cama", resmungou seu pai, balançando a cabeça. "Simplesmente, não consigo entender isso, em absoluto." Edgar obedeceu e, silenciosamente, agradeceu à senhora por tê-lo ajudado. *Ela, de fato, deve ser um anjo,* pensou.

A partir daí, Edgar deixou de ser um aluno abaixo da média para se tornar um aluno excepcional. Sua estranha capacidade de adquirir conhecimento de livros dormindo sobre eles funcionava com qualquer matéria escolar: aritmética, história, e até mesmo geografia. Edgar retinha em sua mente uma figura do mapa-múndi do livro. Podia identificar cada continente e cada país, e podia nomear, com precisão, longitudes e latitudes, embora não soubesse exatamente o que significavam.

Leslie Cayce transformou-se com facilidade de um pai desnorteado num pai muito orgulhoso. Contou a todo mundo em Christian County que tudo o que seu filho tinha de fazer era dormir sobre os livros para aprender as lições. Edgar foi importunado impiedosamente por seus colegas de classe, e queria que seu pai ficasse de boca fechada.

A mãe de Edgar apenas sorria e acenava com a cabeça quando ele lhe contava histórias sobre suas estranhas capacidades. Ela continuava a lembrar-lhe de que ele fora escolhido para uma missão especial.

Um Místico dos Tempos Modernos

A história de Edgar Cayce pode ser lida como as histórias da Bíblia, nas quais Deus escolhe uma pessoa especial para ser um profeta ou um mensageiro. Somente a mãe de Edgar teve o pressentimento das capacidades notáveis que o filho manifestaria anos mais tarde, depois do seu encontro com o anjo, enquanto lia a Bíblia. Edgar ainda era muito jovem quando teve uma experiência incomum, que preparou o palco para o que acabaria por se tornar o notável trabalho de uma vida.

Em 1901, quando tinha vinte e quatro anos, Edgar Cayce perdeu a voz. A doença começou com um resfriado, desenvolvendo-se a seguir laringite, da qual não conseguia se recuperar. Durante mais de um ano, não era capaz de falar num tom de voz acima de um sussurrar rouco. Foram chamados médicos especialistas de todo o Estado de Kentucky para observar a doença de Edgar. Depois de examinarem suas cordas vocais, todos eles anunciaram que estavam perplexos: não havia nenhuma obstrução ou bloqueio nelas. Como último recurso, um hipnotizador foi trazido até o desesperado Cayce. Se não havia nada de errado fisicamente, talvez houvesse algo perturbando-o psicologicamente.

Esse pensamento incomodou muito Edgar. Não se *sentia* particularmente perturbado com relação a nada. Deduziu que a hipnose não poderia magoá-lo, embora, na virada do século, fosse considerada extremamente controvertida. Esse procedimento não obtivera aceitação na corrente médica oficial, sendo utilizado mais como entretenimento: um hipnotizador chamava alguém ao palco e, depois de hipnotizá-lo, fazia com que essa pessoa realizasse atos embaraçosos, tais como latir como um cão ou cacarejar como uma galinha. Era algo surpreendente de se ver. As pessoas não tinham idéia do que faziam ou do que diziam enquanto estavam hipnotizadas.

A família de Cayce contatou um desses artistas hipnotizadores, mas ele não conseguiu fazer com que Edgar acatasse uma sugestão póshipnótica que lhe permitisse recuperar a voz. Depois de várias tentativas sem sucesso para colocar Edgar num estado de transe profundo, um osteopata local, que ouvira falar da doença de Cayce, decidiu adotar um novo procedimento. Quando Edgar começou a relaxar no sono hipnótico, Al Layne deu-lhe uma sugestão hipnótica com um truque: pediu a Edgar que olhasse dentro do próprio corpo enquanto estivesse em estado hipnótico e dissesse às pessoas presentes o que havia de errado com ele.

Gertrude Evans, a noiva de Edgar, seu pai e o médico local estavam observando ansiosamente a estranha sessão de hipnose. Layne repetiu a sugestão três vezes. Quando estava a ponto de dizer-lhe que acordasse, supondo que a sessão fora um malogro, Edgar começou a falar.

"Sim, temos um corpo aqui", disse Edgar. Gertrude quase chorou de alegria. Foram essas as primeiras palavras que ele pronunciou claramente depois de mais de um ano.

"Há uma constrição das cordas vocais devido à tensão", disse Edgar num sono profundo. "A circulação está prejudicada. Sugira que a circulação do corpo volte ao normal, e nós a ajustaremos."

Al Layne estava perplexo. Nunca vira nada parecido antes. *Ele está me pedindo para dar-lhe uma sugestão pós-hipnótica!* Sem hesitar, deu a Edgar a sugestão:

"A circulação no corpo de Edgar Cayce está agora completamente normalizada."

Para espanto de todos os que estavam na sala, a garganta de Edgar adquiriu um brilho vermelho-carmesim, que se intensificava como se fosse um termômetro indicando aumento de temperatura. Em poucos segundos, a cor inflamada serenou e ele disse: "Agora, dê ao corpo a sugestão para acordar."

Layne falou a Edgar num tom suave, sugerindo que todos os órgãos internos estavam operando em condições perfeitamente normais; ele contaria agora de dez até um. Quando chegasse no um, Edgar acordaria.

"... três... dois... um. Edgar, agora você está acordado."

Edgar abriu os olhos, espreguiçando-se. Sentou-se abruptamente e tossiu, cuspindo uma massa de sangue e muco.

"Diga alguma coisa!", pediu-lhe Layne.

"Olá", disse Edgar, com uma voz perfeitamente clara. "Olá, todos vocês! Ei! posso falar novamente!" Gertrude abraçou seu futuro marido. O médico e Al Layne entreolharam-se, perplexos.

O médico perguntou a Edgar se lembrava de alguma coisa de quando estivera hipnotizado. Cayce ficou pensativo por um momento, mas não conseguiu se lembrar. Então perguntou como recuperou a voz.

"Foi *você* quem recuperou a sua voz", disse Layne. Todos na sala olhavam espantados para Edgar.

"Edgar, você falou como um médico", exclamou Layne excitado. "Você mencionou tensão e circulação prejudicada, e me pediu para lhe dar uma sugestão pós-hipnótica! Nunca vi nada parecido com isso antes."

Edgar olhou para Layne e riu, sentindo-se como se estivesse sendo alvo de uma gozação. "Não tenho a menor idéia do que você está falando", disse.

"Estou vendo que não", disse Layne. "É isso que torna tudo ainda mais surpreendente!"

Gertrude e Edgar deixaram a sala, enquanto os médicos ficaram para trás discutindo a inusitada sessão hipnótica. Layne se perguntava por que ele não poderia fazer o mesmo para diagnosticar os problemas médicos de outras pessoas. Sentiu que, sem querer, topara com algo grandioso. Mais tarde, nessa mesma noite, perguntou a Edgar se ele se importaria em se submeter novamente à hipnose.

"Apenas como uma experiência", disse Layne.

"Não sei", respondeu Edgar, receoso. "É muito estranho para mim não saber o que estou dizendo." Estava pensativo e um pouco preocupado. "Suponho que eu não vá ferir ninguém", disse finalmente, mas sentia-se estranhamente fora de controle. *E se eu disser algo louco?*, pensou. *Pior ainda, e seu eu FOR louco?*

Antes da segunda sessão de hipnose, Edgar contou a Layne que, quando estava entrando no estado hipnótico, experimentara uma sensação peculiar semelhante à que tivera quando menino, nas ocasiões em que dormia sobre seus livros. Edgar deitou-se no sofá, e Layne começou a sessão hipnótica. Quando sentiu que Edgar estava suficientemente mergulhado em estado de sono hipnótico, Layne deu-lhe a sugestão:

"Edgar, você tem à sua frente Al Layne. Por favor, olhe dentro deste corpo de Al Layne e diga-nos o que vê."

Depois de um breve período de silêncio, Edgar Cayce, o homem de escassa instrução de Christian County, pareceu transformar-se num médico muito erudito. Descreveu cada um dos principais sistemas do corpo de Layne: o sistema nervoso autônomo, o sistema digestivo; descreveu até mesmo uma antiga lesão no corpo de Layne, ocorrida anos antes, assinalando a data exata. Usava palavras que Layne lera somente em compêndios de medicina: "plexo pneumogástrico", "subluxação espinhal", "coalescências no canal biliar". Depois de fazer um diagnóstico muito pormenorizado, Edgar recomendou que Layne fizesse correções quiropráticas na espinha. Até mesmo assinalou vértebras específicas que precisavam de correção. Edgar também recomendou uma mudança de dieta e mais exercícios. Então, com a mesma voz monótona, disse: "Terminamos, por hoje." Então, Layne pediu a Edgar que acordasse. Novamente, ele se espreguiçou como se despertasse de um sono profundo.

Layne se admirou ao ouvir que, mais uma vez, Edgar não se lembrava de uma só palavra dita enquanto estava sob hipnose. Edgar estava surpreso e ainda mais desconcertado ao ficar ciente de que descrevera com precisão os problemas físicos e recomendara um tratamento médico específico.

"Mas não conheço nada de medicina", protestou Edgar.

"Com certeza você conhece quando está dormindo", afirmou Layne. "Você se comporta como um médico quando está dormindo."

O Médico Adormecido

As mensagens que Edgar Cayce fornecia em estado de sono passaram a ser conhecidas como "leituras". Embora não se sentisse à vontade com essa parte misteriosa de sua psique, começou a ser procurado pelos médicos locais, que passaram a encaminhar para sua casa seus pacientes mais difíceis. Em geral, os médicos contatavam Al Layne, e daí se dirigiam até Edgar para uma "consulta mediúnica". Como sempre, Layne fazia com que Cayce se relaxasse por meio de sugestão hipnótica e, em seguida, pedia-lhe que examinasse mediunicamente o paciente do médico. Os diagnósticos de Cayce eram surpreendentemente precisos. Ele até mesmo prescrevia receitas e remédios de ervas. Se o remédio não pudesse ser comprado numa farmácia, o Cayce adormecido dizia a Layne como preparar a receita, fornecendo instruções completas, que incluíam os dracmas, as onças e os miligramas necessários. Dizia aos perplexos médicos onde localizar produtos medicinais difíceis de serem encontrados, mencionando, às vezes, nomes e endereços de empresas farmacêuticas em outras cidades e Estados.

Layne continuamente tomava notas durante as leituras de Cayce e dava cópias aos médicos, que instruíam seus pacientes para executarem as recomendações das leituras. De início, os médicos mantinham secreta essa ligação com Cayce, apenas dando aos pacientes as ordens médicas sem mais explicações. Entretanto, acabaram vazando informações de que era Cayce quem estava ajudando a clientela local a se curar. Logo, as pessoas começaram a aparecer na casa de Edgar para agradecer pelo restabelecimento da saúde. Passaram a circular notícias sobre o "médico dorminhoco" que podia diagnosticar doenças e recomendar tratamentos. Parecia não constituir obstáculos nem mesmo o fato de se tratar de pacientes "incuráveis": se eles seguissem o regime de tratamento das leituras, poderiam ficar curados, o que de fato ocorria em mais de noventa por cento dos casos.

Edgar continuava a pedir conselhos à mãe, que sempre acreditara em suas habilidades. "Só queria saber se este é realmente um dom de Deus", dizia Cayce. "As pessoas parecem ficar boas graças às informações que dou, mas não sei de onde é que as informações estão vindo."

Sua mãe citava a Bíblia: " 'Pelos seus frutos, os conhecerás.' Edgar, lembra-se do Novo Testamento? 'O cocho andará, o surdo ouvirá, o cego receberá sua visão.' Lembre-se apenas do que aconteceu com você, quando criança. Você disse àquela dama que queria ajudar as pessoas."

A lembrança da visão do anjo, que tivera na infância, ainda se manifestava com uma clareza cristalina depois de todos aqueles anos. As mesmas palavras que disse a ele retornaram, não para assombrá-lo, mas para confortá-lo: as palavras ditas ao anjo que lhe aparecera há tantos anos: *quero ser útil, principalmente às crianças.*

"Quando você se sentir apreensivo", disse-lhe sua mãe, "apenas lembre-se de Aime Dietrich."

A lembrança dessa garotinha desesperada rodopiava pelos pensamentos inquietos de Edgar. O pai dela disse que agora Aime estava feliz e plenamente recuperada; um grito longínquo vinha do momento em que Edgar a encontrou pela primeira vez na casa dela em Hopkinsville. Três anos antes, Aime contraíra um tipo grave de gripe,

52

quando tinha dois anos de idade. A febre subia violentamente, e depois abaixava. A partir dessa época, ela não conseguiu mais falar e a sua mente não se desenvolveu além da idade de dois anos. Às vezes, Aime andava e brincava, mas não respondia ao seu ambiente e às pessoas em torno dela; sua mente estava vazia. Convulsões, que chegavam a doze por dia, começaram um ano após o ataque de gripe e se assemelhavam a uma grave epilepsia. Foram chamados especialistas do país todo, mas nenhum médico conseguiu ajudá-la. Como último recurso, os pais internaram a filha, esperando que uma assistência em tempo integral a trouxesse de volta da estranha doença. Finalmente, os melhores médicos do país declararam que o mal de Aime era irremediavelmente incurável.

Edgar encontrou-se com o sr. e a sra. Dietrich e observou Aime, que brincava em seu quarto com blocos de montar. Al Layne, então, conduziu Edgar para um recinto isolado, onde ele se deitou e entrou num estado de sono. Quando suas pálpebras começaram a tremer, Layne leu a sugestão hipnótica: "Você terá à sua frente Aime Dietrich, que está presente nesta casa. Você fará um cuidadoso diagnóstico do seu corpo e recomendará o tratamento."

Depois de um instante, Edgar começou a falar com uma estranha e monótona voz de sono.

"Sim, temos um corpo aqui." Nesse momento, Cayce tornou-se não apenas um médico notável, como também pareceu viajar através do tempo e identificar exatamente quando os problemas de Aime começaram: vários dias antes de contrair a gripe, ela caíra de uma carruagem puxada a cavalo, ferindo o cóccix. A combinação da lesão espinhal e da gripe ocasionou um "curto-circuito" no seu sistema nervoso, provocando os ataques. Cayce identificou as vértebras que necessitavam de realinhamento quiroprático. Layne ficou encarregado do tratamento. A linguagem utilizada por Cayce era estranha a todos na sala, exceto a Layne. No encerramento da leitura, no entanto, Cayce fez um prognóstico que provocou lágrimas na sra. Dietrich:

"Conforme constatamos, o corpo ficará bem se o tratamento for efetuado."

Layne seguiu as recomendações quiropráticas de Cayce. Não houve alteração significativa em Aime. Edgar foi dormir novamente e Layne fez a ele mais perguntas. Edgar afirmou que Layne não efetuara adequadamente as correções. Forneceu instruções mais específicas que foram executadas com mais precisão. Em três meses, Aime ficou completamente curada. Não houve reincidência dos ataques, e ela estava se saindo muito bem na escola.

O desejo expresso ao anjo por Edgar, o de ser útil às crianças, fora concretizado; não obstante, ele ainda se sentia apreensivo. Não entendia de onde as informações provinham, e continuava preocupado em prosseguir com as leituras. Advertiu Layne para não comentar a respeito do caso Dietrich. Cayce tinha um estabelecimento fotográfico em Bowling Green com que se preocupar, e estava apenas começando sua vida junto com a noiva Gertrude. Queria formar uma família, ensinar na escola dominical e trabalhar em seu jardim.

Faria todas essas coisas e muito mais; teria, porém, de dominar sua inquietação quanto às leituras. As necessidades das pessoas doentes iriam acompanhá-lo durante o resto da sua vida. E ele não era pessoa de negar ajuda a ninguém.

Foi somente depois que a esposa de Edgar, Gertrude, ficou doente em estado terminal, com tuberculose, que ele deixou definitivamente de lado as dúvidas com relação a fazer as leituras.

Em 1910, quando Gertrude contraiu tuberculose, eles procuraram a ajuda de médicos e de especialistas, e aceitaram sua internação no hospital local. Edgar só recorreria à leitura como último recurso. Mas, no final, o último recurso era tudo o que lhes fora deixado: os médicos concluíram que Gertrude era incurável e a liberaram para morrer em casa.

Cayce observara a esposa doente tossir até a exaustão. Não havia mais nada que pudesse ser feito por ela, do ponto de vista médico. "Deus querido", disse Cayce em oração, "se este meu poder deve ser de alguma ajuda, permita que ele ajude minha esposa." Edgar chamou vários médicos locais, que eram céticos, mas, pelo menos, simpáticos às informações vindas das leituras, e pediu-lhes que fizessem anotações durante as sessões de leitura. Depois de passar ao estado de sono, começou o processo de avaliar psiquicamente as condições físicas de Gertrude, dando prescrições detalhadas e a linha geral do tratamento.

Os médicos ficaram mais céticos do que nunca: o Cayce adormecido recomendara um estranho tratamento que incluía fórmula líquida de heroína a ser ministrada diariamente, uma dieta básica mais alcalina do que ácida, e uma estranha geringonça que consistia num barrilzinho de carvalho carbonizado, dentro do qual era despejado conhaque de maçã. Gertrude não iria beber a poção, mais inalar a fumaça que subiria até o topo do barril. A combinação da fumaça do carvão vegetal e do vapor do conhaque curaria o tecido do pulmão devastado pelo bacilo da tuberculose e, também, mataria o próprio bacilo.

Quando Cayce despertou da leitura, viu que o especialista em tuberculose e todos os outros médicos, com exceção do seu amigo íntimo, o dr. Wesley Ketchum, tinham ido embora.

"Eles pensam que você é um charlatão", disse Ketchum. "Nenhum deles prescreveria um remédio com heroína."

Edgar estava mais angustiado do que nunca. Essa leitura era a última esperança de Gertrude! "A leitura disse que ela se recuperaria?", perguntou Edgar.

Ketchum acenou positivamente com a cabeça, olhando para aquele estranho homem que sabia mais sobre medicina do que acreditava.

"Você prescreverá o tratamento?", perguntou Edgar.

"Sim, eu o farei", concordou Ketchum.

Transcorridos cerca de oito meses depois do início do tratamento prescrito e com o acompanhamento de muitas leituras posteriores, Gertrude teve uma recuperação lenta mas, não obstante, completa. Essa foi a confirmação final de que Edgar precisava para prosseguir com as leituras durante o resto de sua vida.

A Mente Mediúnica de Edgar Cayce

Al Layne, o dr. Ketchum e Leslie, pai de Edgar, se perguntavam como funcionaria a mecânica das leituras. Numa certa ocasião, depois que Cayce entrou em estado de sono, eles fizeram uma série de perguntas.

"A mente de Cayce é permeável à sugestão", dizia a leitura, "assim como todas as outras mentes subconscientes, mas, além disso, ela tem o poder de interpretar para a mente objetiva de outras pessoas aquilo que ela adquire *da mente subconsciente de outros indivíduos* do mesmo tipo ... A mente consciente recebe as impressões vindas de fora e transfere todo o pensamento para o subconsciente, onde permanece mesmo que o consciente seja destruído [morra]"[1] (o grifo é do autor).

Em essência, quando Cayce deixava de lado a mente consciente enquanto fornecia uma leitura, uma parte de sua mente subconsciente ou superconsciente viajava através do espaço e do tempo e "lia" o padrão físico e mental do indivíduo que solicitava a informação, extraída da própria mente subconsciente desse indivíduo. Cayce também podia "ler" informações provindas de almas e de espíritos que não estavam mais no mundo material. Isso era possível porque embora a mente consciente ou personalidade morra, o eu subconsciente vive e sobrevive à morte física. Cayce dizia que a mente subconsciente é um "registro" de todas as experiências, pensamentos, sentimentos, etc. No momento da morte, essa "memória" da alma torna-se a mente consciente da alma. Às vezes, certos indivíduos que a família Cayce conhecera enviavam mensagens por intermédio das leituras, identificando-se.

Fora realizada uma leitura sobre o estado de saúde de Hugh Lynn Cayce, o filho mais velho de Cayce, que tinha um tom diferente das outras leituras. Havia uma personalidade diferente liberando a informação. No final da leitura, foi fornecida a mensagem: "Este é Hill." Gertrude Cayce soube imediatamente a razão de a mensagem lhe parecer familiar: o dr. Hill fora o médico de Hugh Lynn em Hopkinsville e havia morrido depois que os Cayce se mudaram para Bowling Green.

Uma vez que todos estão ligados pela mente subconsciente – os vivos e os mortos – as pessoas que conduziam as leituras constataram que as pessoas não precisavam estar presentes para que Edgar Cayce fornecesse uma leitura sobre elas; Cayce só precisava de seus nomes e endereços. A capacidade mediúnica de Cayce é hoje conhecida como clarividência – a capacidade de transmitir informações vindas de lugares distantes, sem que haja a presença física da fonte de informações no local onde estão sendo realizadas as leituras.

---

1. Leitura 294-1.

Edgar Cayce Contata a Mente Universal

Depois de passar vinte e três anos fazendo leituras físicas para as pessoas, descobriu-se que Cayce também podia realizar leituras sobre qualquer assunto, e não apenas sobre problemas de saúde. Esse entendimento abriu toda uma nova dimensão à obra de Cayce; sua família e seu pequeno grupo de amigos perguntavam ao médium adormecido a respeito da natureza de Deus, dos sonhos, das profecias, das religiões comparativas, a respeito da origem, do propósito e destino da humanidade na Terra, bem como sobre anjos e arcanjos.

Independentemente do tipo de leitura fornecida por Cayce, ele parecia deixar de lado por completo a sua personalidade e responder, através do estado de sono, no plural "nós". "Nós temos o corpo aqui... como constatamos, as condições físicas estão perturbadas... estamos exauridos com esta leitura."

A quem se referia exatamente esse *nós* de que as leituras falavam?

A mente inconsciente de Cayce parecia extrair informações da própria "mente" e memória do universo, fornecendo informações detalhadas sobre as eras passadas, os anos não-conhecidos da vida de Jesus, o período da história da Terra rotulado de "pré-histórico". De acordo com as leituras, o "nós" era uma fonte universal de todo o conhecimento com o qual a mente de Cayce ficava sintonizada; não se referia necessariamente a entidades ou pessoas, mas a uma unidade de força que incluía a mente de Edgar Cayce. Não havia limite às perguntas que ele podia responder em estado de sono. No entanto, certas informações não seriam fornecidas se o consulente estivesse interessado apenas por motivo de curiosidade. Nessas ocasiões (que eram raras), Cayce dizia: "Isto deve ser procurado dentro de você mesmo..." ou "... isto não pode ser fornecido..."

Às vezes, o Cayce adormecido lembrava àqueles que conduziam a leitura para terem sempre um alto e abnegado propósito quando procuravam obter informações e orientação a partir dela. Esse propósito não-egoísta servia como uma espécie de "antena" mística, que proporcionava a Cayce um canal "limpo", com o qual podia "sintonizar" as informações desejadas. O fenômeno ocorria de maneira semelhante a um receptor de rádio. Quando a pessoa estava com um propósito sincero, as leituras mediúnicas vinham das mais altas fontes possíveis.

Grande parte da precisão das leituras tinha a ver com o desejo da pessoa que pedia ajuda ou informações. Se o consulente era um descrente ou um cético, que somente procurava informações por mera curiosidade, as leituras se tornavam imprecisas ou vagas. Ao mesmo tempo, se havia uma sinceridade de propósito por parte de uma pessoa ou de um grupo de pessoas, então Cayce era capaz de oferecer informações inspiradas, apresentando ao consulente um tesouro ilimitado de conhecimento espiritual.

De fato, se a sintonia do grupo ou da pessoa que pedia a informação era clara, um mensageiro divino falaria através do Cayce adormecido. A partir dessa informação, muitas pessoas passaram a entender a influência mais ampla dos anjos entre os seres humanos. As leituras afirmavam que o mundo estava em vias de ingressar num período de renascimento espiritual. Um período em que a comunhão com os anjos não seria em absoluto incomum, mas, em vez disso, faria parte do plano maior de despertar a humanidade para a sua origem divina.

3
O Arcanjo Miguel

"E ele enviará os anjos e reunirá os seus escolhidos dos quatro ventos, da extremidade da terra até a extremidade do céu."
– Marcos 13:27

Intervenção Divina

Dentre as mais de 14.000 leituras que Cayce forneceu em sua vida, 116 delas vieram a ser chamadas de "leituras de trabalho". Essas mensagens detalham meticulosamente a maneira pela qual os associados de Cayce deveriam executar a tarefa espiritual, bem como a cotidiana de administrar sua obra. Essa coleção fala não apenas a respeito da maneira como as leituras deveriam ser utilizadas para beneficiar as pessoas, mas também discute o propósito mais amplo do *porquê* da manifestação dessa capacidade mediúnica de Cayce: "Pois chegou o tempo, na Terra, em que os homens – em todos os lugares – procuram saber mais a respeito dos *mistérios* da mente, da alma, da mente da *alma*..."[1]

O papel de Cayce foi como o de um canal, através do qual esses "mistérios" poderiam ser transmitidos. Na sua época, a consciência coletiva da humanidade evoluíra até um ponto em que os segredos do uni-

---

1. Leitura 254-52.

verso seriam sondados, não somente pelos místicos e pelos sábios, mas também por pessoas comuns. Cayce fez alusão ao fato de que, à medida que o século XX fosse se desdobrando, mais e mais pessoas procurariam compreender a si mesmas como almas.

Outras leituras previam que as "forças espirituais" – que incluem os anjos – seriam mais interativas com a humanidade, incentivando um despertar espiritual global. As forças espirituais podem ser descritas como um reservatório coletivo de inteligência divina, cuja missão é inspirar, conduzir e dirigir as pessoas para uma percepção espiritual consciente. Como vimos, essas inteligências divinas às vezes operam como anjos que nos assistem em tempos de aflição.

As leituras contêm um material fascinante sobre a maneira como os anjos atuam em nossas vidas. Às vezes, sua influência se manifesta como uma experiência externa, como a que Cayce vivenciou quando criança, na ocasião em que efetivamente viu um anjo. Em outras ocasiões, experiências angélicas surgem como inspirações ou emoções, tais como a de, de repente, não nos sentirmos sós quando estamos *fisicamente* sós. Com freqüência, os anjos se apresentam a nós como confirmações interiores, manifestadas através da intuição ou em sonhos ou visões. Essas experiências servem para nos lembrar de que há, dentro de nós, uma realidade espiritual maior do que jamais poderíamos supor.

As leituras de Cayce indicam que o fenômeno da intervenção divina por meio de anjos está nos dirigindo para um chamado superior, um retorno à Fonte ou Deus. Um cavalheiro curioso procurou Cayce porque estava fascinado com o desenvolvimento da mediunidade. Levava muito a sério sua busca "para saber mais os *mistérios* da mente", e obteve leituras de Cayce a respeito de como ele poderia se tornar médium. De fato, ele queria conhecer a base da mais alta experiência mediúnica a que se poderia ter acesso na Terra. Depois de uma breve dissertação a respeito dos aspectos espirituais da vida, a resposta de Cayce a essa pergunta não dirigiu o homem a manifestações da capacidade mediúnica, tais como a telepatia ou a clarividência, mas, em vez disso, enunciou uma verdade divina:

"[A mais alta realização mediúnica possível é] a de que Deus, o Pai, fala diretamente aos filhos dos homens – assim como Ele prometera."[2]

---

2. Leitura 440-4.

Os anjos constituem uma das maneiras pelas quais Deus "fala diretamente" a nós, como as histórias do Capítulo 1 evidenciaram. As leituras de Edgar Cayce, bem como os inspirados escritos e leituras de Rudolf Steiner, de Helena Blavatsky e de tantos outros, são canais suplementares por onde esses lembretes espirituais têm emergido. Se essas fontes, de fato, significam alguma coisa, elas confirmam que a ajuda espiritual está disponível para nós; são vozes no deserto demonstrando que a humanidade é parte integrante, vital e íntima da Força Criativa Una. Todas elas são vozes antigas ecoando numa nova era. Na maioria dos casos, só numa época de crise chegamos a compreender um sentido de comunhão divina. Porém, Deus permanece atuando, com ou sem crise.

Assim como nos tempos bíblicos, quando homens e mulheres eram escolhidos para serem canais ou mensageiros de Deus, Cayce e seu pequeno grupo de auxiliares foram informados, nas "leituras de trabalho", de que tinham sido reunidos para um propósito espiritual elevado – não para formar uma nova religião ou um novo culto, mas para ajudar a conduzir a percepção espiritual da humanidade de volta à linha de frente do pensamento mundial. As próprias leituras indicavam que essas informações seriam úteis "às pessoas, ao grupo, às classes, às massas..."[3]

Como se fosse para assinalar a importância do objetivo da intervenção divina, um fenômeno extraordinário ocorreu durante uma leitura em 1928. Esta foi a primeira vez que o Arcanjo Miguel falou através do Cayce adormecido.

O Arcanjo Miguel Fala

Em 15 de julho de 1928, o grupo estava em meio ao trabalho de uma leitura e anunciava o ideal e o propósito da Associação Cayce: "Que possamos tornar manifesto o amor de Deus e do homem." De repente, Cayce fez uma introdução incomum para um convidado invisível que falaria através dele muitas vezes ao longo dos quinze anos seguintes.

"ESCUTAI!", disse Cayce abruptamente no estado de sono. "Eis que vem a voz de alguém que falará aos que aqui estão reunidos..." De súbito, a voz monótona e sonolenta de Edgar Cayce aumentou intensa-

---

3. Leitura 262-1.

mente de altura, formulando uma mensagem que não falava mais na linguagem universal do "nós", mas na surpreendente *persona* do "eu":

"SOU MIGUEL, SENHOR DO CAMINHO! INCLINAI VOSSAS CABEÇAS, Ó VÓS, FILHOS DOS HOMENS! FICAI ATENTOS PARA O CAMINHO CONFORME ELE SE PÕE PERANTE VÓS NESTE SERMÃO SOBRE O MONTE, PARA QUE NO TOPO DA COLINA ESTA ILUMINAÇÃO POSSA SURGIR ENTRE OS HOMENS ... POIS EM SIÃO VOSSOS NOMES ESTÃO ESCRITOS E EM SERVIÇOS VIRÁ A VERDADE!"[4]

A "colina" refere-se à colina de Virginia Beach, onde o grupo estava tentando estabelecer um dos primeiros hospitais holísticos do país. Anos mais tarde, o filho mais velho de Edgar Cayce, Hugh Lynn, que estava presente nessa leitura, relembrou vividamente o dia em que essa mensagem enigmática foi recebida:

"Depois de fazer um estudo minucioso das leituras de papai, aceitei o fato de que o trabalho era realmente guiado por aquilo que eu chamava de 'Forças Divinas Invisíveis'. Em face do número de pessoas que foram fisicamente ajudadas a partir de suas leituras, essa poderosa mensagem de Miguel me garantiu que as informações nas leituras estavam – em sua maior parte – vindo das mais altas fontes espirituais. Considero o Arcanjo Miguel como uma das vozes ou manifestações diretas de Deus."

Quando a mensagem de Miguel foi transmitida por intermédio de Cayce, Hugh Lynn disse que a voz de seu pai não mudou na dicção ou dialeto, como ocorre com freqüência entre médiuns em transe que canalizam espíritos desencarnados. No entanto, a intensidade e o volume na transmissão das mensagens foram esmagadores.

"A mensagem de Miguel foi transmitida com tal força que pude ouvir as janelas de nossa casa vibrando nos seus caixilhos", disse Hugh Lynn. "Eu podia até mesmo ouvir os copos vibrando no escorredor de louça na cozinha. As vibrações quase nos atiraram fora de nossas cadeiras."

Quem é Miguel e o que sua mensagem comunicara ao pequeno grupo reunido em Virginia Beach? Hugh Lynn fez esta pergunta numa leitura posterior, e o Cayce adormecido disse que "Miguel é um Arcanjo

---

4. Leitura 254-42.

que fica à frente do trono do Pai... Miguel é o senhor ou o guardião da mudança que surge em cada alma que procura o caminho [espiritual], exatamente como naqueles períodos em que Suas manifestações chegaram à Terra."[5]

O Arcanjo Miguel (cujo nome hebraico se traduz por "quem é semelhante a Deus"), chamado de São Miguel pelas igrejas cristãs, faz parte de um grupo de arcanjos conhecido no judaísmo, no cristianismo e no islamismo. No Velho Testamento, uma referência profética a Miguel, no Livro de Daniel, parece coincidir com suas mensagens nas leituras de Cayce. "Nesse tempo se levantará Miguel", dizem as Escrituras, "o grande príncipe, o defensor dos filhos do teu povo, e haverá tempo de angústia, como nunca houve, desde que houve nação até aquele tempo; mas naquele tempo será salvo o teu povo, todo aquele que for achado inscrito no livro. E muitos dos que dormem no pó da terra ressuscitarão..." (Daniel 12:1-2)

Essa passagem profética coincide com a mensagem de Miguel recebida através de Cayce em 1928: "Pois em Sião vossos nomes estão escritos." O fundador da Igreja da Unidade, Charles Fillmore, definiu Sião como "a morada do Amor na fase da consciência subjetiva, onde residem pensamentos e ideais elevados e santos".[6] Sião, nesse caso, representa um estado de consciência espiritual.

A mensagem de Miguel nas leituras também deveria ser vista como uma "chamada para despertar" dirigida a todos nós. Como indica o profético versículo bíblico de Daniel, os atuais dias do nosso século *são* turbulentos. Sociólogos, psicólogos e o clero estão dizendo que os imensos desafios com que nos defrontamos no século XX são insuportáveis: questões ambientais críticas, sublevações sociais e políticas, taxas de criminalidade aumentando e convulsões no planeta. E, não obstante, as leituras de Cayce consideram isso tudo como sinais dos tempos da mudança prevista na Bíblia, presságios de eventos da grande sublevação que, segundo as leituras, tornarão manifesta a previsão de Jesus:

"Quando, porém, ouvirdes falar de guerras e rumores de guerras, não vos assusteis; é necessário ainda acontecer, mas ainda não é o fim...

---

5. Leitura 262-28.
6. *Metaphysical Bible Dictionary*, Charles Fillmore, pp. 700-701.

se levantará nação contra nação... Haverá terremotos em vários lugares e também fome. Estas coisas são o princípio das dores." (Marcos 13:7-8) Miguel é um arcanjo da *mudança*, do movimento em direção à consciência superior, tanto no pensamento como no espírito. Cayce definiu o papel de Miguel na evolução espiritual e mental da humanidade: "... Miguel é o Senhor do Caminho – e, nos *caminhos* do entendimento, da concepção, da realização daquelas coisas que levam a mudanças de atitude nas relações física, mental ou material, é ele o *guia* que atua por meio dessas relações espirituais ..."[7] O papel desse arcanjo em nossa época é de importância vital, pois Miguel ajuda a humanidade a escutar e a ouvir o chamado espiritual superior.

Sua manifestação nesta época é um sinal de luz em meio à escuridão; é uma confirmação divina, assim como um chamado para cada um de nós. Em vez de temer as grandes sublevações, deveríamos nos preparar espiritualmente. Com freqüência, quando vários grupos religiosos falam a respeito da realização de profecias bíblicas em nossa época, há uma tendência para se concentrarem no "trabalho de parto" que o mundo está sofrendo e não no "nascimento" final. É fácil apontar todos os problemas de um mundo em crise. Mesmo que os noticiários noturnos de rádio e de TV sejam terríveis, o que transmitem é apenas uma sombra amenizada da realidade. Nosso mundo e a mídia nacional dependem dos relatos negativos das notícias para conquistar audiência: más notícias vendem. Mas as leituras de Cayce nos dizem que a saída dessa crise é responsabilidade nossa. Nossos pensamentos, sentimentos, percepções e atividades irão, em última análise, criar o futuro. A maneira como nós, coletivamente, visualizamos o futuro se refletirá na nossa vida pessoal.

O Arcanjo Miguel é o mensageiro que nos convoca para sermos esperançosos com relação a esses tempos – independentemente de como se apresente a aparência exterior do mundo. É uma visão muito limitada dizer que esses pronunciamentos angélicos de Miguel foram dirigidos apenas às pessoas do grupo de Cayce. As palavras do "Senhor do Caminho" são para todos os que procuram fazer parte desse renascimento espiritual que está ocorrendo na nossa época. Desde o início da história registrada, o Arcanjo Miguel tem sido um líder, um revelador de cami-

---

7. Leitura 585-1.

nhos, um conselheiro, acenando às almas da Terra para que se lembrem da sua origem espiritual.

De acordo com *O Livro de Enoch*, que registra o encontro místico do profeta Enoch com os arcanjos, Miguel e seu comando de tropas fiéis desencadearam uma guerra contra o Arcanjo Lúcifer e seus seguidores, atirando-os no inferno. De acordo com o vidente e místico cristão Rudolf Steiner, essa guerra representa a luta arquetípica entre o bem e o mal *dentro* de nós. O bem é representado por Miguel, e a escuridão é representada por Satã. Steiner acreditava que o Arcanjo Miguel é o guardião das nações do mundo no encerramento desta era e no início do novo milênio. Ele acreditava que Miguel é um arauto, conduzindo a humanidade a uma compreensão de Cristo ou do "Deus encarnado dentro de nós". O drama cósmico entre as forças superiores de Miguel e Satã (o Dragão) reflete-se na psique e alma de cada ser encarnado na Terra; cada um de nós deve escolher entre o bem e o mal. Numa conferência proferida na Austrália, em 1923, Steiner fez algumas observações interessantes a respeito de Miguel, o arcanjo "exterior", e o guardião "interior", ambos inteligências espirituais reais e ativas.

"... Miguel posiciona-se cosmicamente atrás do homem", disse ele, "enquanto dentro do homem há uma imagem etérea de Miguel que trava a verdadeira batalha por meio da qual o homem pode gradualmente se tornar livre; pois não é o próprio Miguel que empreende a batalha, mas a devoção humana e a imagem resultante de Miguel. No Miguel cósmico ainda vive aquele ser segundo o qual os homens podem melhorar e que se engajou na luta cósmica original com o Dragão."[8]

O movimento da influência de Miguel nos assuntos da humanidade é semelhante à luz do Sol que atravessa a face da Terra na escuridão. As conferências definem escuridão como um símbolo de ignorância espiritual, enquanto a luz é a realização espiritual da alma e suas conexões com Deus. Miguel, o guardião espiritual e o indicador do caminho para a humanidade nesta era, está irradiando um despertar não somente a partir de dentro de nós, mas também a partir dos domínios invisíveis ao âmbito terrestre. De acordo com as leituras de Cayce, é da aurora desse despertar que nossa consciência está se aproximando no novo milênio.

---

8. *Michaelmas and the Soul Forces of Man*, Rudolf Steiner, pp. 13-14.

A Consciência de Cristo Retorna

A Consciência Crística é definida como a percepção da unidade da alma com Deus impressa como um padrão na mente, e as leituras de Cayce indicam que ela começará a ser a força regente na Terra por volta de 1998. Essa percepção sempre esteve disponível a nós no nível da alma, mas não foi capaz de ser compreendida *en masse* até agora por meio da vontade coletiva da humanidade. O papel de Miguel como guardião consiste em dirigir e despertar as almas espiritualmente adormecidas da humanidade para essa realidade. No entanto, houve uma época na história da Terra em que as almas sabiam e se lembravam de sua origem espiritual (veja o Capítulo 7, "A Promessa Angélica – De Adão a Jesus"). Esse período, um tempo em que as almas comungavam com as forças angélicas e recebiam orientação consciente direta de Deus, é hoje considerado mitológico e pré-histórico.

As leituras de Cayce afirmam que esse período ocorreu antes que o tempo como o conhecemos tivesse começado, antes mesmo que a Terra fosse criada. Nessa era, as almas contavam com as hierarquias espirituais para orientação e direção. Na evolução da Terra, a humanidade tornou-se, pouco a pouco, tão desorientada e enredada no mundo material, na luta social e na procura de conforto, etc., que o canal para a comunhão com as forças angélicas tornou-se anuviado e, finalmente, os seres humanos duvidaram até mesmo que *houvesse* um tal canal disponível. Mergulhamos tanto na materialidade que nem mesmo percebemos que estávamos fora de contato com nossas origens espirituais! Hoje, mensagens estão sendo transmitidas a uma nova geração pelos mesmos arcanjos que falaram às velhas gerações referidas na Bíblia. A época pode ser diferente, mas o chamado é essencialmente o mesmo: *Lembre-se de onde você veio e de quem você é. Você é uno com Deus, e eu estou aqui para guiá-lo.* Mas devemos reconhecer este aceno, acreditar nele, pois ele será parte da nossa consciência.

O Arcanjo Miguel e a Bíblia

A capacidade mediúnica de Cayce foi um valioso recurso para identificar quando, nos dias bíblicos do Novo Testamento, o Arcanjo Miguel estava ativo. Numa leitura biográfica da vida de Jesus, obteve-se a infor-

67

mação de que foi o Arcanjo Miguel, em Mateus 1:20, que apareceu a José, o esposo de Maria, num sonho que ele tivera depois de duvidar da sua imaculada concepção: "... eis que lhe apareceu, em sonho, um anjo do Senhor, dizendo: José, filho de Davi, não temas receber Maria, tua mulher, porque o que nela foi gerado é do Espírito Santo."

Miguel, que uma leitura de Cayce confirmou ter sido o mensageiro divino, trouxe o testemunho de que Maria concebeu imaculadamente o Messias. Essa história corresponde à crença de Steiner de que o Arcanjo Miguel ajudou a preparar o caminho para o aparecimento de Cristo na Terra há 2.000 anos. De acordo com as leituras de Cayce, foi Miguel quem serviu como protetor de Jesus e de Seus pais, manifestando-se pelo menos mais duas vezes nos sonhos de José.

Logo após o nascimento de Jesus, na época do edital de Herodes, quando este ordenou que todas as crianças do sexo masculino de dois anos ou menos fossem mortas, o Arcanjo Miguel advertiu a Sagrada Família para que fugisse para o Egito: "... eis que aparece um anjo do Senhor a José em sonho, e diz: Dispõe-te, toma o menino e sua mãe, foge para o Egito, e permanece lá até que eu te avise; porque Herodes há de procurar o menino para o matar" (Mateus 2:13). José, Maria e Jesus fugiram para o Egito e permaneceram em segurança enquanto o edital estava sendo cumprido. Miguel, mais uma vez, apareceu a José num sonho, dez anos depois de sua fuga para o Egito, dizendo: "... toma o menino e sua mãe, e vai para a terra de Israel; porque já morreram os que atentavam contra a vida do menino" (Mateus 2:20). De acordo com Cayce, Herodes morreu de câncer, e Miguel alertou José para voltar a Israel.

O Arcanjo Miguel e a Obra de Cayce

As aparições do Arcanjo Miguel ao profeta Daniel e novamente a José indicam que sua influência é ativa durante épocas críticas que cercam mudanças espirituais importantes. Ele apareceu para advertir, confirmar, repreender e dar orientação. A essência das mensagens de Miguel nas leituras de Cayce contém todos esses elementos. Seus pronunciamentos enfatizaram que a obra de Cayce foi uma continuação da obra de Cristo. De fato, como a realização do desejo de Cayce em sua juventude foi concedida pelo anjo, suas leituras continuam a ajudar milhares e milhares de pessoas que esperam ser curadas de doenças físicas. Elas também projetam luzes sobre o destino espiritual da alma humana.

As leituras físicas, por si mesmas, têm demonstrado uma promessa que o Mestre fez há 2.000 anos: "... fará também as obras que eu faço, e outras maiores fará" (João 14:12). Porque, dentre as pessoas que entraram em contato com as leituras físicas de Cayce, o cego recebeu a visão, o surdo ouviu, o coxo caminhou. Muitas das pessoas que receberam a cura seguindo os conselhos de Cayce declararam em testemunhos que sua cura foi simplesmente um milagre; a medicina moderna atestou que muitos desses doentes eram incuráveis, até mesmo a esposa de Cayce, Gertrude. Essas pessoas, depois de recuperarem a saúde, muitas vezes tentaram dar crédito ao próprio Cayce.

"Se é que eu sou realmente alguma coisa", contestaria Edgar, "sou um canal por onde chegam as informações. Nada mais, nada menos." O próprio Cayce se maravilhava quando lia as mensagens do Arcanjo Miguel. Não obstante, como dizia Hugh Lynn, Cayce atribuía as mensagens àqueles que procuravam orientação nas leituras, pois a vontade de serem guiados por uma força divina nesse trabalho teria sido ouvida, e era um sinal ao longo do caminho o fato de eles estarem na pista certa.

Em 1928, um dos associados mais ligados à Fundação Cayce, que recebera numerosas leituras, escreveu a ele depois de examinar a primeira mensagem de Miguel: "A leitura certamente foi uma demonstração maravilhosa, e eu gostaria de ter estado aí. Embora nunca tenha duvidado da exatidão das mensagens ou da verdade contida [nas leituras] e da realidade do nosso trabalho, ainda assim é estimulante as confirmações surgirem com tamanha força..."[9]

É bom lembrar que Cayce precisava da confirmação a respeito do seu trabalho. Embora ele tivesse dedicado sua vida a servir e a ajudar outros por meio das leituras, havia ainda o desconforto persistente que o perseguia: preocupava-se pensando que, de algum modo, ele poderia receitar o remédio errado ou ferir alguém. O Arcanjo Miguel ajudou Cayce a compreender que a direção das leituras estava nas mãos do Divino.

---

9. Relato de Leituras, 254-42.

As mensagens de Miguel, no entanto, não significam que Cayce e seus associados não se defrontavam com dias difíceis. Surgiram muitos problemas no trabalho do Hospital Cayce. Depois de numerosos conflitos pessoais e de investimentos, o Hospital Cayce fechou. Embora esse fechamento fosse chocante e desapontador, ficou evidente, durante a breve vida de dois anos do hospital, que muitas pessoas foram completamente curadas.

Teria o Arcanjo Miguel errado ao dizer que "sobre a colina esta iluminação possa surgir entre os homens"? Não. Embora o próprio hospital tenha sido fechado e o edifício tivesse posteriormente vários proprietários, a obra de Cayce continuou na Association for Research and Enlightenment, Inc., que Cayce fundou em 1931. Em 1956, a Association readquiriu o edifício, que agora aloja seus escritórios administrativos. A nova organização manteve o ideal de "tornar manifesto o amor de Deus e do homem" e preparar o palco para uma nova área do trabalho, o que mudaria espiritualmente a vida de milhares de pessoas, até mesmo na atualidade.

Cayce e seu grupo decidiram procurar o significado espiritual da vida por meio de uma série de leituras instrucionais que passaram a ser conhecidas como as leituras *Search for God* (À Procura de Deus). Elas foram mais tarde compiladas em dois livros intitulados *A Search for God*. O grupo íntimo de associados de Cayce e suas famílias queriam saber de que forma eles também poderiam ajudar as pessoas, assim como Cayce as ajudava. Poderiam tornar-se médiuns como ele? Era isso algo que pudessem aprender? Ao longo de onze anos, os membros do grupo receberam instruções do Cayce adormecido por intermédio de suas leituras a respeito de como eles poderiam satisfazer os propósitos de suas almas. Cada instrução ou lição se alicerçava na anterior, despertando gradualmente o grupo para a verdade de que a espiritualidade só tem algum valor se for destinada a um uso prático na vida.

Durante essa época de desdobramento espiritual por meio das leituras, em 4 de setembro de 1932, o Arcanjo Miguel novamente se manifestou como o fizera em 1928. Miguel reafirmou que era o trabalho *espiritual* que tinha importância vital – e não necessariamente um hospital ou uma instituição física. Como antes, a voz monótona de Cayce saltou para um crescendo; o "nós" universal das leituras esteve ausente enquanto o divino mensageiro comandou o grupo:

"FICAI SILENTES, MEUS FILHOS! RECLINAI VOSSAS CABEÇAS; QUE O SENHOR DO CAMINHO POSSA FAZER-VOS SABER QUE FOSTES ESCOLHIDOS PARA UM SERVIÇO NESTE PERÍODO EM QUE SE FAZ NECESSÁRIO QUE ESTE ESPÍRITO SE MANIFESTE NA TERRA, QUE O CAMINHO POSSA SER CONHECIDO POR AQUELES QUE PROCURAM A LUZ! POIS A GLÓRIA DO PAI TORNAR-SE-Á MANIFESTA ATRAVÉS DE VÓS, QUE SOIS FIÉIS AO CHAMADO ONDE QUER QUE SEJAIS CONVOCADOS! VÓS, QUE PROFERISTES O NOME, TORNAI-O CONHECIDO EM VOSSOS CAMINHOS DIÁRIOS DE VIDA, NOS PEQUENOS ATOS DAS LIÇÕES QUE FORAM EDIFICADOS EM VOSSAS PRÓPRIAS EXPERIÊNCIAS POR MEIO DESSAS ASSOCIAÇÕES DE PESSOAS EM MEDITAÇÃO E PRECE; QUE O SEU CAMINHO POSSA SER CONHECIDO ENTRE OS HOMENS POIS ELE CONCLAMA A TODOS – A QUEM QUISER VIR – E ELE PERMANECE À PORTA DE VOSSA PRÓPRIA CONSCIÊNCIA; QUE POSSAIS ESTAR CIENTES DE QUE O CERTO NÃO SE AFASTOU DE ISRAEL, NEM FORAM EM VÃO OS SEUS CAMINHOS: PORQUE HOJE, DEVEIS OUVIR, O CAMINHO ESTÁ ABERTO – EU, MIGUEL, CHAMO A VÓS!"[10]

Mais uma vez, Miguel confirma que essas pessoas "foram escolhidas" numa época "em que se faz necessária" uma renovação espiritual na Terra. As eras podem passar, mas repetidas vezes os anjos acenam para a humanidade.

A referência a Israel é também importante na mensagem de Miguel. Não se trata de uma referência à nação, mas as leituras afirmam que Israel identifica todos os que empreendem a procura espiritual, e que tentam compreender sua relação com Deus e amplificar essa compreensão em suas vidas. Todos aqueles que se empenham em trazer percepções espirituais até suas vidas materiais fazem parte de Israel. A seguinte mensagem foi transmitida numa leitura que definia Israel sob uma nova luz:

"Na aplicação, surge o conhecimento daquilo que *deve* ser realizado pelo eu, passo a passo, linha a linha; que outros possam saber sobre essa promessa, destinada a cada indivíduo que possa ser uno com Ele. Não se descuidem do fato de que aqueles que são encontrados no caminho também são os buscadores, e são o Israel do Senhor."[11]

---

10. Leitura 262-27.
11. Leitura 262-30.

Essa definição mais ampla de "buscadores" da verdade representa uma implicação que inspira reverência: todas as pessoas de todas as posições religiosas são parte de "Israel", e aqueles que buscam a verdade espiritual são parte da espiritualização nascente que está ocorrendo em nosso mundo. A parte enigmática da mensagem é "o certo não se afastou de Israel".

Edgar Cayce comentou a respeito do cetro em Israel durante suas aulas sobre a Bíblia em 1939: "... foi profetizado por Jacó que o cetro não se afastaria de Judá (filho de Jacó) até a chegada de Shiloh, isto é, os descendentes de Judá seriam o canal material para a geração do Redentor do mundo [Cristo]".[12] Jesus disse, no Novo Testamento, que "não passará esta geração..." (Lucas 21:32) sem que tudo isto aconteça. As leituras indicam que a "geração" é um grupo de almas que está voltando para ajudar na consumação do destino espiritual da Terra: a reunião, no nível da consciência da humanidade com Deus.

As leituras fornecem detalhes suplementares sobre Israel como um grupo de almas e não, necessariamente, uma raça física:

"Israel é o escolhido do Senhor", disse o Cayce adormecido: "e que Suas promessas, Sua proteção, Seu amor não se afastem daqueles que procuram conhecer Seu caminho, que procuram contemplar Sua face... É *este* o significado, deveria ser esta a compreensão para todos. Aqueles que procuram são Israel... Saiba, então, que o cetro, a promessa, o amor, a glória do Senhor não se afastaram daqueles que procuram por Sua face!..."[13]

O conferencista Mark Batten, um conselheiro da Igreja da Unidade e ex-padre católico que vivia em Virginia Beach, na Virgínia, fez estudo em profundidade das mensagens do Arcanjo Miguel nas leituras de Cayce. Numa entrevista particular, ele partilhou algumas de suas introvisões sobre a natureza de Miguel e dos arcanjos.

"Os arcanjos – em particular, Miguel – executam as ordens diretas de Deus", explicou Batten. "Cayce dizia que Deus é pessoal e impessoal; universal e individual. Os arcanjos podem conduzir as nações à iluminação bem como levar os indivíduos a um despertar divino. Ao que parece, sua tarefa consiste em conduzir as pessoas de volta à percepção de Deus.

---

12. Relato de Leituras, 262-61; *Bible Minutes*, de Edgar Cayce, p. 49.
13. Leitura 262-28.

"Miguel não é uma entidade ou uma pessoa, como temos a tendência para supor, quando pensamos nos anjos; em vez disso, ele é uma força, uma imensa energia espiritual – uma inteligência divina. Os arcanjos não têm diálogo *per se* com as pessoas na Terra; ele sabem apenas executar o que Deus deseja e ordena. Eles estão demasiadamente amplos para o *intercâmbio individual*."

Em essência, os arcanjos são mensageiros vindos de Deus. Mark Batten foi uma testemunha das mensagens de Miguel transmitidas através de outro médium. Este, que pediu para não ser identificado, era capaz de entrar em transe como Edgar Cayce o fazia.

"A voz da pessoa por intermédio de quem Miguel falou simplesmente ribombou", disse Batten. "As mensagens são sempre semelhantes àquelas fornecidas pelas leituras de Cayce, sempre advertindo as pessoas presentes a abraçarem os altos princípios espirituais, pois esta é uma época crítica na história da Terra. E este chamado é dirigido a *cada um de nós*. As leituras de Cayce indicam que cada pessoa que está na Terra para o encerramento do velho milênio e o princípio do novo escolheu estar aqui por altas razões espirituais. Somos todos partes disso."

Batten também presenciou as janelas vibrando em seus caixilhos quando Miguel falou através do médium.

"As vibrações dos arcanjos são muito poderosas. É estrondoso, sim; mas é mais *o poder que* é esmagador, e não o volume." O ex-padre fez uma interessante analogia: um arcanjo opera em 15.000 volts, como uma corrente elétrica. Um ser humano está operando em 120 volts. Quando essa força ou um poder como o de um arcanjo se manifesta, como Miguel o fez por meio de Cayce, ele afeta não apenas o canal, mas também pessoas na sala, bem como o ambiente físico. "Eu sabia que estava na presença do Divino", acrescentou.

Batten disse que o médium através do qual as mensagens de Miguel eram recebidas não se lembrava de nada da experiência. Edgar Cayce se lembraria de algo dos encontros com Miguel?

"Não", disse Hugh Lynn. "Foi exatamente como qualquer outra leitura – não se lembrava de nada da própria leitura. Às vezes, ele tinha sonhos ou visões; outras vezes, lembrava-se de que estava falando com alguém ou para alguém durante a leitura. Essas experiências nem sempre eram agradáveis para ele. Às vezes, as coisas que lhe aconteciam durante uma leitura inquietavam-no bastante."

Em 2 de outubro de 1932, Edgar Cayce teve uma dessas experiências após receber uma mensagem do Arcanjo Miguel, que dizia:

"ESCUTAI! Ó VÓS, FILHOS DOS HOMENS! INCLINAI VOSSAS CABEÇAS, VÓS, FILHOS DOS HOMENS: POIS É VOSSA A GLÓRIA DO SENHOR; SEREIS FIÉIS À CONFIANÇA QUE É DEPOSITADA EM CADA UM DE VÓS! SABEI EM QUEM ACREDITASTES! SABEI QUE ELE É SENHOR DE *TUDO*, E SUA PALAVRA NÃO FALHA PARA AQUELES QUE SÃO FIÉIS DIA APÓS DIA: POIS EU, MIGUEL, PROTEGEREI AQUELES QUE PROCURAM CONHECER SUA FACE!"[14]

Gladys Davis Turner foi, durante muito tempo, secretária de Edgar Cayce. Ela transcreveu literalmente as leituras dadas por Cayce de 1923 até sua morte, em 1945. No final da mensagem de Miguel ela escreveu uma observação impressionante:

"Prantos, silêncio e uma bela sintonia se seguiram à leitura. Edgar Cayce teve uma visão durante a leitura e precisou deixar a sala por um momento; disse que viu cada um de nós como deveríamos ser e como de fato somos."[15]

Evidentemente, durante o tempo em que Miguel estava falando através de Cayce, este se encontrava num estado de sintonia espiritual a tal ponto elevado que vislumbrou os membros do grupo em seu estado perfeito, invisível, espiritualmente puro. Gradualmente, à medida que retornava à sua consciência normal, viu as imagens de apego material, de problemas, de hábitos dos membros do grupo – as coisas gerais que cercam todos os seres humanos. Em primeiro lugar, viu, em suas auras, a pureza essencial da alma, e em seguida vivenciou as impurezas da vida material. Isso foi um choque para Cayce, especialmente devido à sua sensibilidade em estado de vigília.

A mensagem do Arcanjo Miguel, transcrita acima, foi de encorajamento e de confirmação, pois aqueles que estavam aprendendo a aplicar os princípios espirituais tiveram a promessa do Altíssimo de que seriam guiados e dirigidos em seu importante trabalho.

---

14. Leitura 262-29.
15. *Ibid.*

O Arcanjo Miguel na
Obra de Nancy Fullwood

Em 1917, a médium e escritora norte-americana Nancy Fullwood percebeu que estava ouvindo uma voz interior que lhe pedia para escrever. Essa voz era muito bondosa e suave. Ela empreendeu um experimento e se sentiu "dividida", como se uma parte dela observasse a si mesma, e uma outra o estivesse fazendo a partir de um ponto privilegiado fora de seu corpo. Começou a transcrever as mensagens que chegavam a ela. Mais tarde, esses escritos se tornaram livros – *The Tower of Light, The Flaming Sword* e *The Song of Sano Tarot* – que foram populares na década de 30.

De particular interesse para o estudo dos anjos é o fato de que Fullwood começou a receber mensagens muito poderosas nas quais o Arcanjo Miguel dirigia seus escritos. Durante essas mensagens, sentia-se envolta por uma luz branca dotada de uma energia inacreditável. Nunca viu Miguel, mas sentia a sua presença. As mensagens enviadas por ele, que começaram em 1917, são notavelmente semelhantes aos discursos encontrados nas leituras de Cayce. Uma mensagem, em particular, prediz a mudança que está em andamento, no nível da consciência, do material para o espiritual:

"Eu, Miguel, senhor do Sol, envolvi meu manto de luz em torno do negro planeta Terra. Através da ação do meu Fogo, a Terra será purificada e regenerada... A velha Terra caótica cairá no esquecimento e uma nova Terra, ou estado de consciência, se levantará dela. Não dê importância ao desastre material, pois eu lhe digo que condições existirão nesse novo mundo [as quais] serão de tal beleza e harmonia que o velho mundo será esquecido na alegria da nova vida... O velho mundo material está, mesmo agora, começando a recuar sobre si mesmo e cairá sob o seu próprio caos... Ouçam bem dentro de vocês mesmos e saberão que falo a verdade quando digo que os filhos da luz não estarão conscientes do vento e da tempestade violenta, pois, no seu centro, há paz... Eu, Miguel, falei."[16]

------

16. *The Flaming Sword*, Nancy Fullwood, pp. 23-24.

A mensagem do Arcanjo Miguel indica claramente como a própria consciência humana está evoluindo novamente do material para o espiritual. Tão consistentes são a força e o estilo das mensagens de Miguel recebidas por Cayce, que é fácil acreditar que as mensagens angélicas são idênticas.

O Superintendente Vigilante

As mensagens do Arcanjo Miguel recebidas por Cayce eram, às vezes, repreendedoras. Em 1940, Cayce concordou em fornecer leituras relativas a atividades comerciais, com o objetivo de tentar localizar poços de petróleo no Texas. Parecia um empreendimento positivo; o dinheiro seria dirigido para ajudar o trabalho de Cayce e algumas organizações sem fins lucrativos. Pelo menos, era esse o propósito original. No entanto, as leituras fornecidas pareciam misteriosamente imprecisas; o local adequado do poço de petróleo não pôde ser localizado: havia obstáculos ao longo de todo o caminho. Parecia haver algo escuso, mas ninguém conseguia encontrar a razão ou o culpado.

Em uma das últimas leituras sobre o poço de petróleo, foi feita a pergunta: "Podem, no momento, ser fornecidas informações relativas a aparentes imprecisões nas informações prévias relativas à produção no presente [local de perfuração do poço de petróleo]?"

A resposta ēstarreceu a todos na sala, quando a voz do Arcanjo Miguel repreendeu os presentes:

"VEDE! ESCUTAI, VÓS, FILHOS DOS HOMENS! INCLINAI VOSSAS CABEÇAS, VÓS, FILHOS DOS HOMENS POR QUE EU, MIGUEL, FALARIA CONVOSCO A RESPEITO DAQUELAS COISAS QUE PERGUNTAIS AQUI? NÃO TENDES VISTO E OUVIDO – NO DECORRER DO QUE É PROCURADO NA BUSCA ATRAVÉS DESTE HOMEM [Edgar Cayce] DE CONHECIMENTO – A QUE PONTO VÓS VOS DESVIAIS PARA ESSE DESENVOLVIMENTO DE MATERIALIDADE NA BUSCA DO HOMEM POR DEUS?"[17]

---

17. Leitura 1561-19.

A advertência era clara: a informação procurada sobre um poço de petróleo, por intermédio de Cayce, era incompatível com os propósitos para os quais ele tinha a capacidade de fornecer leituras. Miguel foi ainda mais longe ao dizer que esse questionamento se desviava do material que Cayce deveria estar fornecendo. Pouco tempo depois da recepção dessa mensagem, o empreendimento do poço de petróleo foi abandonado como um fracasso.

Em certas ocasiões, as advertências e repreensões do Arcanjo Miguel tinham de ser feitas às próprias pessoas que estavam administrando o trabalho de Cayce. Nos últimos anos de sua vida, Cayce estava com um excesso de trabalho e esgotado. *There Is a River*, sua biografia escrita por Thomas Sugrue, fora publicada, resultando em milhares de cartas e pedidos de leituras. Houve necessidade de se contratar uma equipe adicional de trabalho para responder à correspondência e aos telefones. Em 1944, um ano antes da morte de Cayce, o escritório da Association estava particularmente abarrotado de trabalho. O tempo de espera para uma consulta pela leitura, marcada na lista de espera, chegava a ser de *dois anos*, e pessoas provenientes de todo o país iam bater à porta de Cayce, pedindo desesperadas que ele lhes fornecesse uma leitura para salvar um parente ou amigo moribundo. A atmosfera que circundava o trabalho era caótica; o pessoal do escritório discutia e brigava. O próprio Cayce foi levado à beira da exaustão. As primeiras "leituras de trabalho" disseram-lhe para realizar somente dois períodos de leitura por dia; a primeira das 10h30 às 11h30, e a segunda das 15h30 às 16h30. Tentar fazer mais que isso, advertiam as leituras, seria pôr em perigo a vida de Cayce. Não obstante, as cartas de milhares de pessoas que necessitavam de sua ajuda assombravam o Cayce desperto. Seu ânimo caía, sua força se desvanecia – e ele ainda tentava realizar leituras.

"Você está se matando, Edgar", dizia sua esposa. "Você precisa diminuir esse ritmo."

Cayce caminhou até o quarto dos fundos de sua casa, que estava funcionando como sala das correspondências, e despejou um dos sacos de lona do correio, entupido de cartas e de cartões implorando por ajuda.

"Como posso virar as costas a tudo isso?", perguntou Edgar, procurando os olhos da esposa. "Como posso *deixar de* levar isso adiante?" Foi um momento patético. "Se eu *não* fizer as leituras, isso me matará. Se eu me exceder, fazendo-as, isso também me matará."

Edgar estava exausto, consumido e desesperançado, mas conhecia o seu destino.

"Vou fazer isso até não agüentar mais", disse, finalmente. "É tudo." Desde o final de 1943 e ao longo de todo o ano de 1944, Cayce às vezes fazia de seis a oito períodos de leitura separados por dia. Em várias ocasiões, devido à sua agenda exigente e ao cansativo ambiente de trabalho no escritório, não conseguia "contatar" mediunicamente as informações. Não era capaz, *em absoluto*, de obter informações através das leituras.

Uma das últimas leituras fornecidas por ele foi a respeito de seu próprio estado de saúde bastante frágil. Devido à sua precária condição física, essa leitura foi fornecida num sussurro. As palavras de Cayce eram quase inaudíveis quando ele sentou-se no divã. Gladys Davis teve de esticar o corpo para ouvir a leitura e transcrevê-la taquigraficamente. A leitura confirmou que a saúde de Cayce estava, de fato, em rápido declínio, ocasionado não só por exaustão física e mental, mas também pelo ambiente de brigas entre os membros da equipe do escritório, o que estava, inclusive, obstruindo sua capacidade.

De súbito, no meio da leitura, a voz sussurrante de Cayce foi substituída pela poderosa voz do Arcanjo Miguel. Ele comandou uma das mensagens mais duras já registradas nas leituras:

"INCLINAI VOSSAS CABEÇAS, VÓS, FILHOS DOS HOMENS! POR-QUE EU, MIGUEL, SENHOR DO CAMINHO, FALAREI CONVOSCO! VÓS, GERAÇÃO DE VÍBORAS, VÓS, GERAÇÃO ADÚLTERA, SEDE ADVER-TIDA! HÁ HOJE DIANTE DE VÓS O BEM E O MAL! ESCOLHEI A QUEM QUEREIS SERVIR! ANDAI NO CAMINHO DO SENHOR! OU ENTÃO VIRÁ ESTE SÚBITO AJUSTE DE CONTAS, COMO VÓS VISTES! INCLINAI VOSSAS CABEÇAS, VÓS QUE SOIS RUDES, NÃO-ARREPENDIDOS! PORQUE A GLÓRIA DO SENHOR ESTÁ PERTO! A OPORTUNIDADE ESTÁ PERANTE VÓS! ACEITAI OU REJEITAI! MAS NÃO SEJAIS PORCOS!"[18]

O teólogo e psicólogo Harmon H. Bro, Ph.D., estava presente durante essa leitura. Ele interpretou o "ajuste de contas" do qual Miguel

---

18. Leitura 294-208.

falou como sendo o gradual desvanecimento da capacidade de Cayce para fornecer leituras. Bro disse que as pessoas presentes na sala sentiram a reprimenda vinda de Miguel no mais fundo de suas almas. Em sua biografia retrospectiva de Cayce, *A Seer Out of Season*, ele escreve a respeito do que sentiram depois de terem recebido a mensagem:

"Depois que a [leitura] terminou, todos nós estávamos chorando. Eu olhava ao redor para os rostos angustiados e pálidos. Ninguém falou. Cada um de nós se levantou rapidamente para deixar o local... Não me importava exatamente de quem era a voz que se auto-intitulava Miguel. Fosse ela uma criação da mente de Cayce, biblicamente estruturada, um ser desencarnado que se consternou em face do nosso comportamento... ou uma genuína presença angélica, ela irrompeu em meio a nós não para trazer uma bênção, nem para nos honrar, mas para expressar uma reprimenda inflamada. Se esse era, de fato, um arcanjo, desejei nunca voltar a lidar com um deles novamente."[19]

Confirmação Angélica em Tempos de Mudança

Sabendo que a vida de Cayce estava sitiada por muitas adversidades, infortúnios e sofrimentos, alguns podem se perguntar por que o mero contato com o Arcanjo Miguel não seria suficiente para resolver seus problemas. Numa leitura, perguntou-se por que teria ele de suportar essas adversidades em seu trabalho, e a resposta estabeleceu claramente as responsabilidades que recaem sobre qualquer pessoa que tenta devotar sua vida a serviço de outras: "Aquele que conduz, ou *quer* dirigir, está continuamente sitiado pelas forças que o *querem* arruinar. Aquele que suportar até o fim ostentará a coroa."[20]

Provações e tribulações são testes para as almas na Terra, e o Arcanjo Miguel é uma força que proporciona vigor e fé em tempos de crise pessoal e planetária. Seu papel não é o de remover a adversidade, mas sim, como no caso de Cayce, o de encorajar, entre os membros de um grupo, o ânimo com que se prendem aos seus ideais, mesmo que haja tempestades de adversidades e períodos de escuridão. A mensagem do

19. *A Seer Out of Season*, Harmon Bro, Ph.D., p. 375.
20. Leitura 2897-4.

Arcanjo Miguel era a de que o trabalho seria bem-sucedido em trazer iluminação às gerações futuras se elas fossem perseverantes. Portanto, aqueles "que suportarem até o fim ostentarão a coroa." A adversidade e a escuridão têm sido a regra para muitos místicos, profetas e sábios. Quando garotinha, Joana d'Arc declarou que falara com o Arcanjo Miguel e, então, este ordenara que era seu dever salvar a França. Mesmo durante o período de seu julgamento, ao ser severamente castigada por heresia, ela, sem temor, explicou que conversava regularmente com anjos. Disse que o Arcanjo Miguel, em particular, ajudara-a na batalha, encorajando-a em cada passo do caminho. Fisicamente, Joana d'Arc não sobreviveu à sua perseguição pela Igreja, mas, mesmo assim, não demonstrou medo quando foi sentenciada à morte ou queimada na fogueira. Ela não renunciaria a nenhum dos testemunhos de comunhão angélica.

Jesus, em Sua grande agonia no jardim de Getsêmani, embora estivesse em comunhão consciente com os anjos, com os arcanjos e inclusive com o próprio Pai, foi assolado por dúvidas e medo. Até mesmo Ele, na noite anterior à sua crucificação, sentiu as inevitáveis trevas antes da aurora da ressurreição: "... minha alma está triste até a morte..." (Marcos 14:34)

Mesmo que tenhamos de atravessar a passagem denominada "noite escura da alma", há uma voz, um conforto, uma *verdade* que nos sustentará nessa noite escura:

"... TORNAI CONHECIDO ESTE AMOR, ESTA GLÓRIA, ESTE PODER EM SEU NOME, QUE NINGUÉM TENHA MEDO; PORQUE EU, MIGUEL, FALEI!"[21]

Cada um de nós deveria levar esta mensagem até o coração. Recebemos o conforto de saber que, em nossa própria viagem espiritual, em nossa busca para compreender o papel que nos cabe na era divina que está por vir, as direções nos serão dadas. As mensagens do Arcanjo Miguel são transmitidas a *nós*, e se aplicam a nós como indivíduos e a este mundo em transição, um mundo em seu próprio jardim de Getsêmani. As

---

21. Leitura 262-28.

leituras de Cayce indicam que cada pessoa que se encontra hoje na Terra está aqui para, potencialmente, assistir à transformação da Terra e à sua evolução espiritual até a consciência superior. Não que o caminho seja fácil, mas a todos aqueles que procuram realizar este renascimento espiritual será, de fato, mostrado o caminho por meio de sonhos, de intuição, de meditação; alguns podem até mesmo ter a experiência direta com um anjo, arcanjo ou com o próprio Mestre. Deveríamos *esperar* pelas confirmações.

"Cada experiência é uma confirmação", disse o Cayce adormecido. "E conforme Ele a tem dado, contemple a face do anjo que sempre permanece perante o trono de Deus; a percepção, no seu eu, de que você pode ser uno com, igual a Deus-Pai, como Seu filho, como o irmão de Cristo... E, à medida que a percepção se aproxima, é como se fosse o anjo da esperança, o anjo da anunciação, o anjo da declamação, o anjo que deve advertir, o anjo que deve proteger. Pois estes são sempre como percepções, como consciência da permanente constatação de que 'Ele deu a seus amigos encargos referentes a ti'..."[22]

À medida que formos fiéis a esta crença, lembrando-nos de que a fé e o desejo criam o mundo como o conhecemos, então realmente isto se tornará uma realidade. Se temos as confirmações dos arcanjos para nós, o que neste mundo poderia possivelmente estar contra nós?

Uma mensagem final do Arcanjo Miguel, que foi transmitida para o Search for God Study Group (Grupo de Estudos para a Procura de Deus) em 1933:

"INCLINAI VOSSAS CABEÇAS, Ó VÓS, HOMENS QUE DEVEIS PROCURAR SUA PRESENÇA! SEDE FORTES EM SEU PODER! NÃO HESITEIS DIANTE DO VOSSO PRÓPRIO EU FRACO! SABEI QUE VOSSO REDENTOR VIVE... PODEIS ENTÃO, Ó HOMEM, TORNAR CONHECIDAS AS VOSSAS PRÓPRIAS DECISÕES? PODES SER UNO COM ELE? O CAMINHO QUE EU GUARDO LEVA ÀQUELE DA GLÓRIA NO PODER DO SENHOR. EU, MIGUEL, DEVO GUIAR-VOS. NÃO DESOBEDEÇAIS. NÃO VACILEIS. VÓS CONHECEIS O CAMINHO."[23]

---

22. Leitura 2533-7.
23. Leitura 262-33.

4

O Senhor do Karma

"Se alguém leva para cativeiro, para cativeiro vai. Se alguém matar à espada, necessário é que seja morto à espada. Aqui está a perseverança e fidelidade dos santos." – Apocalipse 13:10.

O Senhor Halaliel no Caminho Penoso

Somente em raras ocasiões as leituras de Cayce surgiam sem alguma voz particular que as identificasse pelo nome. Nos capítulos anteriores, falamos sobre algumas dessas exceções. Por exemplo, no Capítulo 2, contamos a história de como o velho amigo dos Cayce, o dr. Hill, anunciou sua presença durante uma leitura. O Arcanjo Miguel também falou várias vezes a um grupo de estudos para quem Cayce concordou em transmitir as "leituras de trabalho", bem como as leituras de instrução semanais transmitidas para os estudos que o grupo fazia sobre o desenvolvimento espiritual.

Miguel, como vimos, falou alto e claramente para transmitir algumas mensagens poderosas que afetaram profundamente o grupo. Com energia inequívoca, ele recordou às pessoas os seus ideais espirituais mais elevados e até mesmo as puniu por se desviarem do caminho e por brigarem entre si.

Em geral, acredita-se que a fonte das leituras era a vasta mente universal inconsciente, da qual Cayce era capaz de extrair informações todas as vezes em que se deitava para fornecer uma leitura. Acredita-se também que as leituras – e todo o trabalho mediúnico que Cayce realizou durante toda a sua vida – eram guiadas por Cristo.

No entanto, em meados da década de 30, quando os membros do grupo de estudos prosseguiam na coleta das leituras e na preparação dos volumes que seriam publicados com o nome *A Search for God*, eles notaram outra mudança de tom. Subitamente, Hugh Lynn Cayce, Gladys Davis e alguns amigos íntimos da família Cayce foram saudados por um novo arcanjo, cuja presença desencadearia uma divisão dentro do grupo.

"*Vinde*, meus filhos! Vós, sem dúvida, ficastes cientes, nas anotações deste dia, de que um novo iniciado falou neste ou através deste canal [Edgar Cayce]; Halaliel, que no princípio estava com os que guerrearam contra aqueles que se separaram e foram destroçados."[1]

Hugh Lynn notou que essa leitura tinha um limite bem perceptível, um tom incomum de comando indicando uma mudança aparente vinda das forças universais que dirigiam as informações. Essa mudança também tinha um nome: Halaliel. Gladys Davis e Gertrude Cayce também notaram a diferença. Era uma mudança bem característica na *fonte* da leitura, e isso preocupou a todos.

Quem era Halaliel?

Formulou-se esta pergunta numa leitura subseqüente. Embora a resposta indicasse que Halaliel fosse um anjo dos mais elevados domínios espirituais, o sentimento de inquietação não se dissipou.

"Quem é Halaliel, que nos enviou uma mensagem em 15 de outubro?", perguntou a sra. Cayce.

"Um em cujas hostes e com as quais Ariel lutou quando houve a rebelião no céu", disse Cayce. "Onde está Ariel, e quem era ele? Um companheiro de Lúcifer ou Satã ..."[2] Isto indica que Halaliel era um arcanjo que lutou ao lado de Miguel contra Satã antes e durante sua queda da graça.

A "rebelião no céu" é representada sob uma luz interessante nas leituras de Cayce. Muito antes do surgimento do nosso universo mate-

---

1. Leitura 262-56.
2. Leitura 262-57.

rial, todas as almas e todos os arcanjos eram companheiros de Deus, complétamente cientes de sua individualidade e, não obstante, mantendo comunhão com Deus. As almas e os arcanjos tinham poderes co-criativos ilimitados. Cada um era uma réplica em miniatura de Deus, contendo todas as capacidades e potencialidades de Deus. A "rebelião" foi um desvio de consciência espiritual contrário à criação de Deus. Um setor dos arcanjos começou a focalizar cada vez mais energia em suas próprias criações individuais e em estados de consciência diversificados. Finalmente, esses seres angélicos começaram a trabalhar num sentido oposto ao do planejamento divino do universo por Deus.

Legiões de anjos e de arcanjos que estavam mantendo sua relação consciente com o Criador perceberam que muitos dos seus semelhantes estavam começando a se "esquecer" de que tinham sido, numa época prévia, unos com Deus. Tornaram-se enamorados de seus próprios poderes e de suas próprias criações. Quando os arcanjos tentaram despertar nessas almas desobedientes a lembrança do plano original da criação de Deus, houve grande resistência e discórdia.

Como escreveu Thomas Sugrue, na biografia *There Is a River – The Story of Edgar Cayce*, "certas almas ficaram embriagadas com seu próprio poder e passaram a fazer experiências com ele. Elas se mesclaram com a poeira das estrelas e com os ventos das esferas, sentindo-os e tornando-se parte deles ... Foi essa a queda no espírito, ou a revolta dos anjos".[3]

Halaliel é um arcanjo descrito como um daqueles que tentaram dar assistência quando essa grande divisão das forças começou. Ele e muitos outros arcanjos – inclusive Miguel – empenharam-se naquela que pode ser chamada de "a batalha da lembrança *versus* esquecimento". Eles estavam lutando pelas almas que se aprofundaram cada vez mais no egoísmo. Lúcifer e Ariel, que foram grandes arcanjos no reino de Deus, tornaram-se líderes do lado dos anjos e almas que desejavam seguir seu próprio caminho sem levar em consideração os desejos de Deus. Desse modo, o bem e o mal (a lembrança e o esquecimento) tornaram-se estados vivos de consciência, agora representados por Luz e Trevas. Hoje, muitas eras mais tarde, essa batalha é travada no domínio terrestre den-

---

3. *There Is a River*, Thomas Sugrue, p. 310.

tro das almas da humanidade, como quando a confrontamos diariamente na escolha entre abnegação e egoísmo.

Uma leitura de Cayce confirma o papel de Halaliel entre os arcanjos: "Halaliel é um arcanjo que desde o início foi um líder da hoste celeste que desafiou Ariel e que *fez os caminhos que têm sido árduos* – mas como um meio para o ENTENDIMENTO"[4] (o grifo é do autor).

A partir da leitura acima, é óbvio que o papel de Halaliel na hierarquia espiritual é fundamental. O termo "hoste celeste" refere-se aos anjos do céu como um todo. No entanto, o problema com a influência de Halaliel, como um desses arcanjos auxiliares, é o fato de ele se *aproximar* da humanidade como um ajudante divino. A referência a Halaliel fazendo "os caminhos que têm sido árduos" preocupou aqueles que estavam recebendo as leituras mediúnicas de Cayce. Estariam eles sob a direção de um supervisor difícil? Assim como há várias filosofias religiosas na Terra e muitas diferentes maneiras e expressões para compreender Deus, os arcanjos também dirigem a humanidade de acordo com sua maneira própria e única. Qual o significado de "caminhos que têm sido árduos?"

Isso traz à luz a lei do *karma* – a lei de causa e efeito. Karma em sânscrito significa "ato" ou "ação". É a lei por meio da qual cada ato, pensamento, palavra ou ação cria uma reação igual de força equivalente que volta para nós. Cayce, às vezes, ao aconselhar as pessoas que estavam recebendo o "retorno" de suas ações, dizia: "Seus frangos voltaram para casa, para o poleiro!" O retorno das ações, dos pensamentos, etc., ocorre sob a lei do karma.

O dr. Richard H. Drummond, teólogo mundialmente famoso, citou exemplos bíblicos de karma em seu livro *A Life of Jesus the Christ*: "...juntamente com muitas e muitas citações e reformulações de 'o que o homem semear ele colherá' (Gálatas 6:7), há freqüentes referências ao ensinamento de Jesus: 'com a medida que medires serás medido' ... karma ... é de fato considerado, nas leituras de Cayce, como um princípio divino, cósmico."[5]

---

4. Leitura 254-83.

5. *A Life of Jesus the Christ – From Cosmic Origins to the Second Coming*, Richard Henry Drummond, p. 73.

Em outras palavras, tudo o que fazemos volta para nós com o mesmo espírito com o qual foi feito. A Bíblia descreve o karma em Apocalipse 13:10: "Se alguém leva para cativeiro, para cativeiro vai. Se alguém matar à espada é necessário que seja morto à espada. Aqui está a perseverança e a fidelidade dos santos."

No entanto, para entender corretamente essa lei, deve-se também entender como ela funciona com o conceito de reencarnação. A reencarnação é o conceito de que a alma – a consciência de um indivíduo – não morre quando o corpo morre, mas continua em outra dimensão e pode procurar um outro corpo dentro do qual renascerá. Há, principalmente, duas razões pelas quais uma alma retorna numa nova encarnação: por escolha e por necessidade. Em qualquer dos casos, a alma escolhe seus pais e, portanto, as circunstâncias que lhe darão as melhores oportunidades para crescer e reparar seu karma acumulado.

A reencarnação foi denominada "ciclo de necessidade". Em sânscrito, ela é chamada de *samsara* ou "correndo juntos". Um objetivo, em certos ramos do budismo, consiste em corrigir todo o karma e em escapar do *samsara*, e por meio disso atingir o *nirvana* ou céu. É esse ciclo de necessidade – os seres humanos continuando a criar karma devido a desejos contrários ao plano de Deus para um universo harmonioso – o que Halaliel quis expressar com "os caminhos que têm sido árduos". A história do karma da alma através da Terra será explorada em profundidade no Capítulo 7.

Os arcanjos – Miguel, Rafael, Gabriel, Uriel, assim como Halaliel – têm, desde o início da queda do espírito, prosseguido na tentativa de trazer de volta às almas a recordação de sua origem divina, de sua unidade com Deus. Embora sejam mensageiros de Deus, cada um desses arcanjos tem um papel único na evolução espiritual da Terra. Assim como o Arcanjo Miguel é o "Senhor do Caminho que leva a Cristo", Uriel é o Arcanjo da salvação, ou aquele que desperta os mortais adormecidos para o conhecimento espiritual superior, "salvando" as almas da consciência puramente materialista. O Arcanjo Rafael preside as forças das curas espiritual e física na Terra. O Arcanjo Gabriel, que anunciou à Virgem Maria que ela daria à luz o Messias, é o anjo da anunciação, da ressurreição, da misericórdia e da revelação. De acordo com Dionísio, em sua *Teologia Mística e a Hierarquia Celeste*, todos os arcanjos "são os mensageiros que levam os decretos divinos".[6]

Halaliel tem seus decretos para transportar, mas sua função é a de Senhor do Karma, uma consciência condutora que governa a lei de causa e efeito. Sob o domínio de Halaliel, e por intermédio dessa lei, os seres humanos se dirigem finalmente, por si mesmos, até a lembrança consciente de Deus, por meio de "árduas" provações. Esse ciclo que Halaliel governa, no qual nós "pagamos à medida que caminhamos" na vida – e na vida depois da vida – é realmente um mecanismo prático e misericordioso por meio do qual podemos aprender com os nossos erros, em vez de continuar a cometer sempre os mesmos erros.

Arcanjos como Leis do Universo

Em grande escala, cada arcanjo representa um estado de consciência, uma atitude, uma inspiração. O que experimentamos em consciência espiritual no domínio material é um reflexo da *fonte* de uma consciência particular nos domínios espirituais. Essas fontes são os arcanjos – as facetas ordenadas da hierarquia de Deus. As leituras de Cayce indicam que às próprias leis universais são atribuídas almas pelos arcanjos. Por exemplo, as leis da iluminação, da sabedoria, da transformação, de causa e efeito são *consciências* divinas. A seguinte questão foi proposta a Cayce numa leitura: "Anjos e arcanjos são sinônimos daquilo que chamamos de leis do universo?" Cayce respondeu: "Eles são como as leis do universo; assim como Miguel é o Senhor do Caminho, *não* o Caminho mas o Senhor do Caminho ..."[7]

Isto significa que quando as pessoas estão em completa harmonia com seu ideal espiritual – ou com seu propósito espiritual na vida – elas estão em concordância com a lei universal do amor. Então, Miguel abre o caminho de modo que elas possam ser despertadas para uma percepção ainda maior. No estado de consciência de pós-morte, o dr. Rodonaia

---

6. *Mystical Theology and the Celestial Hierarchy*, Dionísio, citado em *Dictionary of Angels*, por Gustav Davidson, p. 52.

7. Leitura 5749-3.

estava em harmonia com a lei (arcanjo) da Sabedoria; ele, de maneira natural, gravitou para essa consciência. De modo semelhante, Halaliel é o anjo que governa a lei do karma, de causa e efeito. Ele é um anjo condutor, cuja influência leva ao crescimento espiritual, mas esse crescimento é adquirido através de provações que são – como disse Cayce – "árduas".

Quando a presença de Halaliel tornou-se evidente ao longo das leituras, Hugh Lynn foi inflexível ao afirmar que o grupo não deveria se deixar direcionar cegamente por alguma entidade, mesmo que as informações viessem de um arcanjo. Hugh Lynn sentia que Halaliel estava agora interferindo nas lições espirituais, no trabalho da Search for God. Vários dos associados de Cayce discordaram, argumentando que o Arcanjo Miguel fornecera instruções inspiradoras, mas que também deveriam seguir os conselhos de Halaliel.

"Embora Edgar Cayce ainda mantivesse sua voz e seu estilo, sua inflexão, etc.", Hugh Lynn escreveu mais tarde: "foi feita a afirmação de que uma individualidade conhecida como Halaliel poderia dirigir o material a ser fornecido nas leituras de uma maneira mais clara e mais organizada. Foi indicado que uma decisão precisava ser feita quanto à aceitação ou não pelo grupo dessa oferta de esclarecimento".[8] Todos, com exceção de dois membros do grupo, queriam rejeitar as orientações de Halaliel. "Foi um período de questionamento, de provas e de tomadas de decisões por parte de todos", disse Hugh Lynn.

O grupo se dividiu e procurou mais informações sobre Halaliel por meio das leituras. Uma passagem enigmática indicava a influência persistente de Halaliel, mas colocava a responsabilidade pelo aparecimento desse professor nos *próprios membros do grupo*. Cayce disse:

" ... pois, como será visto, meus filhos, foi apontado alguém que pode ajudá-lo em suas futuras lições, e ele será seu professor, seu guia, alguém enviado através do poder de seus próprios desejos ... Não o Cristo, mas o Seu mensageiro, com o Cristo desde o princípio, e é para outros mundos aquilo que Cristo é para a Terra."[9]

---

8. Relato de Leituras, 262-56.
9. Leitura 262-71.

Consciência Crística *versus* Halaliel

Hugh Lynn estava perturbado com o fato de que a leitura indicava que as informações estavam sendo dirigidas por "Não o Cristo, mas o Seu mensageiro". Sempre sentira que as leituras de seu pai eram dirigidas a partir de forças universais, e era dever do grupo ater-se a esse alto ideal.

Parte desse ideal significava recusar orientação proveniente de qualquer fonte que não fosse a Consciência Crística. Hugh Lynn se perguntava se Halaliel viera até o grupo para intervir ou para interferir: se ele foi para outros mundos o que Cristo é para este, então o que é que ele estava fazendo aqui? Por que deveria ele influenciar os membros do grupo de estudo em seu trabalho? Eram questões que deixavam inquietos Edgar Cayce, sua esposa, sua secretária e seu filho. Como vimos, Cayce era freqüentemente cauteloso com relação à natureza das leituras; preocupava-se a respeito de quão "aberto" ele era às influências externas durante seus estados de transe. Raramente reconheceu até mesmo o arcanjo Miguel, mas, em vez disso, admitiu que Deus tinha enviado um mensageiro. Deus deveria ser o foco, dizia Cayce, e não o mensageiro. No entanto, Halaliel estava atuando com uma competência maior que a de um mero mensageiro na obra de Cayce – ele queria *dirigir* as leituras.

Hugh Lynn, Gladys Davis e Gertrude Cayce não conseguiam explicar com precisão o que os fazia sentir um leve pressentimento quando consideravam Halaliel e sua influência nas leituras. Não obstante, sabiam que tinham o poder de escolher ou rejeitar Halaliel como professor. A leitura colocava a responsabilidade no próprio grupo: "Seus próprios eus, então, podem impedir que ele [Halaliel] esteja, encontre-se, viva, more com vocês."[10]

A leitura particular do grupo de estudo na qual essa mensagem apareceu tinha um tom distintivamente agressivo. Halaliel parecia estar dando ao grupo uma espécie de ultimato espiritual: "Aceitem, então, o que é apresentado aqui, e entrem igualmente em acordo; pois suas apre-

---

10. Leitura 262-71.

sentações devem, de agora em diante, dar uma reviravolta ... Aceitam?"[11] Ninguém no grupo respondeu à pergunta de Halaliel. Estavam chocados com a drástica mudança na progressão, em geral passiva, das leituras através de Cayce. A energia dentro da sala era singular; carregada, densa – como se uma pressão espiritual estivesse sendo aplicada sobre todos os presentes. Gertrude Cayce continuou a conduzir a leitura, e os outros membros presentes inclinaram suas cabeças em prece. Halaliel, manifestando uma óbvia impaciência diante da decisão do grupo, repreendeu-os no meio da leitura:

"FIQUEM ATENTOS AO QUE VOCÊS ESTÃO FAZENDO AQUI!"

Vários membros do grupo sentiram que essa mensagem era dirigida a eles, incluindo Gertrude Cayce e Gladys Davis. A energia na sala era muito caótica e discordante. Por que essa intrusão? Será que tempos difíceis requerem um professor difícil? Haveria uma batalha interna entre a luz e as trevas ocorrendo no interior dos indivíduos do grupo de estudos? Teria o grupo se desencaminhado em seus estudos ou na aplicação das verdades espirituais? Teriam as Forças Universais enviado Halaliel para lhes dar assistência em seu trabalho de grupo? Eram essas as questões, discussões e debates que ocorriam entre os membros. Seguiram-se argumentos ásperos por parte dos poucos que queriam a orientação de Halaliel, e algumas relações pessoais ficaram tensas dentro do grupo.

A saúde de Cayce se achava num estado particularmente sensível nessa época – ele não se sentira fisicamente bem durante semanas. Alguns membros do grupo estavam lidando com questões kármicas pessoais: ressentimento, autopunição, postura demasiadamente crítica e ciúme. Acima de tudo, eram seres humanos, sujeitos a períodos de fraqueza como qualquer outra pessoa. No entanto, devido à intensidade das lições espirituais e de suas meditações e preces enquanto grupo coeso, havia uma amplificação de energia nos relacionamentos dos membros do grupo. Suas capacidades espirituais estavam enfraquecendo e as divergências se intensificando.

---

11. Leitura 262-71.

Tudo se amplificou – o bom e o mau. Era óbvio que eles estavam – tanto individualmente como enquanto grupo – passando por um período de provas kármicas. Eles atingiram uma posição em que o seu conhecimento espiritual tinha de ser aplicado durante esse período de provações. Não era fácil para nenhum deles. Os fatos concomitantes da entrada de Halaliel como professor kármico e das vacilantes experiências do grupo eram particularmente sincrônicos. Era claro que estavam no caminho certo. Tinham a orientação do Altíssimo, e, não obstante, precisavam fazer uma escolha entre receber orientação do Senhor do Karma ou da Consciência Crística.

Cayce forneceu uma leitura, separada do trabalho do Search for God, e foi feita uma pergunta sobre a questão de seguirem o conselho de mensageiros, arcanjos e espíritos guias.

"Isto – isto – *isto*, meus amigos, nada mais são que *limites*" – dizia a leitura –, "enquanto Nele está o Todo. Queres fazer de ti mesmo, quereis fazer de vós mesmos um meio limitado de atividade? Quereis procurar a vossa obstrução por parte daquelas coisas que fizeram com que muitas forças em disputa continuassem em guerra umas com as outras até mesmo no ar, até mesmo nas forças elementais?"[12] Outra leitura da mesma série afirmava: "Deixai que *Ele* envie quem *Ele* quiser para o desenvolvimento, mas antes preparai vosso próprio corpo, vossa própria alma para esse encontro com Ele."[13]

Essas leituras indicavam para o grupo que, em muitos sentidos, ele ficaria sujeito a restrições se os membros aceitassem o professor Halaliel para dirigi-los. Se o grupo se limitasse à sua orientação, isso impediria os membros do grupo de alcançarem o objetivo a que se propunham: atingir a realização espiritual suprema – a Consciência Crística.

Esse caminho os ajudaria a transcender o círculo de necessidade, o seu karma, através da prece, da meditação, e a aplicar as disciplinas espirituais fornecidas a eles no material Search for God. Por que dariam eles um passo atrás, trilhando novamente o caminho da tentativa e do erro, de onde vieram? Aceitar Halaliel como a *fonte* das lições espirituais colocaria o grupo naquele domínio da árdua experiência.

---

12. Leitura 254-83.
13. Leitura 254-71.

Outras Perspectivas

W. H. Church, historiador de Cayce e especialista nas leituras, tinha um ponto de vista interessante sobre Halaliel e sua influência no grupo de estudos: " ... Halaliel, que aparecia ao grupo quando queria, poderia ter atuado segundo a direção do Mestre, precisamente porque eles estavam, então, passando por uma fase kármica que requeria um supervisor severo – a menos que isso pudesse ser encontrado de outra maneira ... se Halaliel foi enviado a eles graças ao poder dos seus próprios desejos – fossem eles conscientes ou não – seria isso bom ou mau? Pois cada um deles conhecia suas próprias fraquezas espirituais, e um ou dois deles podiam ter tremido. Em segundo lugar, se Halaliel foi para outros mundos o que o Cristo é para este, como fora afirmado, não teria ele suas próprias ovelhas para apascentar? O que ele estava fazendo no domínio de Cristo na presente época? Essa coisa era saudável ou doentia? Quanto a isso, dúvidas devem ter-lhes ocorrido." [14]

Nesse meio tempo, à medida que as leituras prosseguiam, a inquietação nunca se afastou de Hugh Lynn. Ele estava muito preocupado com a possibilidade de os membros do grupo terem evocado um mensageiro cuja influência traria mais obstáculos do que qualquer outra coisa à obra de seu pai.

"Eu estava preocupado", explicou Hugh Lynn. "Meu pai não era, rigorosamente falando, um médium. É verdade que quando a sintonia estava correta, havia uma mensagem angélica, uma voz, uma proclamação divina. Isso, no entanto, era mais a exceção do que a regra. Papai jamais se considerara médium para o mundo dos espíritos. Pessoalmente, dizia ao grupo para focalizar seus ideais e desejos no Mestre – e deixar que Ele os dirigisse como quisesse. Mas havia ocasiões em que papai dizia: 'Se as pessoas querem que as informações nas leituras venham do Tio Joe que está no outro lado, é de lá que eles a obtêm. Se eles queriam que as leituras viessem de um mensageiro divino, eles também a obteriam.' Na realidade, dependia dos desejos da pessoa que pedia a leitura."

---

14. "The Halaliel Question", W. H. Church, *Venture Inward*, maio/junho de 1992, pp. 33, 34.

Halaliel também apareceu nas leituras mediúnicas da famosa médium Eileen Garrett. Seu guia espiritual, de acordo com a leitura que Cayce forneceu a ela, contava com informações fornecidas pelo Arcanjo Halaliel.

"Em uma ocasião", relatou Hugh Lynn, "em seguida a uma leitura com Eileen Garrett, seu controle [guia espiritual], Uvani, ofereceu-se para esclarecer as leituras, e foi feita uma pergunta em uma leitura para se saber se essa seria ou não uma idéia sensata ... Penso que esse é um tipo semelhante de desvio trazido pela tensão e pelas provações através das quais o grupo todo, assim como a nação, estavam passando, e devido às perturbações que Edgar Cayce estava sofrendo na época."[15] Isso ocorreu quando havia grande dificuldade econômica, nos assim chamados anos da Depressão, e também durante essa época Cayce passava por um período de saúde bem abalada.

A leitura a que Hugh Lynn se referia era uma das "leituras de trabalho", quando a seguinte questão foi apresentada a Cayce: "Seria aconselhável a Edgar Cayce seguir as sugestões dela [Eileen Garrett] de procurar assistência junto à entidade descrita [Halaliel], a mesma que Uvani alegava que aumentaria a coerência e o poder das leituras?"

A resposta foi breve e direta: "Uvani alega saber mais que o Mestre que o criou?"[16] Era uma indicação clara de que o grupo de Cayce não deveria aceitar a influência em andamento de nenhuma outra força que não fosse a de Cristo. No entanto, as mensagens do Arcanjo Miguel nas leituras mantinham-se alinhadas com os mais elevados ideais espirituais, pois estavam dirigindo a atenção para a realidade maior e para a manifestação suprema da Consciência Crística.

Entretanto, mais leituras começaram a refletir o tom e a consciência de Halaliel. Uma série de leituras fornecidas em meados da década de 30 dizia respeito à situação mundial e aos eventos futuros. Em geral, essas leituras raramente prediziam eventos específicos, mas apenas retratavam as condições atuais e davam conselhos sobre como as coisas poderiam ser melhoradas. Porém, o tom agourento em várias das leituras sobre as questões mundiais levou alguns a acreditar que elas foram

---

15. Relato de Leituras, 262-56.
16. Leitura 254-71.

transmitidas por Halaliel. O tom agressivo é claramente muito diverso do restante da coleção de leituras de Cayce, que raras vezes refletia um tipo de personalidade de qualquer espécie:

" ... A Terra será rompida na parte ocidental da América. A maior parte do Japão afundará sob o mar. A parte superior da Europa será transformada como num piscar de olhos. Aparecerá terra emergindo diante da costa leste da América. Haverá cataclismos no Ártico e na Antártida, que resultarão em erupções de vulcões nas áreas tórridas, e haverá então deslocamento dos pólos ..."[17]

Eventos globais específicos dessa magnitude só foram revelados através de Cayce em ocasiões muito raras. Alguns estudiosos das leituras contestarão os relatos sobre mudanças na Terra, dizendo que essas informações provinham de Halaliel, que só profetizava desfechos catastróficos. Outros dirão que Halaliel veio para advertir como Senhor do Karma, a fim de permitir às pessoas prepararem-se para as grandes sublevações iminentes no final deste século.

Além disso, nessa mesma leitura sobre questões mundiais, há uma passagem interessante, que parece indicar que há realmente uma espécie de batalha se aproximando à medida que o velho milênio se avizinha do seu encerramento:

"Pois, com as enormes assembléias de hostes daqueles que têm obstruído e que ergueriam obstáculos ao homem e suas fraquezas, eles travarão guerra com os espíritos da luz que vêm à Terra para esse despertar; que têm sido e estão sendo chamados por aqueles filhos dos homens que estão a serviço do Deus vivo."[18]

Halaliel, então, pode ser visto como um guerreiro da Luz na época atual. Mas como ele reinará? A palavra-chave nessa passagem é *despertar*. O despertar está no âmago do chamado e da influência dos reinos angélicos. Estamos à beira de grandes transformações, crises e da probabilidade da iluminação universal. Quando fazemos uma estimativa de nós mesmos e do nosso mundo, podemos ver claramente que há grandes conflitos emergindo, não somente no palco mundial mas também dentro de nós mesmos; perspectivas, crenças, a maneira como vivemos e como

---

17. Leitura 3976-15.
18. *Ibid.*

95

fazemos o que fazemos. Como nos sairemos nesses dias de intensa transição?

O que foi verdadeiro para o grupo Search for God também poderá sê-lo para nós, pois a maneira como nos sairemos dependerá em muito do nosso estado de ser espiritual, das nossas atitudes e das nossas crenças. Mais uma vez, o poder do pensamento, do desejo e das nossas ações pessoais cria o mundo como o conhecemos. O que esperamos e o que estamos construindo para nós mesmos? Talvez Halaliel tenha vindo ao nosso tempo como um ser que proclama um "ajuste de contas"; que haverá um período onde uma grande escuridão precederá a grande iluminação. Parece que este é o padrão para todos: a fim de compreender plenamente a Luz, devemos, antes de mais nada, passar pela escuridão e entendê-la.

Para examinar ambos os lados da controvérsia de Halaliel, é importante considerar se ele veio para advertir e aconselhar ou para interferir com sua atividade kármica. Obviamente, Halaliel estava repreendendo não somente os indivíduos do grupo de estudos, mas também todos nós que empreendemos uma busca espiritual. Grandes lições estão sobre nós, e cabe-nos descobrir a maneira de aprendê-las. Podemos aprender através das rígidas circunstâncias de causa e efeito ou através da graça da aceitação de todos os aspectos de nossas vidas. A intervenção de Halaliel provocou divisão entre os membros do grupo. Mas a sua questão é relevante: *A quem quereis servir? Escolhei.* A mesma advertência aparece no Livro do Deuteronômio do Velho Testamento, que diz: "Vê que proponho hoje a vida e o bem, a morte e o mal ..." (30:15) Essa escolha está sendo apresentada perante nós como indivíduos, como grupos e como nações. Poderíamos fazer perguntas sobre nossas próprias vidas em transição: *Estou aqui para fazer o quê? Que papel devo ter no novo milênio?* A premissa básica para levar uma vida espiritual plena está incorporada numa passagem muito simples nas leituras: "Perdoai, se quiserdes ser perdoado. *Isto* é conhecimento. Sede amistosos, se quiserdes ter amigos. *Isto* é conhecimento. Sede amorosos, se quiserdes ter o amor até mesmo do vosso Pai; pois Ele é amor."[19]

---

19. Leitura 262-97.

Essas verdades simples constituem-se em desafios definitivos para nós nestes dias. A escolha de quão difícil ou de quão fácil será o aprendizado dessas lições cabe estritamente a nós. Aprender lições espirituais sob a direção de Halaliel e sob a direção de Cristo podem ser duas vias distintas que levam à mesma Fonte. Uma, a de Halaliel, representa a via kármica, a consciência guerreira, a batalha e a luta para se atingir a luz, e a lei de causa e efeito. Embora isso às vezes tenha o seu lugar, o caminho de Cristo, por outro lado representa a aceitação das circunstâncias de nossas vidas com paciência, amor, alegria, clemência e perdão; e, em última análise, segui-Lo para a ascensão. Essa via é o caminho mais direito para trabalhar rumo à realização e ao despertar divinos.

Halaliel e Cristo representam duas expressões do desenvolvimento espiritual: sob a direção de Cristo aprendemos a lição da paciência através da vida cotidiana: nossas relações íntimas, amigos, famílias, experiências do dia-a-dia. Sob a direção de Halaliel aprendemos a ter paciência com a tristeza, a dor e o sofrimento que criamos para nós mesmos devido à insensatez. A paciência é, em última análise, aprendida em ambos os casos, mas a interpretação dessa faceta da espiritualidade é diferente: é a *maneira* pela qual escolhemos aprender nossas lições espirituais, que requer diferentes professores. No entanto, no final, aprendemos com ambos os níveis de experiência: dor e tristeza, e alegria e felicidade podem levar ao desenvolvimento da alma. Poder-se-ia dizer que Cristo completa o desenvolvimento da alma onde Halaliel havia começado. Em outras palavras, a graça ultrapassa e supera o karma. Sob essa luz, Halaliel é um legítimo e importante professor. Sofremos a "crucificação" sob a lei do karma (Halaliel); mas somos redimidos através da "ressurreição", sob a lei da graça (Cristo).

Com exceção de duas pessoas, como mencionamos antes, o grupo de estudos Search for God rejeitou Halaliel como um orientador de suas lições espirituais. Falando mais uma vez a partir do nível da mente universal, uma leitura subseqüente pareceu repreender o grupo por atrair a influência de Halaliel para este domínio: "E vós, em vossa cegueira, vossa insensatez, vosso *desejo* pelo eu, procurais por algum caminho *fácil*, quando toda a facilidade, toda a esperança, toda a vida que existe *está* Nele!"[20]

---

20. Leitura 262-77.

Dois membros deixaram o grupo de estudos para seguir outros interesses espirituais, sentindo que o grupo Search of God tinha cometido um engano ao recusar a oferta de orientação de Halaliel. Não obstante, os demais membros do grupo receberam uma mensagem parecendo indicar que, embora Deus lhes enviasse Seus mensageiros, jamais deveriam ficar preocupados com um determinado professor quando poderiam receber orientação do Professor dos professores:

"Não deixeis que vosso coração se perturbe. Crede em Deus. Crede também Nele, que disse: 'Vede, estou sempre convosco, até mesmo no fim do mundo.' Embora possam surgir perturbações e turbulências, sabei que a paz vem somente Nele – e ao fazer isso sabereis *como* fazer."[21]

---

21. Leitura 262-128.

5

A Hierarquia Angélica

"Desse modo, embora as Hierarquias Celestes sejam as transmissoras da Vida Providencial a tudo o que está abaixo delas, constituem, para a alma aspirante que se une a elas, uma escada espiritual de ascensão da Terra ao Céu... que é a Via Unitiva por cujo intermédio os homens podem obter a verdadeira amizade com Deus..." – Dionísio, o Areopagita

A Diversidade de Deus: A Sabedoria dos Anjos

Rudolf Steiner acreditava que toda a vida material emana de estados espirituais de consciência que interpenetram nosso mundo tridimensional e que também existem fora dele. Ele era dotado da capacidade clarividente para perceber as dimensões espirituais superiores e os reinos celestes dos anjos e dos arcanjos. Em grande medida, esses reinos não são percebidos pela maioria de nós, a não ser quando dormimos e penetramos nas dimensões superiores através do sonho, ou ingressamos em estados profundos de meditação. Tudo em nosso domínio terrestre é governado por uma fonte de inteligência que reside em algum lugar nas ordens da hierarquia divina. As leituras de Cayce afirmam, com freqüência, que todas as coisas na Terra são uma mera sombra do que existe nos reinos espirituais. Em outras palavras, temos apenas um reflexo

físico sobre a Terra de realidades que residem no mundo espiritual. Por exemplo, quando o dr. Rodonaia teve sua experiência de morte de três dias, ele foi até a *fonte* da sabedoria divina, que percebeu como uma "esfera de inteligência", um ser ou um arcanjo. Como filósofo durante grande parte de sua vida profissional, o dr. Rodonaia estudara o conceito de sabedoria, mas nos mundos superiores vivenciou Sabedoria como o arcanjo, a fonte da qual a sabedoria emana.

"Aqui na Terra dizemos 'sabedoria', e dizemos que é um atributo superior de conhecimento atingido. Aqui, é uma idéia", disse o dr. Rodonaia. "No mundo espiritual, Sabedoria é *mil mundos*."

O dr. Rodonaia tentou, com muita frustração, traduzir sua jornada até o "amado reino de Sophia (Sabedoria)" para as suas congregações e nas suas conferências. No entanto, algumas experiências não são facilmente descritas em palavras no nosso mundo tridimensional. A experiência transformadora do dr. Rodonaia com Sabedoria enquanto inteligência divina e amorosa, durante a sua experiência de morte, foi muito semelhante à de Emanuel Swedenborg, místico clarividente, matemático, físico e biólogo alemão, que acreditava que o propósito mais elevado das almas é atingir a união com Deus através do amor e da sabedoria. Swedenborg era capaz de perscrutar os reinos angélicos por meio de meditação profunda e de reter uma memória quase fotográfica dos reinos dos anjos. Ele fez descrições detalhadas dos anjos e de seus reinos e moradas em *Céu e Inferno*. Swedenborg confirma a visão de Cayce, segundo a qual tudo o que está na Terra é uma mera sombra do que existe no mundo do espírito: afirma que a sabedoria angélica excede em muito a humana, e que todas as coisas que os anjos percebem excedem as coisas terrestres, pois correspondem à sua sabedoria.

"A sabedoria dos anjos é indescritível em palavras; só pode ser ilustrada por alguns fatos gerais. Os anjos podem expressar numa única palavra o que o homem não pode em mil. Além disso, uma única palavra angélica contém inúmeras realidades que não podem ser interpretadas pelas palavras da língua humana; pois em cada uma das expressões dos anjos há arcanos de sabedoria em conexão contínua, que o conhecimento humano nunca atinge."[1]

---

1. *Heaven and Hell*, Emanuel Swedenborg, pp. 145-146.

Swedenborg acreditava que, assim como o nosso mundo físico é arranjado e ordenado em ramificações de sociedades, classes e organizações, os mundos angélicos também funcionam numa Ordem Divina. Paola Giovetti, parafraseando Swedenborg, escreveu o seguinte sobre a ordem dos anjos:

"... as sociedades dos anjos no céu distinguem-se por suas atividades e costumes. Há algumas sociedades que cuidam de crianças pequenas; outras as ensinam enquanto crescem; outras educam os simples e os bons no mundo cristão e os conduzem ao Céu ... Todas essas funções são funções do Senhor desempenhadas pelos anjos, porém eles não as realizam para si mesmos, mas tendo por base a ordem divina."[2]

As leituras de Cayce indicam que as hostes de anjos não apenas estão cientes do desenvolvimento da humanidade ao longo do mundo material como também é sua missão mais importante apressar nossa caminhada rumo à percepção de Deus. Assim como os arcanjos são considerados as vozes de Deus, a multidão das disposições de anjos atua como os *sentidos* de Deus. Essas ramificações são os muitos níveis e as muitas diversificadas expressões espirituais e materiais de que Deus dispõe para vivenciar a Si mesmo em entidades, espíritos e níveis de consciência individualizados.

As almas de todas as pessoas na Terra assemelham-se às folhas de uma grande árvore; os anjos e os arcanjos são os ramos; a árvore toda é Deus. A humanidade é considerada um dos ramos mais altos da criação de Deus: incorporamos tudo o que constitui os domínios inferiores e físicos da Terra e também possuímos todos os aspectos dos reinos espirituais superiores. O padrão inteiro da "árvore" está impresso em cada "folha". Da mesma maneira, possuímos diferentes níveis de consciência do corpo, as "hierarquias físicas" dos átomos, células e corpúsculos; elas se organizam nos sistemas maiores dos órgãos em nossos corpos, que por sua vez constroem a pessoa "toda". Os anjos, os arcanjos e as almas representam individuações do "todo" de Deus. As leituras de Cayce afirmam que cada alma é um corpúsculo do corpo de Deus. Para revelar plenamente a vastidão dessa imagem, uma leitura também afirmou que

---

2. *Angels – The Role of Celestial Guardians and Beings of Light*, Paola Giovetti, pp. 103-104.

a Terra é um átomo num universo de mundos! Na consciência coletiva terrestre de toda a humanidade, constituímos somente uma pequena – mas importante – parcela da totalidade de Deus, embora essa pequena parte contenha o padrão do todo. O microcosmo é uma réplica em miniatura do macrocosmo.

A Hierarquia Angélica – Ramificações Divinas de Deus

A hierarquia é definida como qualquer arranjo de princípios ou de coisas numa ordem ascendente ou descendente. Uma maneira pela qual podemos entender como opera a hierarquia angélica é examinarmos os vários níveis de uma instituição, como, por exemplo, um hospital. No primeiro nível, temos a sala de emergência, que ajuda pessoas que se encontram em necessidade crítica imediata. Esse nível poderia corresponder ao dos anjos da guarda, que se manifestam em nossas vidas em tempos de crise ou de emergência. No nível seguinte, temos toda uma equipe de médicos do hospital, exercendo inúmeras habilidades clínicas para nos ajudar na recuperação da saúde: são os clínicos gerais. Em seguida, há os cirurgiões, que ficam "mais no alto" na hierarquia, pois suas habilidades são mais especializadas que as de um médico de clínica geral. Eles podem ser vistos como guardiães dos grupos de pacientes do hospital, supervisionando o trabalho dos níveis inferiores. Em seguida, há os conselheiros, os psiquiatras e os pastores, que são responsáveis pelo bem-estar mental e espiritual dos pacientes do hospital e de suas famílias. Eles são os anjos auxiliares.

Supervisionando toda a operação está a equipe médica de diretores, que representa os arcanjos, os quais ditam a política e a lei através de toda a hierarquia. Há, dentro dessa intrincada conglomeração, o funcionamento organizado de uma única instituição. Todos esses níveis funcionam separadamente e, no entanto, a organização serve a um só propósito: ajudar a curar. Ocorre o mesmo na hierarquia celeste, onde cada força ou lei do universo governa um aspecto particular de ajuda à humanidade e manifesta as inúmeras facetas de Deus.

Embora aparentemente pareça impossível identificar e nomear a ordem dos reinos angélicos, um místico cristão, Pseudo-Dionísio, o

Areopagita, que viveu no século V d.C., aprendeu, através de visões e de meditação, a respeito das ordens dos reinos angélicos. Seus escritos incluem *A Hierarquia Celeste* e *A Hierarquia Eclesiástica*, bem como outras obras que tratam das ordens dos seres angélicos. *A Hierarquia Celeste* descreve o mundo material como um emblema físico da realidade divina, mais ampla. Em suas obras, Pseudo-Dionísio esboçou as nove ordens da hierarquia que passaram a ser amplamente aceitas pelos teólogos cristãos desde a Idade Média (veja a Figura 1). As nove ordens da hierarquia celeste são as seguintes: Serafins, Querubins, Tronos, Dominações, Virtudes, Potestades, Principados, Arcanjos, Anjos. O tratamento dessas ramificações neste capítulo tentará detalhar a maneira como cada nível das ordens celestes nos influencia em nossas vidas.

A Hierarquia Suprema:
Serafins, Querubins, Tronos

Os Serafins representam a ordem mais elevada, os anjos do amor, da luz e do fogo. Seu nome tem origem na palavra hebraica *seraphs*, que significa "amor". A importância mística do fogo é a ação de limpar. É um símbolo de purificação, de acordo com as leituras de Edgar Cayce. O versículo bíblico que afirma que todos deverão ser "apurados por fogo" (Pedro I 1:7) significa que todos serão limpos e purificados de quaisquer descaminhos terrestres que nos afastem da trilha do despertar espiritual. Ensinamentos mais fundamentalistas interpretam esse versículo sob uma luz negativa, como sendo os fogos do inferno e da danação. Não obstante, se consideramos o fogo como um fator de purificação, então os Serafins consomem no fogo tudo o que não está de acordo com nossos ideais espirituais mais elevados.

Esse fato é, em particular, evidenciado no Livro de Isaías, pois, quando o profeta vê os Serafins, proclama: "Ai de mim! Estou perdido! Porque sou homem de lábios impuros ..." (6:5)

A essa altura, um anjo dos Serafins coloca um carvão ardente sobre os lábios de Isaías e diz: "Eis que isto tocou os seus lábios; a tua iniqüidade foi tirada, e perdoado o teu pecado." (6:7) O fogo, neste caso, é uma atividade purificadora, e não uma força destrutiva.

A Hierarquia Angélica

Hierarquia Suprema	Serafins
	Querubins
	Tronos
Hierarquia Média	Dominações
	Virtudes
	Potestades
Hierarquia Inferior	Principados
	Arcanjos
	Anjos

Figura 1. A Hierarquia Angélica
de acordo com Pseudo-Dionísio, o Areopagita

Os anjos dos Serafins estão sempre circundando a Divindade ou centro a partir do qual toda a vida flui para a consciência e para a criação. Os Serafins também são descritos como um dos principais "coros" de anjos, que emanam daquilo que as leituras de Cayce chamam de "música das esferas". Quando Jesus nasceu, a música celeste foi glorificada a partir dos Serafins, e foi poderosa o bastante para ter sido literalmente ouvida na Terra, como é detalhado no Evangelho de Lucas: "E subitamente apareceu com o anjo uma multidão da milícia celestial louvando a Deus e dizendo: Glória a Deus nas maiores alturas, e paz na Terra entre os homens, a quem ele quer bem" (2:13-14).

Muitas pessoas que retornaram de experiências de quase-morte mencionaram terem ouvido uma música indescritivelmente bela no túnel negro que as levou até a Luz. As pessoas relataram que a música não se constituía apenas de som, mas parecia ser emanações divinas vivas provenientes da Luz. Esse fenômeno corresponde ao fato de os Serafins serem os anjos da luz e do amor. Um indivíduo disse que essa música das esferas parecia ser "a sinfonia musical de Deus". Sem dúvida, a música celeste provinha do reino do sagrado coro dos Serafins. Em muitos ritos e cerimônias religiosas, o uso de cantilenas e de música é vital para o processo de prece e de meditação como um meio de sintonia com Deus.

Os Querubins constituem a segunda ordem mais elevada de anjos. Traduzido do assírio, Querubim significa "aquele que ora" ou "aquele que intercede". O profeta Ezequiel teve uma visão profunda dos Querubins. O Capítulo 10 do Livro de Ezequiel parecia prever o advento do Messias. Em sua visão, um homem penetra entre os Querubins, retira carvões (que simbolizam os Serafins), e espalha-os sobre a cidade. Jesus foi chamado de Divino Intercessor, e na visão de Ezequiel esse intercessor está saindo da hoste sagrada para levar a intercessão e a purificação (fogo) para a humanidade.

Os Querubins também atuam como a memória de Deus ou anjos que guardam os registros do conhecimento celeste. É interessante observar que Jesus, enquanto Intercessor Divino entre Deus e a humanidade, dizia, durante Seu ministério, que "o Consolador ... a quem o Pai enviará em meu nome ... vos fará lembrar de tudo o que vos tenho dito" (João 14:26). Isto realiza a visão de Ezequiel e também revela o papel dos Querubins como "doadores de conhecimento".

Quando Edgar Cayce fornecia uma leitura sobre vidas passadas para um indivíduo, ele leria nos registros akáshicos ou o "Livro das Lembranças de Deus". Muitas vezes, durante essas leituras, ele tinha uma visão do encontro com o "guardião de registros", que sempre lhe entregava o livro da pessoa a quem a leitura era dirigida.

Flower Newhouse, um dos primeiros angelologistas deste século e – de acordo com as leituras de Cayce – uma das melhores autoridades sobre anjos devido às suas faculdades de clarividência, dizia que os Querubins contemplam a Sabedoria de Deus e emanam essa Sabedoria. É particularmente interessante observar que na experiência de morte de três dias do dr. Rodonaia, ele sentiu e soube que "Sabedoria" era um ser divino e vivo de Deus, e não apenas uma forma de pensamento ou um estado de consciência. Parece razoável afirmar que o dr. Rodonaia residiu no reino dos Querubins durante sua experiência de morte, e em seguida retornou à Terra para transmitir essa sabedoria como parte do seu ministério.

O Jardim do Éden também está sob a influência dos Querubins, pois esses seres angélicos guardam a árvore do conhecimento do bem e do mal. Quando procuramos orientação espiritual interior, o conhecimento que recebemos em termos de inspiração e de revelação provém da ramificação querubínica do reino angélico. O extremo oposto existe no reino de Satã, o arcanjo caído que originalmente fazia parte da liderança dos Querubins. A serpente transmitiu o conhecimento do bem e do mal a Adão e Eva no Jardim. Satã é hoje considerado o regente do conhecimento maléfico utilizado para propósitos e ganhos egoístas. Discutiremos mais amplamente a respeito de Satã no Capítulo 6.

A ordem angélica seguinte é a dos Tronos. Eles administram a justiça de Deus. Os Tronos constituem uma fonte das forças kármicas, e talvez seja em seu âmbito que o Arcanjo Halaliel mantém sua posição na ordem divina. Dionísio diz que, por intermédio dos Tronos, Deus faz com que sua justiça recaia sobre nós. De acordo com uma lenda judaica, muitos dos anjos desse reino passaram para o lado dos anjos caídos e não ocupam mais uma posição na hierarquia celeste superior. As atividades dos anjos caídos do reino dos Tronos incorpora todas as atividades de injustiça e de discórdia nos assuntos da humanidade sobre a Terra. No entanto, embora a batalha entre a justiça e a injustiça se afigure a nós sempre em andamento, parece que, finalmente, o bem prevalecerá sobre o mal, e a justiça de Deus (graça) sobrepujará todas as forças de oposição (karma). Contudo, sobre as atividades virtuosas dos Tronos, Paola Giovetti escreve:

"Quanto aos Tronos, são espíritos muito elevados e sublimes, e o seu nome nos diz que transcendem em pureza todas as inclinações mesquinhas, ascendendo em direção ao topo de uma maneira que nada tem de terrestre. Eles se retiram rapidamente de todas as ações vis, firme e legitimamente sentados em torno Dele, que é de fato o Altíssimo, coletando o que desce do princípio Divino."[3]

Os Tronos também criam o poderoso impulso espiritual presente nas almas da humanidade, para empreender, no nível da consciência, a "volta ao lar", para recordar e retornar a Deus. Eles enviam uma poderosa força de atração, a qual, por fim, conduzirá todas as almas – independentemente de seu atual estado de consciência – de volta à sua herança divina.

---

3. *Angels – The Role of Celestial Guardians and Beings of Light,* Paola Giovetti, p. 48.

A Hierarquia Média:
Dominações, Virtudes, Potestades

As Dominações, o nível seguinte da hierarquia celeste, manifestam-se no mundo como as forças da natureza em toda a sua diversidade e esplendor – nos reinos animal, vegetal e mineral terrestres. As leituras de Cayce freqüentemente indicavam que aquele que compreende a natureza caminha junto a Deus, pois a majestade das florestas da Terra reflete a glória da ordem divina das Dominações. Juntamente com essas normas, o plano perfeito em potencial e o propósito da evolução inerente a todas as manifestações físicas da Terra originam-se das Dominações. A lei da evolução no reino espiritual das Dominações fornece o padrão para que todas as coisas tenham consciência individual mas, além disso, também contenham o padrão da unidade universal. Esse ramo da hierarquia pode ser visto como a fonte originária e a perfeição final do plano de Deus para a criação.

As Virtudes são as forças angélicas que manifestam milagres no espírito e sobre a Terra. Enquanto os Tronos emanam justiça, as Virtudes emanam graça. De acordo com as leituras de Cayce, quando Jesus venceu as tentações durante Seus quarenta dias no deserto, Ele apropriadamente defrontou-se com a lei do karma, superou-a e foi então libertado, tornando-se a incorporação da lei da graça. Embora haja muitas manifestações concernentes ao estado de graça efetuadas por muitos mestres e professores, acredita-se que Jesus foi o primeiro ser humano a ter atingido plenamente esse estado de perfeição (graça) no corpo, na mente e no espírito. Esse conceito parece estar de acordo com o que foi apresentado na obra de Jean Danielou, *The Angels and Their Mission*, na qual dois anjos das Virtudes escoltaram Cristo em sua ascensão, quarenta dias após Sua ressurreição. A lei do karma é vida e morte; a lei da graça é a vida eterna sem passar pela transição da experiência da morte. Essa graça resume a majestade das forças das Virtudes. Os cristãos primitivos acreditavam que quando Jesus fazia milagres, Ele invocava as forças angélicas das Virtudes.

O terceiro grupo de influências angélicas na hierarquia média são as Potestades, que compreendem as inteligências angélicas guerreiras, as quais, conforme se acredita, mantêm os demônios e os anjos caídos situados não apenas nos reinos espirituais, mas também na Terra. Do lado virtuoso, esses seres angélicos emanam poder criativo para as almas da humanidade. De acordo com o *Dictionary of Angels*, de Gustav Davidson, as Potestades regulam o poder punitivo, a misericórdia, a legislação e o poder soberano. Nos raros casos de exorcismo (que a Igreja Católica relutantemente admite que ainda seja praticado nos EUA), o sacerdote invoca a presença de Cristo para expulsar o demônio, e as forças convocadas emanam dos guardiães das Potestades, os quais reinam soberanos sobre as forças demoníacas. As leituras de Cayce dizem o que o próprio nome de Jesus Cristo é um poder vibratório capaz de expulsar qualquer espírito, influência ou força negativos.

Pronunciado, o nome trará proteção e intervenção divinas. Qualquer forma de poder no domínio terrestre emana dessa ramificação da hierarquia divina. No ápice de sua Fonte, as Potestades são puras forças benevolentes, embora, às vezes, possam ser distorcidas para o mal, de acordo com a vontade humana. Devido ao fato de as Potestades serem co-dirigentes de causa e efeito com os Tronos, o abuso ou o mau uso de sua energia pura sempre chama em cena os Tronos para que desempenhem o seu papel, fazendo retornar ao emissor a atividade do mau uso, uma situação que põe em jogo as forças kármicas: " ... pois aquilo que o homem semear, isso também ceifará" (Gálatas 6:7). Flower Newhouse acreditava que sob a autoridade das Potestades, os anjos do nascimento e da morte executam a justiça de Deus.

A Hierarquia Inferior:
Principados, Arcanjos, Anjos

Os Principados são os mais altos seres espirituais da terceira tríade da hierarquia angélica. A diversidade das religiões no mundo origina-se dessas inteligências celestes. Os líderes das nações têm a capacidade de ser suscetíveis à influência dos Principados – isto é, se se dispuserem a ouvi-los – e a eles é dada uma orientação divina em sua tomada de decisões. Assim como cada pessoa tem um destino individual para cumprir, cada coletividade de uma nação tem igualmente um destino único. Da mesma maneira que um órgão do corpo é constituído de milhões de células – que formam o órgão completo –, cada pessoa numa nação é como uma célula. Quando todas as pessoas cooperam num estado de divindade, então a nação operará plenamente como um "órgão" no corpo da Força Una de Deus. Os Principados poderiam ser concebidos como a porção do "centro nervoso" do cérebro que governa o despertar espiritual das massas. Flower Newhouse afirmou que essas forças angélicas não intervêm nem guardam "as políticas de uma nação, mas somente os seus incentivos humanitários e a sua cultura única".[4]

Um dos papéis dos Arcanjos, a ordem seguinte da hierarquia angélica, consiste em supervisionar as atividades de uma nação. Em diferentes períodos da história, vários Arcanjos reinantes inspiraram divinamente o nosso mundo através da arte, da literatura, da música, da religião e do misticismo. Embora os Arcanjos pertençam aos postos inferiores da hierarquia celeste, eles parecem capazes de comandar todas as forças divinas para a execução do seu trabalho, ao surgirem na Terra com as mensagens do Altíssimo, pondo a seu serviço os Tronos, os Principados e as Virtudes. As ordens mais elevadas são, pelo que parece, as *fontes* das quais os Arcanjos extraem sua atividade. Por exemplo, é possível que o posto ao qual Miguel pertence seja a mais alta ordem *em atividade*, como se, no próprio movimento que realizam na consciência, os Principados, as Virtudes e os Tronos se tornassem Arcanjos.

Esse processo opera de maneira muito parecida com o papel que as leituras de Cayce atribuíam a Cristo quando afirmavam que "Cristo é a força de Deus *em atividade*". É o movimento que determina as diferentes atividades da Força Una. Em seu livro *Rediscovering the Angels*, Flower Newhouse escreve que os Arcanjos poderiam evoluir para as ordens mais elevadas da hierarquia angélica e lá permaneceram, mas, em vez disso, escolheram ajudar as almas da humanidade a se recordarem da sua herança divina: "Os Arcanjos são dotados de um tremendo desenvolvimento e poderiam ocupar os postos de qualquer uma das Ordens Avançadas descritas [hierarquia celeste], mas escolheram ser intérpretes entre as Ordens Superiores e os Postos dos Anjos e os homens."[5]

---

4. *Rediscovering the Angels*, Flower Newhouse, p. 66. [*Redescobrindo os Anjos e os Habitantes Alados da Eternidade*, publicado pela Ed. Pensamento, São Paulo, 1994.]
5. *Ibid.*

Escolheram dar assistência às almas sobre a Terra para que desenvolvam seu potencial espiritual.

De acordo com Rudolf Steiner, Miguel é o principal Arcanjo que guiará o desenvolvimento espiritual das nações durante as próximas várias centenas de anos. Sua responsabilidade reside na ação de conduzir as almas até o pleno despertar da Consciência Crística no nível da mente consciente. Também é o representante das Potestades – e é essa a razão pela qual ele é freqüentemente representado na arte com uma espada, ajudando indivíduos e grupos a superar a escuridão e as influências maléficas.

Segundo *O Livro de Enoch*, os sete principais Arcanjos são Uriel, Rafael, Raguel, Miguel, Saraquiel, Gabriel e Remiel. Cada um dos que ocupam a terceira ordem da hierarquia celeste tem um único papel a desempenhar nas atividades de todas as almas sobre a Terra. Acredita-se que o Arcanjo Uriel seja o grande alquimista que transforma o infortúnio e as tribulações sobre a Terra em grandes vantagens. Por exemplo, uma pessoa pode ser demitida de um emprego que fora a sua fonte de sustento durante muitos anos. No momento em que o indivíduo pensava ter perdido toda a esperança, um emprego muito melhor numa empresa mais bem-sucedida lhe é oferecido, e ele é contratado. Mais tarde, sentindo grande respeito pela sua boa sorte, compreende que naquilo que lhe parecia uma calamidade surgiu uma grande bênção. Talvez seja do reino angélico de Uriel que aprendemos esta lição: quando Deus fecha a porta de uma área de nossas vidas, Ele abre uma janela em algum outro lugar. Ao despertarmos um sentido de fé – especialmente nas ocasiões em que tudo parece estar perdido – estaremos agindo assim graças às forças de Uriel.

O Arcanjo Rafael é descrito como a fonte de toda cura. Palavra oriunda do antigo caldeu, Rafael significa: "Deus curou." Em *O Livro de Enoch*, Rafael "é aquele que preside sobre cada sofrimento e sobre cada aflição dos filhos dos homens". (Enoch 40:1) As leituras de Cayce estão repletas de referências que atribuem todas as formas de cura à "Força Una". Elas afirmam que quando utilizamos qualquer tipo de tratamento médico, seja ele natural ou alopático, estamos apenas colocando o corpo num estado receptivo em que a capacidade de cura pode *irromper* para restaurar a harmonia nas condições doentias. Sob essa luz, podemos ver porque os Arcanjos não são indivíduos nem entidades, mas forças, influências e poderes com os quais trabalhamos todos os dias. A ciência e a medicina podem admitir que o corpo tem a capacidade de curar a si mesmo, mas ainda é um mistério como a cura acontece. Talvez seja porque a Fonte de toda cura – que vem de Deus através da atividade espiritual (Rafael) –, é invisível.

Rafael é também o Arcanjo que inspira divinamente os artistas. William Blake, poeta e pintor do século XIX, teve muitas visões místicas enquanto desenhava e gravava obras sobre anjos e arcanjos. Michelangelo, escultor do século XVI, muitas vezes via a estátua completa embutida dentro de um bloco de mármore bruto. Ele acreditava que obtinha a capacidade de esculpir e de pintar por intermédio da inspiração divina.

Muito pouco se escreveu sobre o Arcanjo Raguel. Parece que o seu papel é o de um supervisor para outros Arcanjos, e também o de um comandante de reinos angélicos inferiores. Em *O Livro de Enoch*, afirma-se que Raguel é o Arcanjo guardião das "luminárias". De acordo com *O Livro de Enoch*, cada planeta do nosso sistema solar (bem como os planetas ainda não descobertos) é literalmente um corpo celeste, um arcanjo que irradia inspiração e experiência mística. Sob essa luz, Raguel é um mentor para esses Arcanjos planetários celestes. Dentro de nós, Raguel pode ser visto como o "guardião" de nossos sete centros espirituais, os nossos chakras (veja o Capítulo 7: "A Promessa Angélica – de Adão a Jesus"), regulando e equilibrando conflitos internos a respeito do bem e do mal.

Ao Arcanjo Saraquiel é atribuído, em *O Livro de Enoch*, o domínio sobre as almas que pecaram contra Deus. Ele é representado dentro de nós como a nossa própria consciência. Quando erramos ou pecamos, tornamo-nos conscientes de nossos extravios graças às forças de Saraquiel, naquilo que Cayce chamava de "o trono da nossa consciência". As leituras afirmam muitas vezes que a consciência é a voz interior divina que nos diz quando falhamos ou quando nos desviamos dos nossos ideais espirituais.

O Arcanjo Gabriel (cujo nome se traduz como "herói de Deus"), o mais bem-conhecido dos Arcanjos próximos de Miguel, é o mensageiro que aparece para revelar a vontade de Deus – tanto nos reinos espirituais como na Terra. No Novo Testamento, Gabriel anuncia a Zacarias que ele será pai de João Batista. Por volta dessa mesma época, Gabriel também anuncia a Maria que ela será mãe de Jesus (Lucas 1:26-38). O papel de Gabriel durante o tempo em que Cristo esteve na Terra foi muito extenso. Além da anunciação feita a Maria e da confirmação de que sua prima Elizabeth seria mãe de João Batista, também se acredita que Gabriel é um dos anjos luminescentes que os apóstolos viram no túmulo após a crucificação de Jesus. No pensamento religioso cristão, Gabriel é o Arcanjo da ressurreição – o que explica o porquê de sua presença no túmulo de Jesus; o poder da ressurreição é conferido pelos Tronos através das forças de Gabriel. Faz sentido o fato de esse ser angélico estar presente junto ao primeiro Ser Humano que venceu a morte.

Gabriel também é chamado de "anjo do paraíso". É significativo notar que, embora Jesus estivesse morrendo na cruz, Ele disse a um dos dois ladrões com os quais fora crucificado: "... hoje estarás comigo no paraíso" (Lucas 23:43). As leituras de Cayce definiam paraíso como um estado divino de consciência em que as almas gravitam imediatamente após sua morte, um lugar onde as almas estão conscientes de uma grande sensação de paz, e também de que acabaram de morrer para a vida terrestre, achando-se num estado de consciência de contentamento e de expansão. Essa experiência nesses domínios é semelhante à sensação de alegria que temos quando estamos conscientes de que sonhamos *dentro de um sonho* – o que é chamado de "sonho lúcido". Nesse domínio, somos cercados por amigos e por pessoas amadas.

Na arte, principalmente nas pinturas de da Vinci, Gabriel é muitas vezes representado segurando uma flor-de-lis, ou lírio – a flor de Maria – durante a Anunciação. É muito interessante notar que a era vindoura, ou o novo milênio, foi chamado de a "Idade do Lírio". Quando indagado para que esclarecesse isso numa leitura, Cayce respondeu que o lírio representa a pureza, e somente os puros de coração seriam capazes de compreender o pleno significado dessa grande mudança na consciência que paira agora sobre nós. A única coisa que nos é exigida para que possamos entender plenamente essa pureza de consciência é um retorno à inocência.

Quando Jesus disse: "a não ser que nos tornemos semelhantes a crianças, não veremos o reino de Deus", Ele estava se referindo a um *estado de consciência*. Trazer esse estado de ser – a inocência – à linha de frente de nossa percepção é um grande desafio para os nossos dias: deparamos constantemente com relatos e notícias de inquietação social, crimes, terremotos e crises ambientais, acrescidos de um difuso senso de insegurança a respeito dos dias futuros. As leituras de Cayce enfatizavam para muitas pessoas que o medo é o oposto espiritual da fé. Medo, dúvida e culpa – tudo isso – solapam seriamente nossa jornada espiritual. Essas atitudes e emoções negativas são aquilo de que devemos nos libertar e que devemos transformar a fim de percebermos a divindade de toda a vida. Como foi verdadeiro há 2.000 anos, quando Gabriel veio para anunciar o nascimento de Jesus – uma era que seria governada por amor e esperança –, essa inteligência celeste voltou novamente para anunciar *através de nós* que estamos nos aproximando do nascimento de um novo despertar espiritual.

Em *O Livro de Enoch* há uma certa confusão a respeito do papel de Ramiel, o sétimo dos principais Arcanjos da Hierarquia. Numa parte do livro, Ramiel é um Arcanjo que orienta a visão mística. Numa seção posterior, ele é discriminado entre os anjos caídos, companheiros de Lúcifer. De acordo com outras tradições, Ramiel é um guia para o Dia do Julgamento que virá, quando as almas se erguerão perante os Tronos e responderão por suas ações durante o tempo em que passaram na Terra. Possivelmente Ramiel é um dos guardiães de registros, fazendo parte das forças angélicas que governam os registros akáshicos.

Em *Return from Tomorrow*, o fascinante relato da experiência de quase-morte de George Ritchie, que durou nove minutos, o autor descreve que se viu perante uma grande Luz (que ele identificou com o Cristo), a qual apresentou cada pensamento, ação e sentimento que ele experimentara durante sua vida na Terra. Ritchie disse que não se assemelhava a um filme, mas era um *registro vivo* de sua vida, uma reprodução panorâmica e instantânea de sua vida. Ramiel pode ser visto como o Arcanjo que é o guardião desses registros vivos da vida. A percepção desse registro em nossa vida presente permite-nos tomar consciência não somente das nossas atividades, mas também dos nossos pensamentos; eles estão nos registros exatamente como documentação. Se ficarmos cientes de que tudo o que pensamos e fazemos está sendo integrado ao registro de nossas almas, isso pode despertar em nós um sentido mais vital com relação àqueles fatos de nossas vidas que precisam de transformação.

A ordem inferior da terceira hierarquia abrange os Anjos. Embora estejam nesse nível na hierarquia celeste, suas atividades e deveres são extremamente importantes na interação divina entre os reinos celestes e o domínio terrestre. Os Anjos estendem uma ponte entre o "visível" e o "invisível", e se manifestam de várias formas. As leituras de Cayce indicam que os Anjos estão em atividade não somente durante nossas vidas terrestres – fornecendo inspiração, revelação, orientação e proteção – mas também são os mensageiros que "apresentam" nossas experiências terrestres aos poderes superiores depois da morte, ao "trono de graça e misericórdia", como afirmam as leituras. Por exemplo, em uma leitura, um homem de negócios que estava fazendo um balanço de si mesmo, de sua relação com Deus, bem como de suas faltas, perguntou:

"De que maneira falhei em seguir os conselhos do meu Criador, em minhas ações ou realizações, ou quais foram minhas faltas?"

O Cayce adormecido respondeu: "Volta para dentro de ti mesmo. Nenhum homem tem o direito de censurar seu irmão. Nem mesmo os anjos que permanecem perante o trono de misericórdia assim o fazem, mas, em vez disso, *apresentam aquilo que a alma individual fez com o seu conhecimento, com o seu intelecto, com a sua compreensão. Pois é dessa maneira que a alma encontra o seu relacionamento com o Criador*: ou há o Deus de luz, de amor e de esperança, ou há o que foi separado Dele, e que conduz ao desespero, à noite e àquelas coisas que impedem a aproximação"[6] (o grifo é do autor).

Nesse exemplo, os Anjos são os "registradores" das nossas experiências. Eles apresentam a Deus esses eventos e nós os vemos depois da morte. Muitas pessoas que tiveram experiências de quase-morte relatam que se encontraram num lugar onde cada pensamento e cada ação de suas vidas lhes foi apresentada numa repetição panorâmica e instantânea. Essa revisão da vida freqüentemente ocorre na presença de Cristo, de "seres de luz" ou de anjos. É acompanhada por um poderoso sentido de amor incondicional, independentemente das más ações, das faltas e dos pecados dos indivíduos. Quando os Anjos levam a Deus o registro

---

6. Leitura 257-123.

de nossas experiências, aprendemos com maior clareza a respeito da nossa relação com o nosso Criador. Também ficamos sabendo onde falhamos e onde progredimos no desenvolvimento da alma durante a vida.

As leituras de Cayce indicam que, dentre todas as almas que foram criadas no princípio, somente *um terço* ingressou no mundo material. Muitas daquelas que não entraram na existência terrestre desempenham os papéis de guardiães, de mensageiras e de transportadoras dos decretos divinos para a humanidade. As muitas formas de Anjos serão discutidas mais extensamente no Capítulo 9 ("Nossos Amados Anjos da Guarda").

A divina hierarquia angélica é mais que um conjunto de seres celestes: corresponde a estados de consciência interiores e exteriores, que se apresentam constantemente, abrindo-nos oportunidades para o despertar divino. Hoje, mais do que nunca, desponta dentro do coração e da mente das pessoas, por toda a parte, a percepção de que o Divino não é um ser sobrenatural que se deva procurar em algum ponto fora de nós, mas uma parte da nossa linhagem espiritual. Durante muitas épocas, as comunicações provenientes desses seres não eram compreensíveis pela nossa consciência materialista. Hoje, no entanto, as almas sobre a Terra estão despertando de um longo sono espiritual e estão sendo preparadas para a revelação (no nível da mente consciente) de um grande mistério – o de que somos parte e parcela dos grandes anjos de luz e de amor.

É esta a realidade que está se desdobrando diante de nós como uma flor, exatamente agora, em nosso mundo e em nossas vidas.

6
Satã e
seus Anjos Decaídos

"É bom ter em mente que todos os anjos, qualquer que seja o seu estado de graça – na verdade, independentemente de quão cristologicamente corruptos e rebeldes sejam – estão sob Deus..."
– Gustav Davidson

O Anticristo – Uma Perspectiva Interior

Durante uma aula de filosofia e religião em meados da década de 80 em Virginia Beach, na Virgínia, J. Everett Irion, uma das principais autoridades na interpretação do Apocalipse segundo as leituras de Cayce, estava respondendo a perguntas sobre a natureza do mal. Na sala de aula havia uma jovem que interpretava a Bíblia literalmente e queria informações específicas sobre o "anticristo".

"Será que o anticristo surgirá no Oriente Médio e conquistará o mundo, começando a grande batalha de Armagedom?", perguntou ela, pensativa. "Ou será que ele nascerá aqui nos Estados Unidos?"

Irion passara trinta anos estudando o Livro do Apocalipse antes de começar a ensinar uma interpretação mística do livro. Essa era uma pergunta comum em suas aulas.

"Responderei à sua pergunta com uma pergunta", disse Irion. "Você já teve um pensamento, um sentimento ou uma atitude que *não* gostaria de apresentar a Deus?"

A mulher fez uma pausa e parecia confusa. "Bem ... naturalmente", disse, por fim. "Quero dizer – todos nós pensamos coisas más ou desprezíveis, ou alimentamos algum rancor aqui e ali. Sim, tive pensamentos que eu me envergonharia de apresentar a Deus."

"A essência do mal, de Satã, do anticristo", respondeu Irion, "é a soma total de tudo o que se opõe a Deus – em pensamento, palavra, ação, experiência." Esperou que suas palavras penetrassem nos ouvintes.

"Ganância. Ódio. Autopunição", continuou, numa voz compassada. "Ciúme. Vingança. Luxúria. Medo. Culpa. Caos. Avareza. Confusão. Calúnia. Mexerico."

De cima do pódium, Irion passou os olhos pela sala de aula. "Vocês já sentiram algumas dessas coisas?" Os ouvintes refletiam em silêncio. Várias cabeças acenaram concordando.

"Se a resposta é sim", disse ele, "então *vocês*, meus amigos, acolheram o anticristo; *vocês* ajudaram a trazê-lo à existência em nosso mundo. São essas as atividades por meio das quais o anticristo – ou Satã – opera no mundo material."

Essa idéia, que Irion iluminou de maneira muito pessoal nesse dia, foi apresentada numa série de leituras que Cayce forneceu na década de 30 sobre o Livro do Apocalipse. Foi feita a pergunta: "Em que forma vem o anticristo a que se refere o Apocalipse?"

"No espírito daquilo que se opõe ao espírito da verdade", respondeu Cayce. "Os frutos do espírito do Cristo são amor, alegria, obediência, longo sofrimento, amor fraterno, bondade. Contra isso não há lei. O espírito do ódio, o anticristo, é a disputa, as discussões, a crítica, o amor egoísta, os amantes do elogio. Esses são o anticristo, e se apossam dos grupos, das massas, e se mostram até mesmo na vida dos homens."[1]

Irion explicou que os anjos das trevas desviaram as forças do bem para uma consciência espiritual maléfica. As trevas – o anticristo – estão em oposição direta àquilo que é bom, harmonioso, amoroso. No entanto, os anjos decaídos operam no mundo material por meio de *escolhas*

---

1. Leitura 281-16.

feitas pelos seres humanos. De acordo com as leituras de Cayce, quando Satã foi expulso do céu pelo Arcanjo Miguel, ele ficou livre no domínio terrestre e podia somente fazer o mal por meio da sedução da vontade humana. O mal é impotente sem a decisão, por parte da personalidade, de compartilhar desse comportamento. Procurar vingança, alimentar ódio ou causar divisão por meio do ciúme são escolhas intencionais que invocam a consciência do anticristo. É muito fácil olhar para as trevas fora de nós mesmos, mas nem sempre é fácil encará-las dentro de nós.

Muitas vezes o anticristo, como é descrito no Apocalipse, é interpretado como um líder mau que surgirá no palco do mundo. Muitas seitas religiosas predizem que o anticristo será uma pessoa que desencadeará devastações, que destruirá governos, e finalmente o mundo. Ramos fundamentalistas do cristianismo, que interpretam literalmente a Bíblia, procuram sinais externos para a realização desse advento do anticristo. Eles observam atentamente as eleições governamentais e a ascensão de líderes mundiais. Existe a possibilidade de que, emergindo do mal coletivo que as pessoas manifestam propositadamente no mundo de hoje, possa surgir no nosso tempo um indivíduo atraído para a Terra por meio de desejos tenebrosos, de injustiças e dos maus presságios da insensatez humana. A evidência da presença desse mal está à nossa frente nas notícias diárias: os assassinatos na Bósnia e na Sérvia açoitadas pela guerra; a guerra religiosa entre católicos e protestantes na Irlanda; a matança e a fome em Ruanda. As guerras de gangues nas áreas centrais das cidades têm devastado o centro-sul de Los Angeles e muitas outras cidades. Essas crises refletem o oposto da harmonia, do amor, do equilíbrio e da confiança. São essas as manifestações mundanas do anticristo. Esse mal também surge nas personalidades dos líderes corruptos do mundo.

Edgar Cayce enfatizava o poder transformador das atitudes e das emoções. Estamos criando alguma coisa para o nosso futuro – individual e coletivamente – por intermédio daquilo que retemos e em que acreditamos em pensamentos. Em suas leituras, Cayce perguntou a muitas pessoas: *O que você está construindo?* A responsabilidade de criar um futuro harmonioso ou um futuro caótico cabe exclusivamente a nós. As leituras diziam que dez pessoas podem salvar uma cidade da destruição se meditarem e orarem sinceramente pela paz. Vinte podem salvar uma nação.

Satã

O Adversário

Assim como temos acesso aos anjos de luz, também temos à nossa disposição um vasto reservatório negro de anjos negativos. De onde estes se originam e como operam em nosso mundo? Uma senhora de oitenta anos, que queria saber o significado de uma visão que tivera, obteve uma leitura de Cayce. Na resposta, este detalha a diferença entre as nações dos anjos das trevas e dos anjos da luz:

"Por favor, explique as visões que eu tive acerca de um veio de ouro e de um depósito de petróleo perto de Woodward's Chimney Corner, em Lamb's Spring, no Texas."

Edgar Cayce respondeu, em parte, com uma pergunta: "Seriam antes estes do aqueles que se acham como nas influências que surgem como símbolos na tua própria experiência, que são como o ouro precioso às almas dos homens, e não coisas materiais?" Cayce aconselhou a mulher dizendo que o significado simbólico era mais valioso do que o próprio ouro: " ... para a tua própria vida eles [são uma] experiência simbólica. Enquanto os anjos da luz só utilizam coisas materiais como símbolos, os anjos da morte utilizam-nas como armadilhas que podem carregar consigo as almas dos homens. Porque o Mestre disse: 'Há um caminho que parece certo aos corações dos homens, mas o seu fim é morte e confusão'... O que é que forneceu a ti a tua força?", perguntou Cayce. "Que procures as coisas materiais ou, em vez disso, que sejas uma serva do Senhor?"[2]

A resposta de Cayce não afirma que o ouro e os valores materiais são maus. Ele está dizendo que no caso em particular dessa mulher, o significado da visão era um chamado espiritual – se ela prestasse atenção a ele – para o fato de haver dentro dela um talento "precioso", de haver em sua alma uma faculdade que lhe permitiria ser uma "serva", ou um exemplo, no mundo material, de verdade e de assistência espiritual. Ela também tinha uma tendência para se agarrar a coisas materiais, e isso atuava como um desvio que acabaria por ser destrutivo para a sua alma. A escolha cabia estritamente a ela.

---

2. Leitura 1159-1.

Cayce, nas leituras, identificou Satã de muitas diferentes formas; por exemplo, o Demônio, a Serpente, o Diabo, o Adversário; sua influência era como uma consciência coletiva, e não como um eu-personalidade. A tradução da palavra hebraica para "Satã" é "adversário". O Livro dos Números, do Velho Testamento, refere-se a "Satã" mais como uma tarefa ou um ofício do que como um ser maligno: "Acendeu-se a ira de Deus, porque ele [Balaão] se foi; e o Anjo do Senhor pôs-se-lhe no caminho por adversário [Satã]" (22:22). Neste exemplo, Satã é o anjo do Senhor que se opõe ao mal. A intercessão divina foi necessária porque Balaão, um profeta dos midianitas que acabou sendo morto por sua maldade, foi encarregado de amaldiçoar o povo de Israel depois que este tomou posse da terra de Moabe. Balaão montou uma jumenta e foi amaldiçoar o povo de Israel quando, subitamente, o anjo apareceu. O anjo do Senhor, mais uma vez, assemelhava-se a Miguel: "Viu, pois, a jumenta o Anjo do Senhor parado no caminho, com a sua espada desembainhada na mão... O Anjo do Senhor pôs-se numa vereda entre as vinhas, havendo muro de um e outro lado" (22:23-24). O anjo agiu como "Satã" contra Balaão e o impediu de impor a maldição sobre o povo de Israel.

No Novo Testamento, Pedro foi chamado de "Satã" quando tentou dissuadir Jesus de ir a Jerusalém. "Afasta-te de mim, Satã", disse Jesus (Lucas 4:8). Embora Pedro pensasse que estivesse agindo com a melhor das intenções, ele estava interferindo na realização da missão de Jesus: Sua morte e Sua ressurreição. Nesse caso, Pedro foi adversário de Jesus. No entanto, em grande parte da literatura e do dogma cristãos, Satã é um arcanjo malévolo e decaído que se opõe às atividades da bondade e da luz, e é o guia de todas as coisas que se opõem a Deus.

O Arcanjo Lúcifer – Aquele que Leva a Luz

No princípio, Deus criou Lúcifer como um arcanjo. Lúcifer – que significa "aquele que leva a luz" ou "aquele que oferece a luz" – passou, contudo, a ser sinônimo de Satã. De acordo com o *Dictionary of Angels* de Gustav Davidson, "o nome Lúcifer foi aplicado a Satã por São Jerônimo e por outros padres da Igreja. Milton, em *Paradise Lost*, aplicou esse nome ao demônio do orgulho pecaminoso. Lúcifer [também] é o título do personagem principal do poema épico escrito pelo Shakespeare holandês, Vondel (que usa Lúcifer em lugar de Satã) ..."[3]

Para fins de cronologia, o arçanjo que Deus criou antes da queda será chamado de Lúcifer, e após a queda, de Satã.

Lúcifer foi um regente do reino angélico dos Querubins e tinha o domínio sobre quase todos os reinos angélicos. Desempenhava um papel muito importante na criação divina antes da grande rebelião arcangélica, e era o *examinador* para as almas em desenvolvimento que estavam aprendendo a trabalhar com seus poderes co-criativos. Seu papel como supervisor entre os anjos existiu muito antes da criação do reino terrestre. Nessa era, todos os seres tinham a percepção, espiritual e conscientemente, de serem unos com Deus. Não havia tempo nem espaço; havia apenas experiência – uma grande expansão da consciência numa miríade de criações. Lúcifer foi dotado de poder supremo para supervisionar e governar o desdobramento divino de Deus.

O dr. M. Scott Peck, em seu livro *People of the Lie: The Hope for Healing Human Evil*, descreve o Arcanjo Lúcifer antes da sua rebelião espiritual: "... Satã foi o segundo posto de comando depois de Deus, chefe entre todos os Seus anjos, o belo e bem-amado Lúcifer. O serviço que ele realizava a favor de Deus consistia em aprimorar o crescimento espiritual dos seres humanos utilizando-se de provas e de tentações – assim como nós submetemos nossos próprios filhos a provas nas escolas para aprimorar o seu desenvolvimento. Portanto, Satã era primordialmente um professor da humanidade, e é por isso que era denominado Lúcifer, 'aquele que leva a luz'."[4]

Surgiram problemas quando Lúcifer se apaixonou pela sua própria autoridade e pelo seu próprio poder. A "queda" espiritual para fora da graça foi liberada por esse grande portador da luz. Nas leituras de Cayce, essa descida aparece como uma viagem em direção ao estado de egoísmo. Lúcifer conduziu muitos arcanjos, anjos e almas até as profundezas de criações que glorificavam somente as entidades individuais, e não Deus. As leituras de Cayce não descrevem a grande descida no estado de egoísmo como inerentemente má, mas afirma que as almas apenas per-

---

3. *Dictionary of Angels*, Gustav Davidson, p. 176.

4. *People of the Lie: The Hope for Healing Human Evil*, M. Scott Peck, M.D., p. 203.

deram o seu caminho – identificando-se mais com suas criações do que com as do seu Criador. Por fim, as almas se tornaram a tal ponto envolvidas em seus próprios estados isolados de consciência que se esqueceram de onde obtiveram o seu poder. As almas decaídas criaram suas próprias identidades ao fazerem experimentos com várias formas de pensamento e várias energias. Foi esse o princípio de uma espécie de "individualidade" auto-absorvida, um estado que é bastante normal em nosso mundo tridimensional. Porém, nesse período de desenvolvimento do espírito, essa individualidade representava uma separação completa, na consciência, com relação a Deus.

Quando o Arcanjo Miguel e outros governadores da hierarquia angélica, que permaneceram em harmonia com Deus, tentaram intervir, seguiu-se uma grande batalha. A essa altura da criação, Lúcifer *encorajou* a individualidade e abriu descaminhos que guiaram as almas para que se tornassem completamente individuais, minimizando a importância de permanecerem em sintonia com Deus ou cônscias de Deus. Lúcifer e as incontáveis almas que seguiram esse plano de individualidade egoísta rebelaram-se contra Miguel. Essa Guerra é conhecida como Batalha da Luz contra as Trevas, nome que lhe é bem apropriado, pois os arcanjos harmoniosos emanavam as vibrações de luz e de amor de Deus, enquanto os tesouros egoístas dos seguidores de Lúcifer tornaram-se ofuscados devido às suas próprias pretensões; seus padrões de vida-força foram obscurecidos e poluídos, criando um vazio ou escuridão dentro dos reinos da luz.

John Ronner, em seu livro *Know Your Angels*, explica a teoria de um antigo mestre da igreja, Orígenes, que acreditava que os diversificados padrões vibratórios dos anjos são determinados por quão perto ou quão longe de Deus residem esses anjos. "Algumas inteligências [anjos] escolhem livremente permanecer perto de Deus, de acordo com o plano", escreveu ele. "Eles se tornaram os anjos mais elevados, possuindo corpos etéreos. Outros vagaram para mais longe e se tornaram mais inferiores, também dotados de corpos etéreos. Outros seres se desviaram para uma distância ainda maior, tornando-se seres humanos físicos e carnais. Aqueles que mais se afastaram tornaram-se demônios, com corpos ainda mais grosseiros e frios."[5]

---

5. *Know Your Angels*, John Ronner, p. 67.

Essa passagem propõe que o mal está somente a uma distância mais afastada de Deus do que aquilo que é o bem. Não está separado de Deus, mas ele mesmo se distanciou da Luz. De acordo com as leituras de Cayce, essa realidade remota do mal está "somente abaixo do nível" do amor de Deus.

Finalmente, Lúcifer renunciou à Luz, e sua posição outrora valiosa de ser o adversário para testar almas voltou-se contra Deus, que o criara. Lúcifer estabeleceu seu próprio reino nos limites mais afastados da criação, nos domínios da consciência que a linguagem bíblica denomina "escuridão absoluta". Esse portador da Luz envolveu-se então em ódio, juntamente com suas legiões de seguidores, inclinados a se oporem a tudo o que representasse a unidade com Deus.

Freqüentemente se faz a seguinte pergunta: "Se Deus despreza o mal e se opõe a ele, então por que Ele simplesmente não abole Satã e suas influências maléficas?"

A resposta é simples. Deus não pode. A história de Cayce sobre a criação das almas revela que Deus desejava companhia, desejava vivenciar a Si mesmo como estados de consciência individualizados. A cada uma dessas partes de Si Mesmo – as almas – Ele concedeu o livre-arbítrio. Tendo dado às almas a capacidade de escolha, existiu a possibilidade de que esses diminutos aspectos de Deus – almas, anjos, arcanjos – pudessem desafiar até mesmo o próprio Deus. Não sabemos ao certo se isso fazia parte do plano original: dirigir-se para o mundo das coisas materiais, imergir em suas próprias criações, e em seguida, graças ao próprio livre-arbítrio, retornar a Deus. Lúcifer foi a primeira das criações de Deus a abalar a harmonia da criação. Há grandes discussões a respeito de se esse desvio foi acidental ou se foi uma experiência propositada.

As leituras de Cayce afirmam repetidas vezes que foi um erro o fato de as almas terem ingressado nesse estado de consciência tridimensional limitante, no qual sua percepção ficou confinada aos seus próprios eus e as criações *isentas* da percepção consciente de Deus. O propósito do plano divino, de acordo com as leituras, é o fato de que as almas que se esqueceram de sua herança divina dispõem de incontáveis oportunidades para despertar de seu sono egoísta e para retornar a Deus através do exercício de seu próprio livre-arbítrio. Isso é de uma importância tão vital que os arcanjos foram encarregados de supervisionar esse retorno espiritual. Mesmo que houvesse um desafio ao plano original de Deus para a criação, a Terra foi moldada de maneira tal que as almas tornariam a se lembrar do seu propósito original: "Como tem sido relatado", disse Cayce, "as almas foram feitas para serem companheiras do Criador. E através do erro, através da rebelião, através da disputa, através do ódio, através das lutas tornou-se, pois, necessário que todas passem pelo castigo; tentadas nas chamas da carne; purificadas, para que possam ser companheiras apropriadas à *glória* que possa ser tua."[6]

As almas sobre a Terra eram, como afirmam as leituras, parte da rebelião original do espírito. Mas agora, eras e eras mais tarde, estamos nos aproximando rapidamente de um grande despertar – a lembrança do plano original de Deus. Em outro nível, a parábola bíblica do Filho Pródigo é a história das almas que perderam seu caminho (através da rebelião) e, em seguida, por vontade própria, retornaram ao "lar", a Deus. Sob essa luz, os rebeldes anjos decaídos atuaram num estado de amnésia, conhecendo apenas seus próprios motivos e ações egoístas. Mas até mesmo no mais baixo estado de consciência, o padrão original de Deus permanece. Isto é maravilhosamente descrito pelo Salmista: "Para onde me ausentarei do teu Espírito? Para onde fugirei da tua face? Se subo aos céus, lá estás; se faço a minha cama no mais profundo abismo, lá estás também; se tomo as asas da alvorada e me detenho nos confins dos mares: ainda lá me haverá de guiar a tua mão, e a tua destra me susterá" (Salmo 139:7-10).

Se a presença de Deus existe em toda a criação, até mesmo nos domínios do inferno (como indicam esses versos bíblicos), então é razoável acreditar que as legiões de Satã finalmente retornarão a Deus. A grande rebelião ou queda dos anjos da luz poderia ter sido parte do grande drama da criação para o propósito de experimentar tudo o que há para ser vivenciado no universo: a luz, a escuridão e todas as coisas entre ambas; e então, plenos de fulgor, os anjos e as almas retornarão a Deus. É difícil acreditar nesse ponto de vista quando vemos as manifestações do mal na sociedade, a desumanidade da humanidade para consigo mesma, a tragédia dos crimes hediondos, as guerras. Tudo isso está em opo-

---

6. Leitura 262-89.

sição direta ao propósito de Deus para a criação – amor, harmonia, paz, alegria, felicidade.

Passagens para o Mal

Uma grande responsabilidade segue ao longo do processo de desdobramento espiritual e mediúnico. Assim como uma pessoa veste roupas protetoras quando vai trabalhar numa usina elétrica, nós também precisamos ser protegidos quando sondamos o mundo espiritual. Por quê? Cayce observou isso muito bem quando disse: "Então, assim como há um salvador pessoal, há o demônio pessoal."[7]

Hugh Lynn Cayce realizou investigações sobre as possíveis conseqüências de se utilizar tábua Ouija™ e escrita automática. De acordo com seu livro *Venture Inward*, as pessoas podem inadvertidamente ficar possuídas por espíritos malignos desencarnados devido ao uso desses dispositivos. Registrou vários casos assustadores de pessoas que contataram, por meio da tábua Ouija, o que lhes pareceu seres benevolentes que residiam nos reinos espirituais superiores. No entanto, depois de repetidas comunicações, esses seres tomaram posse das pessoas que conduziam as experiências mediúnicas, transformando sua existência num pesadelo vivo. Sejam essas influências intrusas parte da mente inconsciente coletiva ou entidades maléficas independentes, é irrelevante. O resultado final foi desastroso: o livre-arbítrio do indivíduo cedeu a algum poder invisível que tinha a intenção de causar grandes danos.

"O perigo com as tábuas Ouija", disse Hugh Lynn numa conversa particular com o autor, "está no fato de elas serem tão *fáceis* de usar. É preciso muito pouco esforço para abrir essa 'passagem' para o interior daquilo que papai [Edgar Cayce] chamava de 'região fronteiriça'. É nessa área que as almas ligadas à Terra são reunidas, procurando uma entrada para a Terra, seja por meio de escrita automática, de tábuas Ouija ou de mediunidade."

Todavia, há algumas pessoas que tiveram grande sucesso espiritual usando tábuas Ouija. A escritora e médium Jane Roberts escreveu muitos livros fascinantes baseados na sua relação mediúnica com uma

---

7. Leitura 262-52.

entidade desencarnada chamada Seth, que falava através dela e ditava livros. Seu contato inicial com Seth foi por intermédio de uma tábua Ouija. É o uso *indiscriminado* da tábua e da mediunidade que pode resultar em casos extraordinários como os que Hugh Lynn documentou em *Venture Inward*.

A meditação inadequada também pode levar a aberturas mediúnicas e a influências e ataques mediúnicos indesejáveis. Várias pessoas procuraram Cayce devido a experiências perturbadoras com entidades desencarnadas. As leituras indicavam que isso resultara de uma abertura imprópria, ou prematura, dos centros espirituais do corpo, devido à prática de uma forma de meditação que criara uma avenida através da qual esses espíritos podiam influenciar e provocar problemas de possessão.

Uma mulher que estava passando por episódios psicóticos com ilusões de perseguição escreveu para Cayce. A leitura subseqüente indicou que ela se abrira à possessão através do "estudo" (provavelmente uma forma de meditação): "É indicado que o corpo é uma entidade individual supersensitiva que permitiu a si mesma, através do estudo, através da abertura dos centros do corpo, tornar-se possuída..."[8] (Há um método seguro de meditação recomendado pelas leituras de Cayce e que será discutido no Capítulo 9, "Nossos Amados Anjos da Guarda").

Embora os casos de possessão relatados em *Venture Inward* não tenham resultado em exorcismo, o clero foi chamado e preces foram feitas para libertar essas pessoas das influências malignas. "A coisa assustadora a respeito desses casos", escreveu Hugh Lynn, "é o fato de que eles poderiam ser duplicados aos milhares se se levasse em consideração o histórico individual dos atuais internos das instituições mentais de todo o mundo."[9] Hugh Lynn Cayce acreditava que muitos internos, diagnosticados como irremediavelmente insanos nos hospitais mentais dos EUA, abriram-se inadvertidamente para a interferência mediúnica por meio do uso da escrita automática e das tábuas Ouija.

"As vozes que eles estão ouvindo", disse Hugh Lynn, "não fazem parte de uma ilusão psicótica; são reais. Essas pessoas abriram as portas de suas mentes inconscientes e não conseguem fechá-las. Precisam de

---

8. Leitura 5221-1.
9. *Venture Inward*, Hugh Lynn Cayce, p. 130.

ajuda espiritual, e não apenas de atenção médica e psicológica. Grande número delas está realmente possuído por entidades desencarnadas."

Há mais de quarenta referências, nas leituras de Cayce, à possessão efetiva por espíritos desencarnados. Em alguns casos, isso resultou de uma intromissão individual em experimentos mediúnicos sem preparação ou conhecimento adequados. Uma mulher estava recebendo o que ela supunha serem mensagens angélicas ou cósmicas, vindas dos reinos espirituais. Procurou Edgar Cayce para uma consulta espiritual em suas leituras:

"Para ajudar no meu trabalho com uma possível radiorrecepção de mensagens cósmicas, devo tentar me exercitar na caligrafia automática ou recorrer a um médium?"

Cayce respondeu negativamente em ambos os casos: "Como foi indicado, em vez da escrita *automática*, ou de um médium, volta-te para a voz interior! Se, dessa forma, isso encontra expressão naquilo que pode ser oferecido ao eu pela mão, pela escrita, então está bem; mas não que a mão seja guiada por uma influência fora de si mesma. Porque o universo, Deus, está dentro. Tu és Ele. Tua comunhão com as forças cósmicas da natureza, tua comunhão com o Criador é teu direito nato! Fica satisfeita apenas em caminhar com Ele!"[10]

Nesse caso, Cayce adverte contra a comunhão com os espíritos e entidades superiores ou desencarnadas. Aconselha a procurar "a voz interior", essa consciência ilimitada que está em comunhão direta com Deus. O problema com relação à escrita automática, de acordo com as leituras de Cayce, é que a pessoa que a utiliza como um recurso mediúnico nunca se desenvolverá além da fonte da informação ou acima da entidade diretora. Não obstante, se as informações provierem das dimensões *inspiracionais* interiores, Cayce disse que isso desenvolve a alma; isso provém da parte mais interna da alma, a que está em conexão com Deus.

Anjos Decaídos e Livre-Arbítrio

Muitas doutrinas religiosas sustentam que os anjos decaídos que se desencaminharam não são necessariamente pessoas terrestres, mas

---

10. Leitura 1297-1.

exercem grande influência na vida das almas terrestres. Sob essa luz, Satã e seus seguidores constituem uma criação perfeita, prosseguindo perfeitamente maus, e nunca serão redimidos nem poderão retornar a Deus. Seu único propósito é desafiar Deus e desviar as almas terrestres para que não se lembrem de suas origens divinas. O escritor Malachi Martin, em *Hostage to the Devil*, concebe a "queda" de Satã e de suas legiões de anjos como um movimento irreversível e imperdoável de consciência, que o próprio Deus não pode retificar. Para ele, os anjos decaídos estão além da esperança, suas vontades incorrigivelmente desvirtuadas, e estão condenados por seus próprios eus. Tudo o que era amor dentro deles converteu-se em ódio, e não pode ser redimido. Enquanto Deus representa a vida, a luz, a esperança, a alegria e a harmonia, os anjos decaídos precipitam-se numa corrida implacável rumo à destruição, ao caos, à desesperança, ao medo e à culpa. São esses os poderes através dos quais as forças da escuridão – Satã – operam no mundo material.

Em sua exploração do mal, da possessão demoníaca e do exorcismo, Martin transmite a nítida impressão de que, assim como há anjos poderosos do bem e da luz – que ajudam a trazer ao nosso mundo a percepção do amor, da majestade e da beleza de Deus –, existem também os demônios correspondentemente opostos, que manifestam ódio, egoísmo, preconceito e mutilações.

É difícil contestar a realidade dos anjos maléficos depois de ler seu exaustivo livro sobre o demoníaco. Embora haja muitas formas de entidades más, demônios e anjos decaídos, Martin afirma que todas elas são atributos de uma única fonte do mal – Satã.

As leituras de Cayce indicam uma filosofia segundo a qual as almas sempre têm livre-arbítrio para fazer a escolha entre o bem e o mal. As criaturas de Deus não foram planejadas como robôs automatizados que seguiriam cegamente os Seus comandos, mas foi desejo de Deus, que elas fossem seres dotadas de um propósito e que *escolhessem* ser unos com Ele. Em muitos casos, as leituras enfatizavam que Deus não queria que qualquer alma pudesse perecer nem se perder, mas preparou para cada tentação uma via de escape. Com nosso livre-arbítrio, podemos sempre sucumbir a essas tentações e cair sob o manto das influências maléficas. Por outro lado, sempre tivemos à nossa disposição a ajuda dos grandes anjos e arcanjos – uma promessa divina, como é declarado na Bíblia. "Porque aos seus anjos dará ordens a teu respeito, para que te guardem em todos os teus caminhos. Eles te sustentarão nas suas mãos, para não tropeçares em alguma pedra" (Salmo 91:11-12). O fator determinante está em quanto nós *acreditamos* nessa promessa. Se atingirmos um ponto de desespero, onde não mais ouviremos a voz da intuição – um ponto, por exemplo, onde desistiremos devido a circunstâncias materiais – então nós interceptaremos a ajuda e a esperança que emanam do reino angélico.

Uma das idéias mais tranqüilizadoras que nos são oferecidas na Bíblia e freqüentemente repetidas nas leituras de Cayce, é a de que estamos sempre na presença de Deus, independentemente de quão envolvidos nos encontramos nos interesses mundanos. Devemos, porém, por nosso próprio livre-arbítrio, invocar Deus e Seus anjos para nos ajudarem. Deus não pode intervir onde Ele não é desejado nem convidado. Por exemplo, as injustiças que a humanidade comete contra seus irmãos e irmãs não têm, em absoluto, nada a ver com o que Deus quer para nós. Deus nos oferece a dádiva suprema: Sua própria capacidade de criar o que quer que Ele deseje. Isso, na verdade, é uma espada de dois gumes, especialmente quando escolhemos ser diabólicos uns com os outros. Criamos nossa própria adversidade ao operar sob a lei do karma: o que lançamos para fora volta para nós, às vezes centuplicado.

Há uma noção errônea de que Deus distribui parcelas de karma, observando e esperando a oportunidade de punir almas desobedientes. Mas, em vez disso, a adversidade da humanidade torna-se a oportunidade de Deus. As pessoas passam por provações e tribulações especificamente para poderem contar com o Deus invisível. Não obstante, Ele não pode deter o que foi desejado pela humanidade. Quando Deus ofereceu à alma o livre-arbítrio, deu-lhe um recurso muito poderoso: podemos usar nossa vontade *escolhendo* viver uma vida em harmonia com Deus, ou podemos usar essa poderosa faculdade para dar asas à catástrofe e à destruição.

As leituras de Cayce indicam que Deus está *isolado* das almas que escolhem a experiência individual sem levar em consideração a Sua consciência. Há uma espera, uma observação e, quando necessário, uma intervenção em nossas vidas por parte de Seus anjos, que vêm para nos lembrar a quem pertencemos. A questão imediata é se estamos ou não escutando esses sinais; nosso fiel Deus está nos chamando, amoroso, para retornarmos ao domínio da Sua consciência.

Deus e as Atrocidades do Mundo

Quantas e quantas vezes não ouvimos a pergunta relativa ao Holocausto: *Por que Deus permite que essas coisas aconteçam?* Deus nada tem a ver com essas atrocidades. Como nos foi dado o livre-arbítrio, nem mesmo o próprio Deus pode suspender o que escolhemos fazer uns aos outros. Numa época em que a humanidade confessou que nunca permitiria que outro Holocausto viesse a acontecer, vemos a evidência da "limpeza étnica" em Ruanda, na Bósnia e na Sérvia; raças, tribos e nacionalidades são sistematicamente torturadas e assassinadas. Nesses exemplos, podemos reconhecer aquilo que Cayce queria dizer quando afirmava que o anticristo pode tomar posse de indivíduos, de grupos, de organizações – e até mesmo de raças. Parece óbvio que os líderes que pregam o ódio, o preconceito e o genocídio fazem parte da liga dos anjos decaídos.

Uma alma poderosa chamada Adolf Hitler parecia ter a totalidade das bênçãos do próprio Satã à sua disposição ao tentar pôr em prática a visão maligna, denominada "a solução final", de exterminar os judeus durante a Segunda Guerra Mundial. O poder de comandar centenas de milhares de nazistas para cometerem assassinatos foi, de fato, um poder maléfico vindo dos próprios domínios do inferno. Não obstante, há histórias nessa tragédia que indicam a presença de uma luz divina até mesmo na noite mais negra. Quando um médico, o dr. George Ritchie, autor de *Return from Tomorrow*, trabalhava, no fim da Segunda Guerra Mundial, para libertar os campos de concentração, descobriu o amor em meio ao ódio. Encontrou algo no qual nem mesmo o mais maléfico dos anjos decaídos poderia tocar.

O dr. Ritchie assistia os prisioneiros de um campo de concentração situado nas proximidades de Wuppertal, na Polônia, os quais passaram a receber atenção médica quando a Alemanha rendeu-se aos aliados em 1945. Um dos prisioneiros ajudou Ritchie a tratar dos demais prisioneiros famintos do campo. "Wild Bill", como Ritchie o chamava, parecia ter chegado recentemente ao campo, pouco antes da rendição da Alemanha. Parecia saudável, inteligente, otimista e animado. Wild Bill sempre tinha tempo para ajudar pelo menos mais um dos prisioneiros no final do longo dia. Ele parecia dotado de uma energia ilimitada. Tornou-se um valioso recurso para Ritchie e para o restante da equipe médica, ajudando os ex-prisioneiros a encontrar suas famílias, oferecendo traduções e organizando a papelada. O dr. Ritchie ficou espantado quando descobriu que Wild Bill fora prisioneiro de um campo de concentração desde 1939! Em seu livro, *Return from Tomorrow*, escreveu o seguinte:

"Durante seis anos, ele [Wild Bill] vivera com a mesma dieta de inanição e dormira nas mesmas barracas mal-ventiladas e infestadas por doenças de todos os outros prisioneiros, mas sem sofrer a menor deterioração física ou mental. Mas o que talvez seja ainda mais surpreendente é o fato de que cada grupo no campo o olhava como a um amigo ... Somente depois que estive em Wuppertal durante várias semanas é que compreendi que raridade isso era num recinto onde prisioneiros de diferentes nacionalidades odiavam-se uns aos outros quase tanto quanto aos alemães."[11]

Ritchie acreditava que o segredo da sobrevivência de Wild Bill era o amor. Em face da grande perseguição e do ódio dos alemães, Wild Bill aprendera a amar e a perdoar.

De acordo com Ritchie, Wild Bill vivia no setor judeu de Varsóvia com sua esposa, duas filhas e três garotinhos.

" 'Quando os alemães alcançaram nossa rua', disse ele, 'alinharam todos contra uma parede e abriram fogo com metralhadoras. Implorei para que me deixassem morrer com minha família, mas, como falava alemão, puseram-me num campo de trabalho ... Tive de decidir de imediato ... se odiaria os soldados que fizeram isso. Era uma decisão fácil, na verdade. Eu era advogado. Na mi-

---

11. *Return from Tomorrow*, George Ritchie, M.D., p. 115.

nha prática, via com bastante freqüência o que o ódio podia fazer com as mentes e com os corpos das pessoas. O ódio tinha acabado de assassinar as seis pessoas mais importantes do mundo para mim. Decidi, então, que passaria o resto da minha vida – fossem alguns dias ou muitos anos – amando cada pessoa com quem entrasse em contato.' Amando cada pessoa ... foi esse o poder que manteve esse homem bem em face de todas as privações."[12]

Wild Bill fez uma escolha de não odiar aqueles que o tinham perseguido. Compreendeu que o próprio mal que matou sua família prosperava no ódio. Pois se Wild Bill tivesse reagido com ódio aos alemães, teria criado um pacto com o mal e continuado a cadeia do ódio. Em sua capacidade para amar, Bill ascendeu da escuridão para a luz e foi libertado. Fazendo isso, não apenas sobreviveu ao Holocausto, mas miraculosamente manteve sua saúde. Como? Escolhendo amar, abriu um canal ou caminho através do qual o Divino podia ajudá-lo. No ódio não há canal de luz, não há intervenção divina, não há ajuda acessível. Há exclusivamente acesso a mais influências más, que perpetuam e florescem nessas emoções. O amor quebra a cadeia de qualquer poder que os anjos da escuridão tenham. Certa vez, Edgar Cayce disse numa leitura que era fácil amar os amigos; o verdadeiro desafio é amar o inimigo: as pessoas que nos ferem, que nos traem ou que nos enganam. As leituras vão longe a ponto de nos dizerem que até que possamos ver o Cristo na mais vil das pessoas, ainda não começamos a crescer espiritualmente. Isso é realmente um desafio para todos nós.

A Batalha do Bem contra o Mal

Alguma fonte sábia porém desconhecida disse, certa vez, que mil almas de escuridão não têm o poder de uma alma de luz. Olhando para a vida e morte de Jesus de Nazaré, podemos ver que foi um esforço em massa por parte do mal que realizou a Sua crucificação. Não obstante, esse mal não poderia retê-Lo nas garras da morte porque Jesus *amava aqueles que O odiavam*. Ao se pôr diante daqueles que O traíram, Jesus

---

12. *Ibid.*, p. 116.

chegou até mesmo a pedir a Deus para perdoá-los; perdoá-los porque, se eles realmente soubessem o que estavam fazendo, não o teriam feito. Ele os perdoou como se perdoa crianças desobedientes. Sob essa luz, o mal é ignorância e desconhecimento; é – como Cayce observou – bondade mal-empregada. A redenção do mal pode ser apenas uma questão de despertar para a verdade espiritual.

Em nossa presente época, não temos de olhar muito longe para ver os efeitos do mal em nossa sociedade. Se há um *modus operandi* de Satã e de seus anjos decaídos, é o espírito do ódio. Realmente, o ódio, a mais devastadora das atitudes e emoções que experimentamos em nossas vidas, destrói, condena, vinga-se de si mesmo, promove a ignorância e alimenta-se do medo. Tornou-se tão predominante em nossa época que uma nova e negra expressão foi criada por nossas agências de notícias: "crimes odiosos". O ódio floresce onde há ignorância, preconceito e medo. Como afirmou Cayce, essas sinistras atividades angélicas de Satã podem possuir indivíduos e grupos, e dividir as raças, as religiões e os sexos.

As leituras declaram que a atividade de Satã foi uma das principais razões pelas quais Cristo veio em corpo para a Terra:

"Desse modo, vemos e entendemos por que foi necessário que Ele, o Filho, o Fazedor, o Criador, viesse para aquilo que Lhe é próprio; aqueles que em sua cegueira, em seu egoísmo, em seus ódios, em suas malevolências exercerem e exercem influências que impedem o coração do homem de procurar o caminho." [13]

Cristo encarnou para que se revelasse em nosso mundo uma presença, um poder, um amor capaz de vencer quaisquer atos ou manifestações do mal. De acordo com a visão de Cayce sobre o destino de Satã e de seus anjos decaídos, graças à luz e à compreensão todos acabariam encontrando o caminho de volta para o seu Criador. Essa concepção difere bastante da idéia segundo a qual o mal é imutável e irredimível.

Todavia, houve um tempo, conforme a tradição bíblica, em que Satã era um adversário maléfico e essencial de Deus, mas um aliado. Em O Livro de Jó, Deus empenha-se num diálogo com Satã, que surge perante Ele acompanhado dos "filhos de Deus" (a primeira ordem de

---

13. Leitura 262-119.

almas criadas que permanecera em harmonia com Deus – veja o Capítulo 7), e Satã relata que estivera caminhando "para lá e para cá sobre a Terra". Na descrição bíblica, Deus dá testemunho da pureza de Jó e aposta que este nunca renunciaria a Ele. Na forma bizarra de um jogo de xadrez, Deus concorda que Satã poderia efetuar qualquer teste de fé que escolhesse, contanto que não ferisse o próprio Jó. É interessante notar que quando Deus e Satã estavam concebendo seu plano de jogo para Jó, Deus disse a Satã: "Eis que tudo quanto ele [Jó] tem está em teu poder..." (1:12) Satã inicia, pois, uma devastação, matando os criados, destruindo o lar de Jó e roubando o seu gado. Mas Jó não renunciou a Deus.

O Livro de Jó indica que os anjos e os arcanjos ("filhos de Deus") passaram um tempo em atividades criativas e, então, retornaram para relatar suas ações a Deus. Por exemplo, depois da primeira provação de Jó por Satã, a Bíblia diz: "Num dia em que os filhos de Deus vieram apresentar-se perante o Senhor, veio também Satanás entre eles apresentar-se perante Ele" (2:1). É razoável deduzir que Satã ainda estava sob a graça de Deus durante esse período. O fato de "... apresentar-se perante Ele" não indica que Satã estava banido para a escuridão absoluta e que ele odiava Deus. Satã estava agindo como "adversário" de Jó, ou examinador sob a direção de Deus.

O Deus e o Livro de Jó parece estar até mesmo incitando Satã a continuar desafiando o Seu servo: "Observaste o meu servo Jó? Porque ninguém há na Terra semelhante a ele, homem íntegro e reto, temente a Deus, e que se desvia do mal. Ele conserva sua integridade embora me incitasses contra ele, para o destruir sem causa" (2:3). E Satã parece dar de ombros levemente, e anunciar que quando a vida de um homem está em perigo, ele sempre renuncia a Deus sob coação.

Deus recomeça novamente essa "partida de xadrez": "Disse o Senhor a Satanás: eis que ele está em teu poder; mas poupe-lhe a vida" (2:6). Desse modo, Satã fez o que sabia fazer melhor: desencadeou uma devastação na vida de Jó, feriu-o com tumores malignos até que Jó amaldiçoou o dia em que nascera. Perdeu sua família, sua saúde, e tudo o que lhe era caro na vida, mas não falou mal de Deus, nem renunciou a Ele. Na parte final de O Livro de Jó, Deus restituiu-lhe em dobro tudo o que perdera.

As leituras de Cayce indicam que todas as almas passarão por provações, de modo que possam ser dignas de, no final, serem co-criadoras com Deus novamente. Parte dessas provações constituem-se na escolha de renunciar a tudo aquilo que abomina o amor, a paz e a harmonia. Como podemos escolher o amor, a paz e a harmonia se não nos defrontarmos também com seus opostos em nossas vidas? Cada dia é uma oportunidade para escolhermos a fonte a que serviremos – a do bem ou a do mal.

Além disso, é interessante notar que Edgar Cayce chamava os anos de 1958 a 1998 de tempos de provação e de crise. Todas as almas durante esse período serão defrontadas por circunstâncias que testarão a fé, a paciência, a persistência, o perdão, o amor. Esse período é particularmente relevante porque representa uma espécie de "exame final" cósmico, após o qual terá início a nova era de Aquarius.

De acordo com as leituras de Cayce, nunca houve, em toda a história da Terra, uma época como a nossa, em termos de oportunidades para o desenvolvimento da alma. Parte desse desafio tem a ver com a batalha entre nossas próprias forças internas do bem e do mal, escolhendo qual delas seguir. Como vimos, o número de experiências de pessoas com anjos está aumentando, o que revela a presença potencial de uma grande ascensão na consciência humana. Por acaso, é de admirar que haja atualmente mais almas na Terra do que jamais houve antes na história? As leituras de Cayce afirmam que as oportunidades para o crescimento e o desenvolvimento da alma durante esse período de quarenta anos não voltarão a se repetir em milhares de anos.

A importância desse período, que inclui os nossos dias, está no fato de que nos permite examinar o *espírito* com que fazemos o que fazemos em nossas vidas. Se não despertarmos para as oportunidades espirituais expansivas que se acham à nossa porta, então podemos descer nas profundezas da confusão, do medo, do desgosto, da desesperança. Embora possamos não compreendê-la, ao abandonar a esperança, nós, na verdade, estamos abraçando a escuridão e os seus anjos. Assim como há anjos da luz, do amor, da paz e da harmonia, há também os demônios da briga, da disputa, do medo e do remorso. Atraímos essas influências que nos cercam, não apenas com as nossas ações, mas também com nossos pensamentos e sentimentos.

137

A Sedução do Demônio da Falsidade na Vida Diária

C. S. Lewis, teólogo de Cambridge, escreveu que estamos mais sujeitos ao risco por parte dos demônios do que o próprio Demônio. Lewis concebia o estado decaído dos anjos sinistros não no domínio do inferno, do fogo e do enxofre, mas nos cargos proeminentes das figuras políticas que se tornaram más: "O maior mal ... não é feito nem mesmo nos campos de concentração e nos campos de trabalho forçado ... Mas é concebido e ordenado ... em escritórios limpos, atapetados, aquecidos e bem-iluminados, por homens calmos, com colarinhos brancos, unhas aparadas e rostos bem-barbeados, que não precisam levantar a voz ... meu símbolo para o Inferno assemelha-se à burocracia de um estado policial ou aos escritórios de uma empresa comercial totalmente sórdida ... Anjos maus, assim como homens maus, são inteiramente práticos."[14]

Sob essa luz, podemos ver que grande parte das influências maléficas permanecem invisíveis, sem a aparência externa de um demônio. As atividades de Satã e de seus seguidores malignos são enganosas, pois operam *através* de indivíduos, de grupos, de organizações. Em tempos mais antigos, Satã foi representado em arte como um belo sedutor com rosto de querubim. Quando vemos essas belas pinturas, feitas, por exemplo, por Rafael, há um senso momentâneo de irrealidade. Esperamos que o Maléfico apareça com as imagens dos nossos piores pesadelos. Se as pessoas que praticam o mal tivessem línguas bifurcadas, chifres e rabos, quanta influência elas teriam nos assuntos da humanidade? Não muita. Reconheceríamos de imediato os anjos decaídos. Em vez disso, ficamos cônscios da natureza do mal por ações, motivos, atividades. Como disse Jesus: " ... pelos seus frutos os conhecereis" (Mateus 7:20). Novamente, aqueles que cometem o mais maléfico dos atos têm, no seu interior, o potencial para o bem. O padrão original de divindade que foi, no princípio, concedido por Deus, não muda mas pode ser encoberto pela natureza depravada do mal.

Hugh Lynn Cayce perguntou a seu pai como todas as coisas podem provir de uma única Fonte divina e, não obstante, serem clara-

---

14. "C. S. Lewis on Bad Angels", citado em *Forbidden Mysteries of Enoch*, por Elizabeth Clare Prophet, p. 333.

mente manifestações do mal em nosso mundo. "Com relação à unidade de toda a força", perguntou Lynn, "explique o conceito popular de Demônio, aparentemente confirmado na Bíblia em muitas passagens das Escrituras."

O Cayce adormecido respondeu: "No princípio, seres celestes. Primeiro, temos o Filho [Cristo]; a seguir, os outros filhos ou seres celestes [anjos], aos quais foram dados sua força e poder. Por isso, essa força que se rebelou nas forças invisíveis (ou em espírito), que entrou em atividade, foi essa influência que tem sido chamada de Satã, o Demônio, a Serpente; eles são um só. O da *rebelião*! Portanto, quando o homem em qualquer atividade se rebela contra as influências do bem, ele dá ouvidos à influência do mal em vez de à influência do bem ... Mal é rebelião. Bem é Filho da vida, da luz, da verdade; e o Filho da luz, da vida, da verdade veio para o ser físico a fim de demonstrar e apresentar e mostrar o caminho para a ascensão do homem até o poder do bem sobre o mal no mundo material."[15]

Essa leitura indica que todas as vezes em que as pessoas vão contra aquilo que é bom, ou procuram enganar, então elas estão abrindo um canal por onde as forças de Satã podem operar no mundo material. A batalha original dos anjos da luz contra os anjos das trevas é hoje travada no campo de batalha da psique humana. Tudo o que aconteceu nos domínios espirituais da consciência tem o seu padrão impresso em nossas almas. Assim como somos réplicas em miniatura da totalidade do universo espiritual, também contemos as atividades que ocorrem nos domínios invisíveis. A batalha entre Miguel e Lúcifer é hoje a batalha interna da abnegação *versus* egoísmo. Essa guerra abrange as eras em que as almas têm ocupado a Terra.

A Queda dos Anjos – Uma Breve História

O Livro de Enoch, antiga obra que fizera parte de nossa Bíblia, detalha extensamente a respeito dos anjos regentes que eram capazes do bem e do mal nos assuntos da humanidade. O que é grave a respeito desse *O Livro de Enoch* é que eles não eram seres celestes em absoluto.

---

15. Leitura 262-52.

Vieram à Terra em corpos físicos, procriaram, criaram a guerra e as discórdias. Era muito difícil para os primeiros líderes da Igreja aceitarem essa concepção, a de que alguns anjos poderiam efetivamente estar vivendo no mundo. O livro acabou sendo denunciado e proibido, e excluído daquele que hoje se conhece por Bíblia. No entanto, em 1773, um original de *O Livro de Enoch* foi descoberto por James Bruce, um explorador escocês, na Etiópia. O livro foi posteriormente levado para a Inglaterra, onde o dr. Richard Laurence, professor de hebraico, traduziu a primeira versão em língua inglesa. *O Livro de Enoch* descreve a primeira descida na Terra dos anjos decaídos. As leituras de Cayce sobre a criação do mundo são paralelas à visão de Enoch. Depois que a Terra se tornou amplamente povoada, os anjos foram seduzidos pela beleza física das mulheres e se emaranharam no mundo material através da luxúria. Várias fontes concordam com essa teoria. John Ronner, autor de *Know Your Angels*, explicou o ponto de vista enochiano sobre a queda dos anjos:

" ... Alguns dos membros do coro celeste olharam apaixonadamente para as mulheres mortais, ficaram dominados pela luxúria e macularam sua santidade ao terem relações sexuais. O sexo proibido gerou uma raça de terríveis gigantes mestiços que infestaram a Terra. Devido às suas más ações, os anjos caíram e receberam uma terrível punição divina."[16]

O Livro do Gênesis descreve a queda de maneira semelhante: "Como se foram multiplicando os homens na Terra, e lhes nasceram filhas, e vendo os filhos de Deus que as filhas dos homens eram formosas, tomaram para si mulheres, as que entre todas mais lhe agradaram ... Ora, naquele tempo havia gigantes na Terra; e também depois, quando os filhos de Deus possuíram as filhas dos homens, as quais lhe deram filhos; estes foram valentes, varões de renome ..." (Gênesis 6:1-2,4).

Nada há na literatura que se refira a esses "gigantes" como seres humanos, mas sim como criaturas e bestas com feições quase humanas. Quanto a isso, as leituras de Cayce indicam que as almas estavam ingressando na Terra sob várias formas: centauros, ciclopes, sereias e uma hoste de outras criaturas fantásticas. De acordo com as leituras, os seres

---

16. *Know Your Angels*, John Ronner, p. 66.

da mitologia grega não eram, em absoluto, fictícios; em vez disso, a mitologia descreve a história real das primeiras tentativas das almas de abrirem caminho para dentro do mundo material em corpos imperfeitos. O propósito era simples: individualidade e auto-expressão. O problema era que a Terra tinha suas próprias leis evolutivas; também ela estava evoluindo rumo à perfeição dos reinos vegetal, mineral e animal de uma forma muito diferente da evolução espiritual que Deus pretendia para as almas. Entretanto, quando as almas foram atraídas para o mundo material e começaram a se enredar por seus elementos, ficaram sujeitas às leis que governavam a Terra e a sua evolução.

Os outrora grandes e ilimitados poderes dos anjos nos reinos celestes tornaram-se limitados dentro dos confins da vida material, quando as almas escolheram assumir forma e se tornar parte do mundo. O mundo sensual foi a força atrativa que puxou as almas para a Terra.

Segundo *O Livro de Enoch*, um anjo, cuja descrição é muito semelhante à de Satã, Azazyel, levou duzentos anjos a coabitar com os mortais que já se encontravam na Terra e realizavam sua missão espiritual. Os anjos, sob a direção de Azazyel, ensinaram os mortais a fazer espadas, facas e armas de guerra; instruíram as mulheres a criar e a usar cosméticos; e lhes mostraram como fazer jóias a partir de pedras preciosas. O grupo de Azazyel instruiu os seres humanos no conhecimento que nunca fora obtido na Terra antes do aparecimento desses anjos sinistros: Amazarak, que ensinou como usar a feitiçaria, e Barkayal, que ensinou astrologia.

Embora o uso dessas atividades esteja hoje difundido, nos velhos tempos esses conhecimentos chegaram cedo demais; a humanidade ainda não estava preparada para o poder que adviria com a prática desses conhecimentos. Essas tecnologias atuaram como distrações para as almas em desenvolvimento. Deveria ter sido como dar armas destrutivas a crianças pequenas, como brinquedos. As almas se distraíram de suas lições com seus "brinquedos" e ficaram excitadas, disputando as novas e misteriosas atividades que lhes foram ensinadas. De qualquer maneira, o resultado final dos ensinamentos dos anjos foi desastroso: "A impiedade aumentou; a fornicação se multiplicou; e eles transgrediram e corromperam todos os seus caminhos ... E os homens, sendo destruídos, gritaram; e suas vozes atingiram o céu" (Enoch 8:2,9).

A essa altura, a calamidade que prosseguia no domínio terrestre atraiu a atenção dos arcanjos Miguel, Uriel e Gabriel. Finalmente, eles intervieram e removeram à força os rebeldes anjos decaídos para fora da influência da Terra e os aprisionaram no domínio celeste. Enoch descreve em grandes detalhes essa visão reveladora. Para limpar a Terra das malfeitorias dos anjos decaídos, Deus enviou o grande Dilúvio, que é descrito detalhadamente no Gênesis.

O lapso de tempo transcorrido desde o advento dos anjos decaídos até a remoção final de sua influência durou eras – na verdade, 200.000 anos. Para esse período, as leituras de Cayce fornecem grandes detalhes sobre o conflito dos "filhos de Belial" (os anjos decaídos) com os "Filhos da Lei do Uno" (almas da humanidade que vieram à Terra para recuperar a sua divina herança original). Há várias referências na Bíblia indicando que Belial – se este não for outro nome de Satã –, é um anjo muito próximo do chefe dos anjos das trevas. No Livro do Deuteronômio, "os filhos de Belial" saíram para procurar outros deuses e não Deus (13:13). No Livro dos Juízes, os "filhos de Belial" abusam de uma mulher e a estupram (19:22). Em Samuel II, um homem amaldiçoa o Rei Davi, acusando-o de ser um "homem de Belial" (16:7). São Paulo faz referência a Belial em Coríntios II: " ... ou que comunhão [há] da luz com as trevas? Que harmonia entre Cristo e o Maligno [Belial]? Ou que união do crente com o incrédulo?" (6:14-15).

As atividades dos filhos de Belial estavam em oposição aos ideais espirituais dos Filhos da Lei do Uno. "... as forças perturbadoras se intensificaram até se tornarem fatores relevantes", disse Cayce, "entre os Filhos da Lei do Uno e os filhos de Belial. Porque essas eram as apresentações das forças que nas atuais experiências seriam denominadas bem e mal, ou um pensamento e propósito espirituais e um pensamento ou desejo ou propósito materiais."[17]

A Influência dos Anjos Decaídos nos Tempos Atuais

Desde o advento da humanidade na Terra, sempre houve aqueles de "Belial" e aqueles da "Luz". As diferenças determinantes entre a

---

17. Leitura 1968-2.

hierarquia angélica de Deus e os anjos decaídos de Satã residem no seu intento, no seu propósito e no seu desejo. A importância dessas diferenças está menos naquilo que esses seres *são* do que naquilo que *fazem*. John Ronner escreve em *Know Your Angels*: " ... Orígenes de Alexandria, provavelmente o principal erudito bíblico da Igreja cristã primitiva, acreditava que um ser é um anjo, um ser humano ou um demônio, dependendo da distância com que decidira se afastar da presença de Deus."[18]

Há uma tendência para acreditar nos anjos decaídos, ou demônios, somente quando se ouve falar de assombrações ou em casos de exorcismo. Essas manifestações são, na verdade, raras e não respondem por uma grande porcentagem de influências do mal na Terra. O mal se manifesta de várias maneiras, assim como a virtude aparece sob incontáveis formas. O ponto importante é que o mal, ou desarmonia, é uma *escolha*; o decaído só se encontra nesse estado de existência quando é feita a escolha de alterar as capacidades criativas para capacidades destrutivas. Onde há manipulação, opressão, guerra, fome, controle governamental da fé religiosa, existem os decaídos.

No entanto, uma promessa nas leituras de Cayce indica que a destruição final que será desencadeada sobre aqueles que deliberadamente fazem o mal recairá sobre eles mesmos. Essa é uma lei que um Deus misericordioso impõe para proteger a maioria dos que desejam fazer o bem e evoluir para o seu *status* de co-criadores com Deus. Contudo, em nossa percepção do tempo, pode parecer que um império ou um governo maléfico florescem por muitos anos antes do seu fim. Porém, na mente de Deus, transcorre somente um dia até que eles sejam subjugados pelos Seus anjos da luz.

---

18. *Know Your Angels*, John Ronner, p. 66.

7
A Promessa Angélica
De Adão a Jesus

"Pois assim estava escrito: o primeiro homem, Adão, foi feito ser vivente. O último Adão, porém, é espírito vivificante ... O primeiro homem, formado da terra, é terreno; o segundo homem é do céu."
– Coríntios I 15:45,47.

A História de Amilius

De um ponto de vista metafísico, toda a Bíblia é uma extensa história alegórica da nossa longa viagem espiritual de retorno ao "lar". Edgar Cayce foi um grande estudioso da Bíblia; ele a leu integralmente uma vez em cada ano de sua vida: sessenta e sete vezes. Quando não estava fornecendo leituras mediúnicas, Cayce gostava muito de lecionar na escola dominical, e suas aulas na igreja presbiteriana aconteciam muitas vezes "apenas como numa sala de estar" – freqüentadas por crianças e por adultos. As capacidades mediúnicas que o Cayce desperto possuía permitiram-lhe vislumbrar as verdades ocultas da Bíblia e projetar luz sobre o seu significado espiritual. Sua família e os seus associados próximos também faziam várias perguntas fascinantes sobre os dias do Gênesis e da criação da humanidade, que eram respondidas em suas leituras.

Mais tarde, Cayce forneceu leituras mais específicas sobre os primeiros dias da criação, que cobriam detalhadamente todo o período que ia de Adão até a época da vida de Jesus. Essas leituras ajudaram um número incontável de investigadores, de pesquisadores e de teólogos em sua compreensão da Bíblia, e indicam que o período de preparação para a vinda de Jesus na Terra foi, efetivamente, de *milhões* de anos.

Durante o grande caos da época primitiva da criação das almas – a era dos "gigantes sobre a Terra", de acordo com o Livro do Gênesis (6:4) – a Terra estava cheia de todas as formas de habitantes imagináveis. Ao longo desse período pré-Gênesis, Satã e suas legiões deixaram os domínios mais sutis dos anjos e fizeram seu domicílio na Terra inacabada e em outras áreas. No entanto, nascera uma promessa nos reinos dos anjos, segundo a qual todas essas almas que se esqueceram de Deus e que se perderam seriam, no final, conduzidas de volta graças a um plano divinamente engenhoso.

O Livro do Gênesis começa nesse ponto, estabelecendo-o como o princípio do tempo: "A Terra, porém, era sem forma e vazia; havia trevas sobre a face do abismo" (1:2).

As trevas representam a separação das almas de sua percepção do Criador – uma escuridão de consciência. Satã e suas legiões eram a corporificação dessas trevas. Embora tivessem passado eras desde que as almas assumiram identidades moldadas por suas próprias criações, esse momento do Gênesis é o princípio de um plano divino, o início de um longo processo que se sucedeu através do espaço e do tempo, no qual as almas adormecidas despertariam. Thomas Sugrue, no capítulo "Philosophy" de seu livro *There Is a River*, detalha o dilema das almas nessa era:

"A Terra era uma expressão da mente divina, com suas próprias leis, seu próprio plano, sua própria evolução. As almas, ansiando por sentir a beleza dos mares, dos ventos, das florestas e das flores, mesclaram-se com eles e se expressaram através deles. Também se misturaram com os animais e fizeram, numa imitação de si mesmas, formas de pensamentos: elas brincaram de criar; elas imitaram Deus. Porém, era um brincar, uma imitação que interferia com aquilo que já havia sido colocado em movimento e, desse modo, a corrente mental que estava executando o plano para a Terra atraiu, pouco a pouco, as almas para seu fluxo. Tinham de seguir junto com esse fluxo, nos corpos que elas mesmas criaram.

"Eram corpos estranhos: misturas de animais, uma miscelânea de idéias a respeito do que seria agradável desfrutar na carne. Ao longo das eras, fábulas sobre centauros, ciclopes, etc. persistiram como uma relíquia dessas primícias do inquilinato da Terra pela alma."[1]

O estado a que ficaram reduzidos aqueles que foram aprisionados em suas próprias trevas foi visto e ouvido por uma certa alma, uma alma muito especial. Ela se chamava Amilius nas leituras de Cayce, e tinha viajado através de muitas experiências universais, mas nunca abandonara a Luz nem se emaranhara nos caminhos de Satã. Conforme as leituras, foi ela a primeira alma que se aventurou e que *retornou* à presença consciente de Deus.

Depois de ver o estado calamitoso em que se encontravam as almas terrestres, Amilius prometeu a Deus que viajaria com elas até a plena compreensão de seu estado de consciência individualizado no mundo material, e que as ajudaria a se lembrarem de sua origem divina. Amilius prometeu que mostraria às almas o caminho para que se libertassem das distrações materiais impostas pelos poderes e pelos anjos das trevas. Pouco a pouco, desceria nas profundezas da vida material e, então, seria um líder no longo caminho de volta em direção à harmonia e ao céu da consciência de Deus. Seguir por esse caminho era a única maneira que ele conhecia para trazer almas companheiras de volta à lembrança de sua herança divina. Só poderia fazer isso tornando-se, ele mesmo, uma das almas que caíram no esquecimento. Era, sem dúvida, uma missão nobre e amorosa.

Tratava-se de um grande plano, e Amilius teve as bênçãos e as promessas dos guardiães celestes, dos arcanjos, e do próprio Criador de que não empreenderia sozinho essa jornada. Os filhos e as filhas de Deus – 144.000 deles – também assistiriam Amilius ao longo de sua missão de se tornar mortal. Viajariam com ele até os domínios terrestres, e se uniriam à grande missão de despertar as almas imersas no sono, que estavam vivas no desejo, mas adormecidas no espírito. Essa tarefa não seria fácil para ele nem para aqueles seres que se revestiriam de morta-

---

1. *There Is a River*, Thomas Sugrue, p. 311.

lidade, pois passariam a ficar sujeitos às leis da evolução terrestre, e algumas lições teriam de ser aprendidas muito lentamente. Se os grandes filhos e filhas de Deus que se revestissem de corpos carnais se enamorassem da sensualidade do mundo material, também eles poderiam ficar hipnotizados pelas coisas do mundo, e isso exigiria milênios para ser reparado. Porém, mesmo nesse caso, essa possibilidade tinha o seu lugar da redenção – pois, se as almas se esquecessem, elas ainda teriam a orientação íntima dos anjos e dos arcanjos superiores, que nunca deixaram a presença de Deus, e que, a cada giro do mundo material, as fariam recordar-se de sua missão original.

Até que a missão fosse completada, até que cada alma que se esquecera de Deus retornasse, os anjos das alturas permaneceriam em eterna vigilância, protegendo e orientando não apenas as almas individuais, mas também os grupos, as nações e as raças. Cada anjo teria sua própria tarefa particular em assistir as almas que ainda se lembravam de Deus, bem como aquelas que O tinham esquecido. O papel dos anjos seria o de mensageiros das almas encarnadas, e os meios para transmitir as mensagens incluiriam aparições, sonhos e visões, presságios e sinais.

A Criação da Humanidade

Para que Amilius conseguisse ingressar na Terra, teria de criar para si mesmo uma nova espécie de corpo, que não seria semelhante às criaturas monstruosas que os anjos decaídos fizeram para si mesmos. Esse veículo, que transportaria sua alma até a Terra, teria sua origem na própria mente de Deus; um corpo que seria feito de cada elemento do reino terrestre e que, não obstante, seria dotado do conjunto de circuitos necessários para lhe permitir permanecer em contato com os domínios de Deus e dos anjos. Dessa maneira, esse novo seria constituído de materialidade e, no entanto, também de Deus. Conteria terra e espírito – uma harmonia nunca antes realizada. Seria uma divina obra de arte, criada a partir dos mais altos domínios de Deus, pois Ele anseia pela volta ao lar das almas que se extraviaram. Através desse meio, as almas poderiam se desenvolver e crescer espiritualmente na Terra, e produzir habilidades e criatividade ilimitadas, que se originariam nos reinos do espírito, entre os anjos.

Deus operou através de Amilius para criar gradualmente, nos domínios espirituais, um plano para esse novo corpo. Quando o padrão para o corpo estava quase completo, foram criados sete centros espirituais, ou circuitos. Esses centros permitiriam à alma sintonizar-se com os mais elevados domínios da hierarquia celeste, e deles receber criatividade, habilidades, inspiração e orientação divina enquanto vivessem na Terra (veja a Figura 2).

Esses centros, denominados *chakras* em sânscrito, produzem uma perfeita união entre os mundos material e espiritual. Todos os elementos dos reinos terrestre e celeste foram integrados ao corpo que alojaria a alma. Os quatro *chakras* inferiores correspondem aos quatro elementos – fogo, água, terra e ar. Os três centros superiores correspondem aos domínios mais elevados de Deus: Espírito do Criador, Espírito do Filho e Espírito Santo. Seu verdadeiro padrão, impresso na consciência espiritual da alma-corpo, garantiu potencialmente que a alma nunca ficaria fora de sintonia com o Divino, contanto que ela não escolhesse se desligar do conhecimento superior. No entanto, mesmo nessa situação, a possibilidade de sintonia ficaria aberta, pois a alma reteria e manifestaria seu livre-arbítrio na Terra.

Quando as almas foram aprisionadas nos corpos imperfeitos das monstruosidades, o resultado foi o caos, pois seus desejos sensuais romperam sua comunhão com Deus. Todavia, nesse novo corpo, uma alma poderia estar sempre a um passo de se lembrar do seu propósito divino, graças aos centros espirituais criados no corpo.

Assim como Deus existia numa triunidade de consciências, o novo ser humano sobre a Terra também existiria com um corpo, uma mente, um espírito. Cada elemento poderia ter funções separadas, mas estaria contido no corpo uno. A réplica trinitária seria esta: em primeiro lugar, a *alma* seria a fonte de todo o conhecimento espiritual e de toda a atividade na Terra. Em segundo lugar, a *mente* extrairia dessa fonte anímica aquilo de que precisasse para criar circunstâncias por meio do poder do pensamento. Esta característica era muito sofisticada, pois a mente poderia criar no mundo material qualquer coisa sobre a qual escolhesse concentrar-se. Não obstante, foi delegada à mente a percepção *perfeita* de Deus – que as leituras denominavam *Consciência Crística* – embora ela tivesse de ser constantemente despertada pela vontade e por intermé-

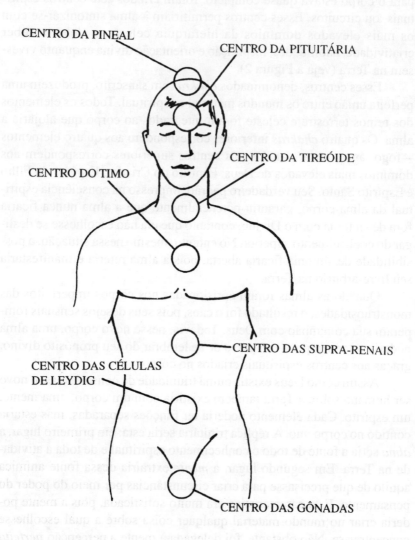

Figura 2

dio da meditação e da prece. A alma poderia então ligar-se ao próprio Divino e colocá-lo em atividade na Terra. Em terceiro lugar o próprio *corpo físico*, o novo veículo com o qual seria realizada a missão da alma e da mente. Essa nova corrida de seres levaria os poderes do céu até a Terra. O reino animal já existia por muito tempo antes da chegada dos seres humanos; no entanto, aos animais não foi concedido o poder de escolher. Eles eram inferiores à nova raça que estava em vias de nascer porque as almas da humanidade trariam consigo os poderes do livre-arbítrio e da escolha. A nova raça física sempre retiraria seu sustento mental e espiritual dos domínios invisíveis dos anjos.

Por fim, Amilius completou o padrão anímico do corpo, que seria um canal para as entidades redimirem o mundo material. Foi glorioso o momento do princípio, o princípio da jornada de recuperação da memória da imagem divina. A Bíblia descreve esse evento como a verdadeira origem do mundo, "quando as estrelas da alva juntas alegremente cantavam, e rejubilavam todos os filhos de Deus" (Jó 38:7). As estrelas da alva eram os anjos que se rejubilavam porque fora preparado um caminho para que o restante da família celeste retornasse à companhia de Deus. A participação vigilante dos anjos sempre estaria presente, como fora prometido. Eles estariam sempre lá para esperar, para inspirar, para despertar e para dirigir, em cada giro do desenvolvimento da humanidade.

A entidade, conhecida como Amilius nos domínios espirituais, seria chamada de Adão, e sua chegada foi gloriosa na Terra, pois com ele nascia a esperança de um ser físico, um líder, o que mostraria o caminho. Como fora prometido, ele não viajaria sozinho até a Terra. As leituras de Cayce confirmam que 144.000 almas seguiram o padrão adâmico, criaram os corpos humanóides que ora ocupamos e deram nascimento às raças. Eram *raças novas*; não tinham os apêndices monstruosos das chamadas criaturas mitológicas. Só se reproduziriam com indivíduos da sua própria espécie. Embora pudesse levar centenas de milhares de anos até que as monstruosidades criadas pelas almas decaídas se extinguissem, todas elas acabariam por encarnar no padrão do corpo de Adão, construído por Deus para Amilius.

Para construir o corpo de Adão na Terra, foi necessário que houvesse uma contrapartida feminina. De acordo com as leituras, a fim de

151

que isso fosse realizado, Adão entrou em meditação e viajou, num estado fora do corpo, até os domínios onde ocorre a criação espiritual – os domínios dos anjos. Lá, sob a direção de Deus, a alma de Adão separou-se em duas. Na história do Gênesis, o fato de Eva ter sido criada da "costela de Adão" refere-se, na verdade, ao lado feminino de sua alma manifestando-se como indivíduo. Em hebraico, "costela" traduz-se por "lado".

Edgar Cayce elaborou considerações a respeito dessa manifestação única das contrapartidas masculina e feminina numa leitura para as suas aulas bíblicas: "... Deus criou inicialmente o homem e a mulher como um só, em espírito. Em seguida, criou-os macho e fêmea em carne. Quando a mente tornou-se ciente da sua dualidade na matéria, houve a necessidade de que as forças positiva e negativa se separassem, embora continuassem a cooperar."[2]

As outras almas agiram de maneira semelhante, e corpos masculinos e femininos foram criados na Terra. Essa criação magnífica resultou nas cinco raças ocupando os cinco maiores continentes: negra, branca, amarela, vermelha e castanha. Cada alma experimentaria – ao longo de muitas eras sobre a Terra – o desenvolvimento de cada raça. Na época do advento de Adão e Eva ao Jardim do Éden, centenas de milhares de filhos e filhas de Deus também estavam se manifestando na Terra ao mesmo tempo.

As Vidas da Alma-Mestra

A missão de Amilius, contudo, não podia ser completada em apenas um aparecimento sobre a Terra. Era necessário que ele, integrando-se à evolução da Terra, passasse por todas as fases da experiência humana e evoluísse até a perfeição. Faria isso vivendo muitas vidas sucessivas. Uma vez que foi o primeiro nos domínios espirituais a evoluir perfeitamente para a companhia de Deus, seria a primeira alma nos domínios terrestres a aperfeiçoar a vida humana e a trazer os poderes de Deus do invisível para o *visível*. O papel de Amilius, de acordo com as leituras de Cayce, abrangeu as eras em que a humanidade viveu na Terra. En-

---

2. Relato de Leituras, 262-61; *Bible Minutes*, de Edgar Cayce, p. 2.

quanto Adão, ele se permitiu cair sob o jugo das tentações e dos apetites terrenos. Muitos perguntariam: "Se ele era o líder, aquele que mostrou o caminho para o restante da humanidade, então por que cedeu à tentação e teve de ser banido do Jardim do Éden?" Para que Adão pudesse ser o líder, teria de experimentar todas as tentações e fraquezas das almas que se extraviaram. Era uma experiência dotada de um propósito.

Cayce dizia que Adão se *permitiu* ser levado pelos caminhos do egoísmo. Era a única maneira pela qual ele, conhecendo perfeitamente bem as conseqüências do ofuscamento de sua visão, poderia compreender a experiência dos anjos decaídos. Cayce detalhou as muitas reencarnações de Amilius e forneceu uma história surpreendente de seus aparecimentos na Terra:

"Então, compreenda que [Adão] é a mesma entidade, como foi mencionado que, como Jeová, era o porta-voz de Moisés, que entregou a lei, e era a mesma entidade-alma que nasceu em Belém [Jesus], a mesma alma-entidade que naqueles períodos da força e, não obstante, da fraqueza de Jacó em seu amor por Raquel, foi seu primogênito José. É essa a mesma entidade, e essa entidade foi a que se manifestou ao pai Abraão como o príncipe, como [Melquisedeque] o sacerdote de Salém, sem pai e sem mãe, sem dias nem anos, mas um ser humano vivo na carne, que se manifestou na Terra a partir do desejo do Deus-Pai para preparar uma fuga para o homem ... e essa foi também a entidade Adão. E esse foi o espírito de luz."[3]

Para muitos, é difícil aceitar a concepção de que o homem que conhecemos historicamente como a alma-mestra, Jesus, começou no princípio como Adão. Entretanto, Cayce enfatizou repetidas vezes que a vida é uma experiência contínua, que é um processo em evolução no qual Deus atualiza a Si Mesmo através de nós. O grande plano de perfeição leva muitos milênios para se completar. Qual é exatamente esse grande plano? Ele é resumido na citação acima: uma manifestação na Terra "do desejo do Deus-Pai para preparar uma fuga para o homem ..." As saudades que sentimos de um filho que se perdeu ou que desapareceu, ou de um parente próximo que morreu dão uma vaga idéia do anseio que Deus sente pelas almas que não se lembram conscientemente Dele.

---

3. Leitura 5023-2.

Não basta uma única encarnação na Terra para podermos nos compreender plenamente enquanto seres espirituais. O que começou em Amilius como Adão só foi completado 2.000 anos atrás por Amilius como Jesus. A evolução divina foi completada por um indivíduo – uma pessoa que começou sua jornada há centenas de milhares – talvez milhões – de anos antes. Isso é uma evidência da graça de Deus, que concede às almas oportunidades sem fim para realizarem, na sua própria época, sua perfeição espiritual. A miraculosa realidade dessa idéia está no fato de que cada alma pode evoluir – e acabará evoluindo – para a perfeição que Jesus atingiu. A seguinte citação de Cayce resume muito bem o propósito da missão de cada alma no mundo material:

"O fato de que a entidade possa *saber* que ela mesma *é* ela mesma e parte do Todo – não o Todo, mas una *com* o Todo – e, desse modo, retendo sua individualidade, sabendo que ela mesma é ela mesma e, não obstante, una com o propósito da Primeira Causa [Deus], que desejou que ela, a entidade, ingressasse no *ser*, na percepção, na consciência de si mesma. É esse o propósito, é essa a causa do *ser*."[4]

Temos aqui a história íntima da relação entre seres humanos e anjos. Éramos outrora *conscientes* da nossa comunhão com Deus e com os anjos. A totalidade da criação espiritual estava em harmonia com cada alma. Com o advento da "causa do ser", como é enunciado na leitura acima, faz sentido o porquê de ter o gesto de aceno das dimensões espirituais vindo dos reinos angélicos – pois estivemos, durante milênios, totalmente afastados da percepção consciente dos mundos espirituais.

Os Anjos e o Profeta Enoch

Uma das instrutivas vidas de Jesus foi como o profeta Enoch. As experiências dessa encarnação serviriam bem a ele em suas vidas futuras. Ele passaria a contar com suas visões, nas quais viu todos os anjos que abrangem cada aspecto da vida terrena. Em *O Livro de Enoch*, lhe são mostrados aqueles que governariam todas as coisas no mundo material. Em sua perfeição como Jesus, Ele comandaria todos os elementos do céu e da Terra:

---

4. Leitura 826-11.

"Depois disso, pedi ao anjo da paz, que seguia comigo, para explicar tudo o que estava oculto ... Depois disso, contemplei os segredos do céu e do paraíso, e da ação humana, a qual era pesada lá mesmo, em balanças. Vi as moradas dos eleitos, e as moradas dos santos. E lá meus olhos viram todos os pecadores, que negaram o Senhor da glória ... Lá, meus olhos também viram os segredos do relâmpago e do trovão; e os segredos dos ventos, de como se distribuem quando sopram sobre a Terra ..." (Enoch 41:1-2).

Enoch descreveu os anjos que governavam os movimentos da Lua e dos planetas irmãos da Terra em nosso Sistema Solar. Viu os anjos que governavam a luz e as trevas. Testemunhou as atividades do anjo da sabedoria, e – como vivenciou o dr. Rodonaia – viu Sabedoria como uma entidade divina emanando miríades de formas de iluminação para as almas que aprendem a escutá-la graças à voz da intuição, da imaginação e dos sonhos. Viu também o esplendor das estrelas, que, na verdade, são anjos, e aprendeu que as virtudes de cada alma sobre a Terra representam as virtudes dos anjos. Sua luz, brilhando na Terra, em nosso universo, é um reflexo do brilho do amor desses anjos. Essa educação mística era uma preparação que acabaria por levar a grandes milagres quando a alma-mestre, que era então Enoch, evoluiu para a alma que viveu como Jesus.

"Contemplei outro esplendor, e as estrelas do céu. Notei que Ele [Deus] chamava todas elas por seus respectivos nomes, e elas escutavam. Numa balança apropriada, vi que Ele pesava com a luz dessas estrelas a amplitude de seus lugares, e o dia de seu aparecimento, e sua conversão. Esplendor gerava esplendor; e sua conversão *era* no número dos anjos, e dos fiéis" (Enoch 43:1).

Enoch vislumbrou até mesmo seu futuro papel como Messias, mas não compreendeu que a visão era uma profecia sobre si mesmo. O anjo que o estava guiando prometeu-lhe gentilmente que ele acabaria entendendo:

"E eu [Enoch] inquiri o anjo que ia comigo, dizendo: 'O que são todas essas coisas, que em segredo contemplo?'

Disse ele: 'Todas essas coisas que contemplas serão para o domínio do Messias, que ele poderá comandar, e ser poderoso sobre a Terra.'

E esse anjo da paz respondeu-me, dizendo: 'Espere somente um breve tempo, e entenderás, e cada coisa secreta lhe será revelada, o que o Senhor dos espíritos decretou'" (Enoch 51:3-5).

É óbvio que essa alma, enquanto Jesus, compreendeu um grande número de segredos do universo. Seus milagres na Palestina refletiam essa compreensão. Quando Ele se pôs ao mar com seus discípulos, uma grande tempestade sacudiu o barco contra as ondas turbulentas, e Jesus comandou os elementos da tempestade, e eles O obedeceram:

"Quem é este, que até o vento e o mar lhe obedecem?", perguntaram os discípulos (Marcos 4:41).

"Este" homem era alguém a quem fora ensinado que todas as coisas podem ser mantidas sob sujeição da vontade divina se a mente permanecer em perfeita sintonia com Deus. Enoch era iniciado nos mistérios ("cada coisa secreta lhe será revelada") e, em sua perfeição como Jesus, tornou-se o mestre em todas as coisas do mundo material.

A Bíblia indica que a humanidade foi criada um pouco mais abaixo do que os anjos e, não obstante, quando as almas que se extraviaram retornarem à percepção consciente de Deus, elas serão as *regentes* do reino dos anjos. Jesus foi o primeiro a completar em sua totalidade a jornada e a retornar à reunião consciente com Deus. Quando Jesus ordenou à tempestade que cessasse, estava na verdade comandando os anjos que governam os elementos terrestres. Sua educação mística como Enoch foi colocada em prática.

Há uma teoria interessante na cabala – a tradição mística judaica – segundo a qual o anjo Metatron era antigamente Enoch na Terra. No Talmude, Metatron (cuja tradução é "o mais próximo do trono") é considerado o vínculo entre o mundo angélico e o mundo físico, e está encarregado da sustentação da humanidade. Essas funções ajustam-se perfeitamente ao papel que o Messias acabaria por desempenhar. Se Enoch e Metatron são um só, é evidente que as almas e os anjos transformam-se e evoluem nos domínios espirituais. Metatron não permaneceu com o restante dos anjos; ele desceu à Terra para evoluir até a perfeição *humana* em Cristo. As leituras indicam que, entre os vivos, as almas freqüentemente atuam como guias e anjos da guarda para os que se acham na Terra. Isto será discutido mais detalhadamente num capítulo posterior.

Há, na literatura bíblica, muitos indícios de que Enoch era realmente uma das vidas de Jesus. Muitos dos ensinamentos de Jesus no

156

Novo Testamento são, na verdade, reflexões sobre os escritos de Enoch. Por exemplo, Enoch disse: "Os eleitos possuirão luz, alegria e paz; eles herdarão a Terra." (Enoch 6:9) Jesus falou: "Bem-aventurados os mansos, porque herdarão a terra" (Mateus 5:5). Enoch lamentou os anjos caídos, que escolheram desafiar Deus: "Onde estará o lugar de repouso para aqueles que rejeitaram o Senhor dos Espíritos? Teria sido melhor para eles que nunca tivessem nascido" (Enoch 50:4). Da mesma maneira, Jesus falou sobre o grande pecado daquele que O traiu: "... ai daquele por intermédio de quem o Filho do homem está sendo traído! Melhor lhe fora não haver nascido!" (Mateus 26:24). Enoch descreveu as almas que procuram seguir a lei espiritual da Terra, e que acabarão recuperando seu *status* angélico: "Todos os justos tornar-se-ão como anjos no céu" (Enoch 50:4). Em Jesus, a mesma concepção fez eco em Mateus 22:30: "Porque na ressurreição ... são ... como os anjos no céu." Enoch também *ascendeu* ao céu, assim como Jesus.

Ao longo de todo *O Livro de Enoch*, há uma referência a Enoch como o "Filho do homem". Jesus assumiu esse título em Sua encarnação final. "Filho do homem" é efetivamente uma verdade literal tanto no caso de Enoch como no de Jesus. Enoch era da sétima geração a partir de Adão, chamado de "o primeiro homem". Em Jesus, Sua linhagem era a da casa de David de *ambos* os lados de sua família – José e Maria pertenciam a essa casa, que tinham uma linhagem direta com as gerações de Adão. "Filho do homem" é, em ambos os casos, um termo literal.

Melquisedeque – O Príncipe da Paz

De acordo com as leituras de Cayce, outra encarnação da alma de Amilius foi como Melquisedeque, o bíblico "príncipe da paz". Depois da vida de Enoch, Amilius retornou à Terra como Melquisedeque, de uma maneira singular. A ascensão de Enoch ocorreu no fim de sua vida terrestre, e Melquisedeque reapareceu na Terra, porém não nascido de mulher. Foi um ser incorpóreo, embora interagisse com a humanidade. Graças à manifestação espiritual singular de Melquisedeque, as almas terrestres compreenderam que ele era alguém enviado por Deus. Ele conseguiu estabelecer um sacerdócio por intermédio do qual foi criada uma linhagem a partir dos mais elevados princípios espirituais possíveis. Isso garantiu que haveria um meio de as almas se lembrarem da sua origem divina e de fazerem grandes progressos na viagem para o novo despertar espiritual.

Melquisedeque apareceu pela primeira vez no Livro do Gênesis, sendo chamado de o "sacerdote do Deus Altíssimo" (14:18). Fora-lhe dado o nome de "príncipe da paz", o qual também se atribuiu a Jesus. Uma leitura de Cayce descrevia a vida e as virtudes desse "príncipe da paz":

"... pode ser traçado para o eu um paralelo vindo do domínio da iluminação espiritual dessa entidade conhecida como Melquisedeque, um príncipe da paz, alguém que procura sempre ser capaz de abençoar aqueles que, em seus julgamentos, têm procurado tornar-se canais para uma influência útil sem qualquer procura por ganho material ou por glória mental ou material; mas amplificando as virtudes, minimizando as falhas nas experiências de todos ..."[5]

Até mesmo no Velho Testamento, o profeta Isaías profetizou o advento do Messias e O chamou de "príncipe da paz":

"Porque um menino nos nasceu, um filho se nos deu ... e o seu nome será: Maravilhoso, Conselheiro, Deus Forte, Pai da Eternidade, Príncipe da Paz." (9:6)

Na Epístola aos Hebreus, Melquisedeque é chamado de "Filho de Deus", como o foi Jesus: "... sem pai, sem mãe, sem genealogia; que não teve princípio de dias, nem fim de existência, entretanto feito semelhante ao Filho de Deus, permanece sacerdote perpetuamente" (7:3).

Melquisedeque prosseguia como um líder e um indicador de caminhos para as almas, produzindo grande conhecimento e talentos místicos de uma maneira nunca antes vista na Terra. Seu papel, desde o início da viagem de Amilius, ainda era o mesmo: realizar a promessa de despertar o conhecimento divino nas almas terrenas. Até mesmo São Paulo ofereceu um paralelo indicando que Melquisedeque finalmente tornou-se o Cristo:

"Assim, também Cristo a si mesmo não se glorificou para se tornar sumo sacerdote, mas aquele que lhe disse: Tu és meu Filho, eu hoje te gerei; como em outro lugar também diz: Tu és sacerdote para sempre, segundo a ordem de Melquisedeque" (Hebreus 5:5-6).

---

5. Leitura 2072-4.

Ele vivia como homem terrestre quando Adão e, não obstante, ainda retinha a capacidade cosmológica de aparecer "sem pai, sem mãe ... não teve princípio de dias, nem fim de existência ..." Como Melquisedeque. Veio especificamente nessa forma pelo desejo de Deus. Em seu livro minuciosamente pesquisado, *Lives of the Master*, o autor Glenn Sanderfur analisa Melquisedeque como um passo vital em direção à perfeição da humanidade, realizado pela mesma alma que se tornaria Jesus:

"Em vista da ... rica tradição messiânica que encontramos a seu respeito, os cristãos não deveriam, em absoluto, achar aviltante associar a alma de Melquisedeque com a de Jesus. Certamente, ambos os indivíduos foram importantes instrumentos de Deus, e cada vida marca um passo histórico na evolução espiritual da humanidade."[6]

Em Sua perfeição final, Jesus nasceu como um de nós, um Irmão que pôs de lado Sua posição de ser Mestre de todos, de modo que até mesmo os mais inferiores soubessem que Deus se manifestou como um ser humano comum. É esse o grande mistério que foi escondido durante séculos – que Jesus, que tornou-se o Cristo, *tornou-se* uma pessoa comum e viveu e morreu como tal. Teve Sua origem divina nos mais altos domínios da criação de Deus; não obstante, Ele nos seguiu até as profundezas da materialidade para nos mostrar que até mesmo a *morte* não pode destruir o que é de Deus. Em vez de uma simples veneração, Jesus queria que as pessoas que O ouvissem seguissem o Seu exemplo; pois foi esse o padrão por cujo intermédio as almas poderiam reunir-se com Deus.

Amilius, a alma-mestre que começou seu grande plano como Adão, teve muitas vidas como ser humano depois de sua vida como Melquisedeque. Como Adão, Enoch e Melquisedeque, ele apareceu sobre a Terra sem ter passado pelos ciclos de nascimento e morte. Adão morreu no final de sua vida, mas não experimentou o nascimento físico. Tendo aperfeiçoado a capacidade de vir à esfera terrestre e dela sair sem passar pelo ciclo de nascimento e morte, a alma-mestre estava preparada para nascer e morrer como o restante da humanidade. Cada vida de Amilius ajudou a apressar os sistemas de crença espirituais entre os povos de diferentes regiões do mundo. Cada vida se prolongava na seguinte, e se

---

6. *Lives of the Master*, Glenn Sanderfur, p. 91.

aproximava cada vez mais da perfeita manifestação de Deus na Terra. Ao longo de todo o caminho, ele ajudou as almas a se lembrarem de sua divindade, e lhes ensinou a meditar e a se sintonizarem com o infinito.

Em 1932, foi fornecida uma leitura sobre as vidas da alma-mestra, e a pergunta e a resposta seguintes são particularmente relevantes no que diz respeito à evolução espiritual:

"Que papel Jesus desempenhou – em qualquer uma de suas reencarnações – no desenvolvimento dos ensinamentos básicos de qualquer uma das seguintes religiões e filosofias: ... budismo ... maometismo, confucionismo, shintoísmo, brahmanismo, platonismo, judaísmo?"

O Cayce adormecido respondeu: "Como tem sido indicado, a entidade – como uma entidade – influenciou direta ou indiretamente todas essas formas de filosofia ou de pensamento religioso que ensinavam que Deus é um ... Seja no budismo, no maometismo, no confucionismo, no platonismo ou em qualquer outra – essas foram acrescentadas a grande parte daquilo que fora oferecido por Jesus em Suas caminhadas na Galiléia e na Judéia. Assim, em todas essas há esse mesmo espírito impulsionador ... *há somente* um [Deus] ..."[7]

As muitas vidas de Jesus – anteriores à Sua encarnação 2.000 anos atrás – constituem um estudo da evolução espiritual que não é peculiar a uma alma, mas pode muito bem ser aplicada a nós mesmos. *Somos* aqueles que se acham agora na estrada para essa perfeição, para essa aurora na consciência, onde seremos capazes de vivenciar a Consciência Crística com nossas próprias mentes. Ao longo de todas as eras, a promessa original nunca foi abandonada: Amilius recebeu o comando para conduzir todas as almas de volta à sua unidade com Deus. Através de muitas vidas e experiências, acabou por se tornar uma realidade em Jesus.

Anjos no Velho Testamento

"O período de Adão a Noé representa a idade física", disse Cayce em uma de suas aulas sobre a Bíblia. "O período de Noé a Jesus representa a idade mental, e o período que começa em Jesus representa a

---

7. Leitura 364-9.

idade espiritual."[8] Portanto, o Velho Testamento é o registro da evolução física e mental da humanidade, sua passagem por uma miríade de experiências espirituais numa permanente viagem interna rumo à realização da promessa divina. Há, na Bíblia, grande número de evidências de que os anjos têm permanecido sempre vigilantes em ajudar as almas na Terra, como fora prometido por Deus quando Amilius começou sua procura. Há muitas referências a atividades angélicas no Velho Testamento; os anjos sempre atuam na condição de mensageiros do conhecimento e da intervenção divinos.

Muitas pessoas ficam confusas com o fato de que Deus, no Livro do Gênesis, por intermédio de um anjo anunciasse o nascimento de um filho a Abraão e a Sara nos anos tardios de suas vidas, e em seguida exigisse que Abraão sacrificasse esse mesmo filho sobre um altar, para testar sua fé:

"Toma teu filho, teu único filho Isaque, a quem amas, e vai-te à terra de Moriá; oferece-o ali em holocausto, sobre um dos montes, que eu te mostrarei" (22:2). Abraão prepara-se para fazer o que lhe é pedido, mas, no último momento, antes de matar Isaque no altar, um anjo ordena-lhe que não o faça, pois se tratava apenas de um teste. O Cayce adormecido lança alguma luz sobre esses eventos peculiares:

"A oferenda de Isaque é uma sombra da oferenda, por Deus, de Seu filho à humanidade", explica Cayce. "Isaque foi salvo, pois Deus reteve a mão de Abraão, fornecendo em seu lugar um cordeiro, que é o futuro do Cristo sendo oferecido pelos pecados do mundo. Isso porque, quando Deus entregou Seu filho como oferenda, esteve nas mãos do homem a oportunidade para ficar com essa oferenda – mas o homem não o fez. Graças ao fato de contar totalmente com a promessa e de depositar toda a sua confiança no Pai, o Filho foi capaz de superar a morte."[9] Edgar Cayce era, freqüentemente, capaz de ver conexões entre o Velho e o Novo Testamento. Observou muitas vezes que o que acontece nas partes iniciais da Bíblia são símbolos do que apareceria no Novo Testamento, como mostram os exemplos acima.

Há descrições posteriores de encontros angélicos no Livro do

---

8. Relato de Leituras, 262-61; *Bible Minutes*, de Edgar Cayce, p. 7.
9. *Ibid.*, p. 1.

Gênesis. Numa delas, Ló havia preparado um banquete para um grupo de anjos e rogara a Deus para salvar a corrupta cidade de Sodoma. Sua súplica foi inútil:

"Ao amanhecer, apertaram os anjos com Ló, dizendo: Levanta-te, toma tua mulher e tuas duas filhas, que aqui se encontram, para que não pereças no castigo da cidade ... Livra-te, salva a tua vida; não olhes para trás, nem pares em toda esta campina; foge para o monte, para que não pereças." (19:15-17) As leituras de Cayce dizem que um dos anjos que visitaram Ló era realmente uma manifestação do espírito de Cristo enviado por Deus para ajudá-lo.

Em nossa época, os anjos nos enviam advertências através de nossa intuição e de nossos sonhos. Às vezes, as mensagens surgem como uma voz tranqüila e baixa, que nos adverte para evitarmos uma certa situação ou uma certa circunstância. Muitas pessoas atestarão que quando desafiam essa voz interior há grandes conseqüências e preços a serem pagos. Na época de Abraão, as advertências e as repreensões dos anjos tinham de ser manifestações físicas porque as pessoas não estavam desenvolvidas espiritualmente o suficiente para escutar a voz interior. Agora que nos achamos no ápice de nossa evolução espiritual, somos capazes de escutar a voz interior e de tomar cuidado graças às advertências. As vozes dos mensageiros angélicos ainda falam a todos nós, mas trata-se, agora, de quão aguçada está nossa intuição e de quão prontamente escutamos essa voz interior.

No Livro dos Juízes, os anjos intervieram quando os israelitas mergulharam na corrupção. Eles anunciaram o nascimento de Sansão, que viria a ser um libertador dos justos. É um padrão que ocorre ao longo de todas as histórias bíblicas: todas as vezes em que há uma grande opressão ou um grande mal envolvidos nos assuntos da humanidade, um mestre físico, um libertador ou um anjo é enviado para ajudar. A realidade dessa intervenção divina deveria ser fundamental para a nossa percepção cotidiana. Se nos encontramos em circunstâncias em que somos assaltados pelas trevas ou por dúvidas, há *sempre* uma via de acesso à ajuda divina – mas essa via deve ser procurada. Os numerosos relatos de encontros angélicos em nossa época são evidências de que dispomos de muita ajuda em momentos de apuros. Os muitos encontros que estão sendo relatados

162

em livros e em programas de rádio e de televisão deveriam ser considerados como sinais de que estamos sendo guiados e protegidos. É importante compreender que as atividades dos anjos que guiam são tão intensas agora como nos dias do Velho Testamento. Estamos sempre na presença do Divino; é só uma questão de reconhecer esse fato.

Em Reis I, o profeta Elias é acossado por um sentimento de indignidade, e pede a Deus que lhe tire a vida. Vai até o deserto para morrer, mas é alimentado e encorajado por um anjo (19:4-8). Elias se tornaria muito importante para as gerações futuras. De acordo com as leituras de Cayce, foi ele quem estabeleceu a Escola dos Profetas, que desempenharia um papel vital no advento do Messias. Foi o início da comunidade dos essênios.

É bom lembrar que a Bíblia é a história de *todos nós* em nossa viagem através da experiência terrena. O que os antigos profetas e povos da Bíblia vivenciaram, nós também vivenciaremos. É uma disciplina espiritual benéfica ler a Bíblia e entender que os mesmos anjos que guiavam aquelas pessoas estão perto de nós agora, assim como o estavam dos profetas e dos antigos povos. As leituras de Cayce freqüentemente recomendam ler a Bíblia como uma *história pessoal* – pois é a história de cada um de nós e de nossa luta para trabalhar através de nossas distrações materiais e para nos reunirmos com Deus.

Em particular, em tempos de grande crise e em situações que chamamos de "desesperançadas", os anjos são especialmente ativos conosco. Milagres acontecem. O papel dos anjos como resgatadores é evidente no Livro de Daniel, quando, atirado num covil de leões, ele diz: "O meu Deus enviou o seu anjo, e fechou a boca dos leões, para que não me fizessem dano ..." (6:22). Há uma tendência para acreditar que essas experiências aconteceram com os antigos profetas porque eles eram "especiais" ou "escolhidos" por Deus. Cada um de nós foi escolhido e é visto como especial aos olhos de Deus. As Forças Criativas não discernem entre o profeta e a pessoa comum. Somente a humanidade julga quem é "superior" ou "inferior" aos outros; e isso é apenas uma ilusão.

Mais adiante, no Livro de Daniel, ocorre a primeira referência ao Arcanjo Gabriel:

"E ouvi uma voz de homem de entre as margens do Ulai, a qual gritou e disse: Gabriel, dá a entender a este a visão. Veio, pois, para perto donde eu estava; ao chegar ele, fiquei amedrontado, e prostrei-me com o rosto em terra; mas ele me disse: 'Entende, filho do homem, pois esta visão se refere ao tempo do fim'"(8:16-17).

Assim como a Enoch foi dada uma visão do futuro, o mesmo aconteceu com Daniel. A visão mostrava a perfeição final da condição humana na Terra e o advento do Messias:

"Eu estava olhando nas minhas visões da noite, e eis que vinha com as nuvens do céu um como o Filho do homem ... Foi-lhe dado domínio e glória, e o reino, para que os povos, nações e homens de todas as línguas o servissem; o seu domínio é domínio eterno, que não passará, e o seu reino jamais será destruído" (7:13-14).

A referência ao reino não estava indicando um *lugar* físico, mas um estado de consciência. Jesus disse que o reino do céu está dentro de nós. A profecia dada por Gabriel também indica que a mensagem de Jesus abrangeria todos os "povos, nações e línguas", significando com isso que a perfeição da manifestação de Cristo na Terra abrangia todas as esperanças e desejos espirituais do mundo, inclusive as religiões. Mesmo que nos dias de Daniel a perfeição em Cristo ainda estivesse milhares de anos à frente (segundo a nossa maneira de contar o tempo), era uma confirmação, para as gerações futuras, de que a promessa não fora esquecida, e de que Deus cuidava, e ainda cuida, das almas na Terra.

Daniel também recebeu o conforto do Arcanjo Miguel, que lhe fez uma promessa angélica aplicável a todos nós: "... Daniel, homem muito amado, está atento às palavras que te vou dizer, e levanta-te sobre os pés; porque eis que te sou enviado ... Não temas, Daniel, porque desde o primeiro dia em que aplicaste o coração a compreender ... foram ouvidas as tuas palavras; e por causa das tuas palavras é que eu vim." Aqui, as palavras-chave são: aplicaste o coração a compreender". Quando queremos compreender a natureza espiritual de nossas vidas, os próprios pensamentos dirigem-se ao domínio etéreo como mensagens destinadas às hierarquias celestes.

Lembrando-nos de que a força do desejo cria mundos, sabemos que todas as coisas nos serão mostradas se nos colocarmos num estado de receptividade por meio da prece, da meditação e de um estado de expectativa para essas coisas na vida cotidiana. Somos tão capazes quanto o profeta Daniel de manter comunhão com Deus. O problema está em nossos sentimentos de não-merecimento. Hugh Lynn disse certa vez, numa conferência: "Se você se sente do lado de fora da presença de Deus, não se engane a respeito de quem foi que se moveu." A percepção espiritual está sempre mais perto de nós que a nossa própria respiração, mas há uma tendência para desacreditar que sejamos dignos dessas experiências. Outro comentário de Hugh Lynn nos vem à mente: o estado de nossa consciência depende de quanta orientação será recebida. Se nos sentirmos indignos da comunhão com Deus, então esse próprio pensamento tornar-se-á uma barreira. Por outro lado, se acreditamos e queremos conhecer o plano do nosso destino espiritual, ele nos será dado graças ao nosso próprio desejo de conhecer.

O advento do Messias foi profetizado repetidas vezes no Velho Testamento pelos profetas. Esse evento representa não apenas a manifestação física de Cristo, mas o despertar interior, que fora prometido desde o princípio a cada alma. Embora a humanidade tenha, coletivamente falando, passado por múltiplas experiências na consciência, essa promessa de redenção nunca foi alterada. No Novo Testamento encontramos uma realização dessa promessa feita a Adão, e muitas experiências mais com os anjos. Estes têm sido preparados, desde o princípio, para a grande redenção da humanidade. Os livros do Novo Testamento são a história do começo da perfeição, na qual Deus se torna *perfeitamente humano* como Jesus, e onde um ser humano *se torna perfeitamente semelhante a Deus*.

A Vinda de Cristo – A Promessa Realizada

As leituras de Cayce contam a história de um grupo peculiar de pessoas que foram banidas do judaísmo oficial: os essênios, cujo nome significa "os que esperam". Essa seita acreditava na comunhão mística com Deus, estudava astrologia, ensinava a reencarnação, praticava o desenvolvimento mediúnico e sustentava a promessa de que uma manifestação divina do Altíssimo viria como um ser humano – o Messias – em sua época.

O conceituado teólogo Richard H. Drummond, Ph.D., passou muitos anos estudando as leituras de Cayce com relação à vinda de Cristo.

Em seu livro *A Life of Jesus the Christ: From Cosmic Origins to the Second Coming*, ele analisou o propósito dos essênios:

"De acordo com as leituras de Edgar Cayce, o propósito fundamental da atividade espiritual dos essênios era preparar pessoas que fossem canais aptos para o nascimento do Messias. Dizia-se que sua tradição estava em linha direta de descendência espiritual com a escola de profetas estabelecida por Elias ..."[10]

Durante mais de 300 anos, os essênios estiveram empenhados na preparação da vinda do Messias. Os anciãos criavam doze meninas de cada vez no edifício consagrado de uma igreja ou mosteiro. Elas eram treinadas em todas as áreas de disciplina física, mental e espiritual. A esperança dos essênios era a de que Deus escolhesse uma das meninas para ser a mãe do Messias. Eles tomavam ao pé da letra as profecias do Velho Testamento relativas ao Advento e seguiam rigidamente as ordens de Elias. Os essênios, no entanto, não tinham evidência alguma de que Deus fosse escolher uma das meninas para ser a mãe do Salvador, mas acreditavam que era esse o caminho. Um aspecto interessante dessa história, de acordo com as leituras de Cayce, é que a mãe de Maria, Ana, alegava que ela concebera Maria imaculadamente. Isso foi confirmado em outras leituras de Cayce sobre a época cristã primitiva, as quais diziam que não somente Jesus fora concebido de maneira imaculada, mas que também Ele nascera de uma *mãe concebida imaculadamente*. A alegação de Ana não foi acreditada pelas pessoas na comunidade essênia, mas eles aceitaram Maria no serviço do templo devido à sua beleza singular e à sua compostura. As leituras indicam que o fenômeno da imaculada concepção ocorrera no passado. O que ainda *não* tinha ocorrido era o fato de que uma filha que fora imaculadamente concebida também conceberia imaculadamente. Por isso, a pureza foi estendida ao longo de três gerações de perfeição espiritual, de Ana a Maria a Jesus. Essa sucessão trinitária parece representar o coroamento glorioso da perfeição em corpo, mente e espírito.

À medida que a história se desdobrava nas leituras de Cayce, na parte final dos 300 anos durante os quais os essênios estiveram esperan-

---

10. *A Life of Jesus the Christ: From Cosmic Origins to the Second Coming*, Richard H. Drummond, Ph.D., p. 11.

do pela vinda do Messias, Maria foi escolhida pelo Arcanjo Gabriel para ser a mãe do Salvador. Certa manhã, quando as meninas estavam se dirigindo ao altar do Templo para orar ao nascer do dia, uma luz brilhante incidiu sobre Maria e houve um grande som de trovão. Ela foi conduzida ao altar pelo Arcanjo Gabriel. Foi este o sinal que os essênios estavam procurando. Maria tinha treze anos de idade na época da Anunciação. Depois de mais três anos de treinamento, disciplina e consagração, ela ficou grávida com a idade de dezesseis anos. Nessa mesma época, outra das meninas, Elizabeth, que tinha sido uma das doze, também foi visitada pelo Arcanjo Gabriel e informada de que o seu filho, João Batista, seria o precursor do Messias que viria.

Finalmente, a realização da antiga promessa estava próxima. Na época do nascimento de Jesus, em Belém, as próprias estrelas da manhã que tinham cantado no princípio, no advento de Adão sobre a Terra, regozijaram-se novamente com a realização dessa missão gloriosa. Foi um círculo belo e completo. Assim como houve grande alegria nos reinos angélicos no início do plano de Amilius para a ressurreição da consciência da humanidade, houve alegria renovada na Palestina, pois Deus estava *nascendo fisicamente* em perfeição na Terra. Os anjos proclamaram nas alturas a glória dessa perfeição.

Hoje, em nossa época, estamos considerando a terceira dessas clarinadas de anjos. Assim como eles foram as forças incitantes que guiaram Adão e as primeiras almas pela Terra, os anjos estavam novamente ativos quando Jesus aqui chegou, 2.000 anos atrás. Agora que atingimos o final do segundo milênio desde a vinda de Jesus, vivemos numa época em que o verdadeiro entendimento espiritual está despertando nas pessoas, em todos os lugares. O reino angélico, em toda a sua glória, está tornando isso conhecido em atividades que envolvem indivíduos e também grupos.

As leituras de Cayce indicam que a vinda de Jesus, há 2.000 anos, foi numa época de grande consternação, sublevações políticas, opressão e lutas na Terra e, não obstante – assim como hoje –, Cristo veio como uma esperança para o mundo.

Ao longo de toda a vida de Jesus, Ele esteve em constante comunhão com o Altíssimo, com os anjos e com os arcanjos, e com todos os poderes do céu e da Terra que ficaram sob Sua vontade. Todas as coisas foram vivenciadas pela alma-mestra – e agora, em Sua fase final do ciclo do nascimento e morte, Ele superará o ciclo.

A perfeição final foi a Sua superação da morte física na Terra. Nas leituras, Cayce introduziu a idéia de que a morte fora criada originalmente como uma bênção e não como uma maldição. Graças às leis do nascimento e da morte, as almas puderam encarnar-se na Terra, viver e aprender as lições espirituais que as ajudariam a empreender a viagem rumo à sua união final com Deus, e então partir da Terra, na morte, para rever cada aspecto da vida que acabava de ser vivida e fazer planos para a próxima encarnação. Antes da experiência da morte – introduzida por Adão –, as almas que foram aprisionadas em corpos monstruosos não conseguiam deixar sem ajuda o mundo material. Não havia *fim* para as circunstâncias criadas por essas almas nesse período pré-histórico. No entanto, graças a Adão, a alma podia trabalhar em sua perfeição espiritual na Terra a intervalos e, a intervalos, retornar ao seu verdadeiro lar. É uma conclusão lógica a de que, assim como a morte foi introduzida no princípio por intermédio de Adão, ela foi superada na perfeição de Jesus.

Durante muitos séculos, Cristo tem sido visto à luz de que Ele se acha num *status* inatingível. Tem sido descrito como um ser sobrenatural que deveria ser adorado, mas não como alguém em quem nós podemos *nos tornar*. Há uma hesitação, mesmo entre os fiéis, em ver Jesus como um ser humano. Todavia, o ensinamento básico de Jesus sempre foi o de que seríamos finalmente capazes de realizar muitos dos milagres que Ele realizou. Ele é uma imagem do nosso futuro, do nosso potencial espiritual posto em prática na Terra. Isso foi uma promessa, a promessa de que cada alma individual contém todos os elementos de Deus, os anjos e os arcanjos, os próprios poderes do céu. Os poderes do universo poderiam ser desencadeados por meio de uma sintonia adequada; os anjos poderiam ser comandados para executar as ordens da alma humana. A promessa de Jesus foi a de que as coisas que Ele fez não eram meramente uma possibilidade, mas uma *finalidade*. Seu papel como Messias foi o de mostrar para nós o nosso futuro. Foi essa a divina missão que fez com que o Filho de Deus começasse originalmente como Adão e adquirisse a perfeição em Jesus.

As leituras indicam que todo o universo mudou com a ressurreição de Jesus. Todo o padrão vibratório da criação foi alterado porque o primeiro homem superou finalmente o mundo e retornou a Deus. Depois da ascensão, Jesus atingiu planos de consciência superiores aos dos anjos. Por quê? Os anjos e os arcanjos nunca deixaram a presença de Deus. Jesus corporificou o Filho Pródigo – aquele que segue seu caminho e retorna *intencionalmente* à casa de seu pai. Desse modo, Sua posição tornou-se como a de alguém que rege *com* Deus porque Ele realizou aquilo que prometera. Há uma verdade muito maior – incorporada num versículo do Evangelho de João –, do que o que fora previamente compreendido: "Há, porém, ainda muitas outras coisas que Jesus fez. Se todas elas fossem relatadas uma por uma, creio eu que nem no mundo inteiro caberiam os livros que seriam escritos" (João 21:25). Isso indica os *milênios* de experiências realizadas com abnegação por Adão, Enoch, Melquisedeque e Suas muitas outras vidas e experiências no caminho até Sua perfeição como Jesus.

Mas o Seu papel não cessou com a Ressurreição e com a Ascensão. As leituras de Cayce explicam que, devido ao fato de Jesus ter superado o nascimento e a morte, e passado pela ressurreição do corpo, Ele pode agora, mais uma vez, aparecer no mundo tridimensional, assim como o fez há 2.000 anos. Há histórias notáveis de pessoas que, por toda a América, estão não apenas vivenciando Cristo em sonhos e em meditações, mas que também O vêem em forma tridimensional.

O livro de G. Scott Sparrow, *I Am with You Always* (publicado pela Bantam Books), deixa-os com a convicção de que Cristo está presente na vida de muitas pessoas nos dias de hoje assim como esteve há 2.000 anos. É por isto que, em toda a história da Terra, esta época em particular é de importância vital. O Segundo Advento representa o ingresso de Deus na consciência espiritual das massas. Esta é uma experiência tanto interna quanto externa. As pessoas não apenas estão vivenciando a Consciência Crística por meio de dedicadas disciplinas espirituais (por exemplo, a meditação e a prece), como também estão tendo experiências nas quais o Jesus Homem vem até elas e realiza curas.

Neste sentido, o chamado Segundo Advento está acontecendo exatamente agora em nossa época. Esta é uma das principais razões pelas quais os anjos estão ativos em todo o mundo num grau acelerado. Ao mesmo tempo que ocorrem aparecimentos de Jesus no século XX, as manifestações de Sua mãe, Maria, também estão ocorrendo em todo o mundo – Medjugorje, Lourdes, Fátima, Garabandal – e a mensagem vinda tanto de Jesus como de Maria parece ser a seguinte: "E eis que estou convosco todos os dias até a consumação dos séculos" (Mateus 28:20). Agora, mais do que nunca, precisamos desta confirmação nestes dias de mudanças.

170

8

O Apocalipse
e os Anjos Interiores

"Bem-aventurados aqueles que lêem e aqueles que ouvem as palavras da profecia e guardam as cousas nela escritas, pois o tempo está próximo." – Apocalipse de João (1:3)

Símbolos Angélicos e Realidades Angélicas

O Apocalipse tem sido objeto de muitas discussões e debates durante séculos devido ao fato de a sua mensagem se achar envolvida em simbolismo e em mistério. Muitas seitas religiosas fundamentalistas prendem-se a uma interpretação literal do Apocalipse – predizendo muitas vezes trevas, condenações e destruição na batalha final do "Armagedom" ou "fim do mundo". No entanto, neste capítulo, o estudo sobre os anjos do Apocalipse estará voltado para uma interpretação interior baseada nas revelações que foram transmitidas pelas leituras de Cayce.

O Apocalipse foi escrito por João, que era chamado de o "Bemamado", o único apóstolo de Cristo que não foi morto durante a perseguição aos primeiros cristãos. João foi banido para a ilha de Patmos, diante da costa da Turquia. Cayce descreveu a experiência espiritual e mediúnica de João, quando o Apocalipse lhe foi transmitido, na forma de uma visão:

"Então, o Bem-amado foi banido para a ilha, e esteve em meditação, em prece, *em comunhão com aqueles santos que estavam em posição para ver*, para compreender as necessidades maiores daqueles que iriam prosseguir"[1] (os grifos são do autor). No capítulo de abertura do Apocalipse, João descreve esse estado de meditação como estar "em espírito" (1:10). Como quer que ele o tenha recebido, o Apocalipse é uma história complexa de símbolos, advertências, ordens e visões, e que contém efetivamente mais referências a anjos do que qualquer outro livro da Bíblia. No Apocalipse, anjos guardam igrejas, livros e chaves, tocam trombetas, despejam o conteúdo de vasos e se postam ao sol. Pregam o Evangelho e têm poder sobre o fogo. O que representam esses anjos e o que podemos aprender com eles?

J. Everett Irion, o erudito cujo trabalho é citado no Capítulo 6, dedicou parte de sua vida ao estudo do Apocalipse e da interpretação feita por Cayce sobre o mesmo. Lançou novas luzes sobre esse livro místico em sua própria pesquisa, *Interpreting the Revelation with Edgar Cayce*, baseada em mais de trinta anos de estudos. Interpretou os anjos no Apocalipse segundo estas diretrizes: "... todos os 'anjos' são como o 'bem' que sai de cada um de nós quando aceitamos as outras pessoas e trabalhamos com elas. Quando encontramos cada pessoa em todos os nossos relacionamentos, estamos trabalhando com forças invisíveis. O espírito em que agimos em relação aos outros torna-se um anjo ou um demônio de acordo com nosso intento e propósito. Um anjo se ergue à frente da imagem que projetamos para cada pessoa quando estamos procurando harmonizar os relacionamentos."[2]

Já vimos como os anjos incorporam alma aos princípios, às virtudes e aos ideais no domínio espiritual e como sua pureza em nada se altera quando desempenham esses papéis. Quanto a isso, a interpretação que Irion faz do Apocalipse parece acrescentar-lhe um aspecto pessoal e prático; isto é, que os ideais animados pelos anjos operam igualmente *dentro* de nós. Se a energia de qualquer coisa que criemos dentro de nós for pura, vibrará com o anjo que anima essa concepção pura nos domínios espirituais. Ao fazê-lo, os anjos, mesmo os que provêm dos altos

---

1. Leitura 281-16.
2. *Interpreting the Revelation with Edgar Cayce*, J. Everett Irion, p. 193.

domínios, atuam como elos que ligam nosso comportamento, nossos pensamentos e nossas ações a Deus. Ao longo de todo o Apocalipse, os anjos atuam como auxiliares que ajudam a alma a sobrepujar as atitudes e as emoções que formam barreiras à comunhão consciente da mente com Deus. Esses anjos são igualmente reais enquanto seres, espíritos e entidades autônomos, em termos de como operam dentro de nós.

Os anjos do Apocalipse também são reflexos, no interior da alma, da hierarquia angélica nos reinos espirituais. Tendo em mente a idéia que Cayce apresentou, segundo a qual todas as coisas na Terra não passam de sombras do que existe no mundo espiritual, podemos entender como esses reflexos dos anjos dentro de nós podem operar como nossos guias.

Edgar Cayce e o Apocalipse

Vinte e quatro das leituras de Cayce fornecem uma interpretação do Apocalipse. A primeira menção desse livro bíblico por Cayce ocorreu durante uma leitura fornecida a uma jovem com problemas mentais: "... pois uma pressão exercida na região lombar e sacra ... corresponde àquelas forças de que se fala, até mesmo às do Apocalipse. Seria muito bom para o médico aqui presente ler [o] Apocalipse e compreendê-lo ... em referência a este corpo!"[3] Quando despertou dessa leitura, Cayce ficou intrigado com a referência ao Apocalipse, como também o ficou o seu filho Hugh Lynn, porque para ambos, leitores ávidos da Bíblia, a possibilidade de receber uma interpretação do Apocalipse era muito instigante.

A notável dimensão dessas leituras está na importância que atribuem ao desenvolvimento e ao despertar espirituais individuais. Nessa interpretação, o Apocalipse não é a história do fim do mundo, nem é uma história de destruição em massa, como tantos acreditam. Ao contrário dessa crença, o Cayce adormecido descreveu o *significado interior* dos símbolos encontrados no livro: "Pois as visões, as experiências, os nomes, as igrejas, os lugares, os dragões, as cidades são, todos eles, emblemas dessas forças que podem guerrear dentro do indivíduo em sua viagem através do [mundo] material ..."[4] Sob essa luz, o Apocalipse é a

---

3. Leitura 2501-6.
4. Leitura 281-16.

história de todas as atividades que distraem a alma da percepção consciente de Deus. Além disso, ele revela que o benefício de entendê-lo é "um novo céu e uma nova Terra" (21:1), que se traduz, de acordo com Cayce, como um novo estado de consciência da unidade da alma com Deus.

O versículo de abertura do Apocalipse indica que essas visões foram transmitidas a João como um registro vivo das experiências e das passagens de Jesus na Terra; Sua própria viagem mística desde Amilius, no princípio, passando por Adão, até a realização de Cristo como Jesus, no fim:

"*Revelação de Jesus Cristo*, que Deus lhe deu [João] para mostrar aos seus servos as cousas que em breve devem acontecer, e que Ele, enviando por intermédio do seu anjo, notificou ao seu servo João" (o grifo é do autor) (1:1).

"Deus revelou a Jesus", disse Everett Irion numa aula, "por meio de Seu ensinamento, as essências das coisas que aconteceram a Ele em Sua viagem pelo plano terreno, os verdadeiros significados ocultos nas provações dos seres humanos na Terra."

Cayce muitas vezes se referiu a Jesus como o padrão para a humanidade. Todas as experiências pelas quais Ele passou em direção ao Seu próprio despertar espiritual seriam igualmente nossas, se pelo menos seguíssemos o Seu padrão. Os poderes que Jesus possuía também serão os nossos quando despertarmos espiritualmente. À medida que nos tornamos cientes de que as almas foram criadas como co-criadoras com Deus, seguiremos Suas pegadas e *nos tornaremos* Cristos.

Muitas pessoas consideram o Apocalipse um livro assustador, repleto de visões de um holocausto mundial, catástrofes e destruições. A escritora e mística Barbara Marx Hubbard, intérprete do Apocalipse, fez algumas observações pertinentes à visão de João, em seu livro *The Revelation: Our Crisis Is a Birth*. Graças à prece profunda e à meditação, ela recebeu informações inspiradoras sobre o futuro da humanidade com relação ao Apocalipse e viu a cada um de nós em vários estágios do processo de nos tornarmos seres espirituais plenamente despertos, como Cristo. Quanto à qualidade assustadora do Apocalipse, e como as pessoas freqüentemente têm um entendimento errado do livro, ela escreve:

"Imagine como os seus primitivos ancestrais os descreveriam se vocês os visitassem em suas cavernas, chegando em seus jatos, fazendo imagens reluzirem em telas de televisões portáteis, falando com seus colegas sobre a Lua. Seria algo quase indescritível. Eles pensariam que vocês seriam espíritos, ou deuses a serem temidos e apaziguados ... Seria difícil para eles acreditarem que eles próprios tinham essa capacidade para fazer o que vocês faziam – e para fazer ainda mais ..."[5]

É assim que João, o Bem-amado, via seu Mestre Jesus, os anjos e os dramas do Apocalipse que ele visualizou. Ele estava assustado porque Jesus, como Cristo, reassumira Seu estado de ser um co-criador com Deus. Suas feições estavam *completamente perfeitas* e, em espírito, apresentavam pouca semelhança com o corpo físico que Ele ocupara na Terra. João estava percebendo o futuro espiritual da perfeição de todas as almas em sua visão e, de fato, para nós as imagens parecem estranhas e assustadoras.

Devido ao fato de não estarmos acostumados às idéias do Apocalipse, freqüentemente só vemos o lado horrendo e esperamos o pior: a vinda do chamado anticristo. Porém, se em vez disso voltarmos a atenção para o nosso interior, poderemos entender que aquilo que está sendo desencadeado são as próprias forças que se rebelam contra os impulsos espirituais dentro de nós.

A interpretação do Apocalipse por Irion, como ele mesmo escreveu, foi "em geral contrária à aceitação mais ampla desse livro como uma profecia sobre o fim do mundo".[6] Em vez de ser uma história sobre o dia do juízo final, o Apocalipse é um dos livros mais cheios de esperança que há na Bíblia. Porém, para ser entendido, deve-se desviar a atenção para dentro e olhar para o espírito que impulsiona a atividade individual.

Cayce forneceu uma profecia segundo a qual aqueles que realmente procurarem entender o Apocalipse tornar-se-ão "como rios de luz, como fontes de conhecimento, como montanhas de vigor, como repasto para os famintos, como o repouso para o fatigado, como a força para o fraco."[7]

---

5. *The Relevation: Our Crisis Is a Birth*, Barbara Marx Hubbard, pp. 89-90.
6. *Interpreting the Revelation with Edgar Cayce*, J. Everett Irion, p. 3.
7. Leitura 281-28.

A essência do entendimento do Apocalipse encontra-se na prática do amor em todos os aspectos da vida. Nós o entendemos ao continuarmos a amar a nós mesmos – mesmo quando ficamos frustrados por não conseguir alcançar nossos ideais mais elevados e nos defrontamos com os aspectos "bestiais" de nós mesmos, os papéis representados pelos dragões e pelas bestas do Apocalipse. Então, o livro realmente torna-se prático quando somos capazes de ver o Cristo no criminoso condenado, bem como no mais bondoso dos seres humanos.

"Então, em seu estudo", disse o Cayce adormecido, "... Não condene ninguém. Ame a todos. Faça o bem. E você poderá experimentar isso tudo."[8]

Nossa época tem sido chamada de "tempos de testes" nas leituras de Cayce. É esse o trecho final da estrada que leva ao novo milênio que deverá começar em 1998. Cada um de nós será desafiado em seus próprios caminhos para aprender a amar, a perdoar, a ser paciente, a ser bondoso, a ser *espiritual* no mundo material. As leituras são muito firmes na idéia de que não podemos nos tornar semelhantes a Cristo se estivermos sozinhos. Tudo o que nós, seres humanos, podemos fazer é tentar manifestar amor. Deus nos dá a capacidade para nos tornarmos a corporificação do amor e nos apressa nesse sentido. Cayce freqüentemente dizia que não é no resultado final da missão de nossa alma que seremos bem-sucedidos, mas sim que é na *tentativa* de fazer o bem que ficaremos realizados.

Nessa tentativa nos será dada mais compreensão, até que alcancemos o limiar da nossa verdadeira essência espiritual. Todos os mistérios do céu e da Terra, de acordo com as leituras, estão dentro de nós. Esses mistérios não são inatingíveis; encontram-se tão próximos de nós como nossa vontade. E, à medida que começamos a procurar e a aplicar as verdades espirituais em nossas vidas, então aqueles domínios do "céu dentro de nós" nos despertarão e nos guiarão intuitivamente, instintivamente, para um novo modo de ser. É essa a mensagem suprema do Apocalipse – que o novo céu e a nova Terra estão esperando para nascer por nosso intermédio. A verdade não está "lá fora", em algum lugar,

---

8. Leitura 281-30.

mas sim exatamente onde nos situamos, e em quaisquer circunstâncias encontraremos a nós mesmos.

" ... a totalidade do Apocalipse baseia-se no desdobrar da memória tal como é vivenciada pela entidade chamada Jesus e tal como foi registrada por João",[9] escreveu Everett Irion. A memória é a soma total de todas as experiências de Jesus ao longo de Suas várias passagens pela Terra. Devido ao fato de que Jesus incorporou todas as experiências da humanidade na Terra, Ele é o Padrão e o Caminho. Sua experiência é nossa experiência. Em essência, o Apocalipse é um estudo intrincado das forças, das leis e das experiências espirituais, mentais e físicas pelas quais todos nós passamos ao longo de nossa jornada em direção à Consciência Crística. Tínhamos conhecimento dessas coisas muitas eras antes de chegarmos à Terra. Não obstante, uma vez aqui, lembramo-nos apenas do que podemos aplicar na vida. Toda a experiência de vida *é* uma revelação e, quando vivida em entendimento espiritual, é compreendida.

"Sabei primeiro que o conhecimento de Deus é uma coisa que cresce", disse Cayce, "pois vós cresceis em graça, em conhecimento, em compreensão *conforme* apliqueis o que *conheceis* ... Para este [Apocalipse] ser prático, para ser aplicável na experiência de cada alma, deve ser uma experiência individual; e as variadas experiências ou atividades de uma entidade, em sua relação com o estudo do eu, são planejadas, construídas, operantes do padrão, assim como João apresentou no Apocalipse ..."[10]

O Apocalipse representa um desdobramento universal de consciência, mas cada pessoa o experimentará individualmente, de uma maneira peculiar ao desenvolvimento de sua própria alma. O pré-requisito para a plena compreensão do Apocalipse de João é um desejo de retornar à presença consciente de Deus. Pois, *por meio* da experiência do Apocalipse somos levados à percepção interior da Presença divina dentro de nós. Embora o livro esteja repleto de emblemas e de símbolos, é importante lembrar que estes representam forças vivas, seres e estados de consciência reais.

---

9. *Interpreting the Revelation with Edgar Cayce*, J. Everett Irion, p. x.
10. Leitura 281-30.

Em nossa vida interior, os anjos mencionados no Apocalipse são os guardiães que nos transportam até estados de ser mais elevados e mais espirituais. *Cada força representada no Apocalipse é real.* Por meio do seu estudo, ficaremos face a face não apenas com nossa origem e com nosso destino, mas também com nosso Deus. O caminho para compreender o Apocalipse é realmente o caminho do místico. Se o coração for fixado no ideal do amor, do seu estudo provirá um maior serviço, um maior entendimento, uma maior paciência com nossos companheiros humanos. A visão mística de João desdobrar-se-á como uma flor multifacetada perante nós, guiando-nos para a verdade suprema de nossa existência, o propósito do fato de estarmos aqui, nesta época, o nosso papel na era vindoura: sermos co-criadores conscientes com Deus, completamente cientes de nós mesmos *e* de Deus.

A chave da interpretação de Cayce para a compreensão do Apocalipse é o ato de nos tornarmos conscientes do espírito que está por trás de nossas atividades e de nossos pensamentos. Sob essa luz, podemos observar as atitudes e as emoções negativas e vê-las tomarem a forma de dragões e de demônios, como são figurados no Apocalipse. Por outro lado, o bem que fazemos – o propósito e o espírito *por trás* do ato – brilha como um farol projetando luzes através do céu, como são descritos os sete anjos do Apocalipse. A questão que se acha à nossa frente é a de como essas forças (e é realmente isso o que são as atitudes e as emoções – forças) fazem guerra dentro de nós, exercem atração sobre nós, dilaceram-nos em pensamentos, sentimentos e problemas. Mas o padrão de harmonia e equilíbrio interior já existe dentro da alma-corpo. O entendimento do Apocalipse e de seus símbolos nos permitirá saber que forças estão em guerra, e também que forças estão cooperando, dentro de nós.

"... é bom que cada um de vocês aqui reveja dentro de si mesmo as experiências do Apocalipse conforme se relacionam com sua vida individual", aconselhou Cayce numa leitura. "Dessa maneira, cada um de vocês poderá sintonizar-se numa compreensão mais abrangente ..."[11]

As leituras afirmam que, quando a plena compreensão do Apocalipse despontar na consciência do iniciado, ele será capaz de colocá-la

---

11. Leitura 281-37.

em palavras. Sua totalidade deverá ser vivida para ser plenamente compreendida.

"Para mim, uma coisa é certa", afirmou Irion numa aula, "e essa coisa é que o entendimento intelectual é insuficiente. Isso porque, embora ele possa nos dar concepções verbais, não pode substituir a compreensão que só é capaz de surgir em nós se vivermos nossas experiências."

Tendo isso em mente, espera-se que as idéias apresentadas neste capítulo proporcionem ao leitor um vislumbre do significado dos anjos no Apocalipse, e de como eles nos guiam, nos orientam e nos ajudam no eventual *levantamento do véu* do esquecimento no nível da alma. Poder-se-ia dizer que o Apocalipse é um livro para a memorização de nossa autêntica herança divina. Ele está disponível, de acordo com as leituras, somente pela dádiva do Mestre oferecida à humanidade em Sua viagem através de incessantes experiências rumo à perfeição. Nesse sentido, é um mapa rodoviário espiritual que nos ajuda guiando-nos em nossa própria viagem individual rumo ao destino: o estado de consciência chamado céu. Não um *lugar* situado seja onde for, mas um estado de ser que pode ser obtido aqui na Terra.

Anjos da Aceitação *versus* Anjos da Rebelião

Parte da chave para o entendimento desse livro místico é a compreensão de que damos vida às experiências materiais através de nossos pensamentos, sentimentos, atitudes e desejos, que ganham uma vida própria dentro de nós. Aquilo sobre o que nos estendemos em pensamento torna-se uma realidade espiritual graças ao poder da vontade. Isso foi verdadeiro no princípio, quando as almas viram-se dotadas de inacreditáveis poderes co-criativos e dirigiram-se para os domínios da sua própria criação, enamorando-se de seus mundos individuais e, em seguida, tornando-se escravas dos próprios desejos que criaram. É a recriação, no nível do indivíduo, da antiga queda dos anjos, a rebelião no céu.

"Pois as visões, as experiências, os nomes, as igrejas, os lugares, os dragões, as cidades [no Apocalipse] são, todos eles, símbolos dessas forças que podem guerrear dentro do indivíduo em sua viagem através do [mundo] material ..."[12]

___
12. Leitura 281-16.

Em nosso interior, no nível da alma, estão os domínios infinitos que são réplicas dos arcanjos do céu. Eles são os nossos ideais e aspirações espirituais mais elevados, que sempre estiveram conosco, desde o princípio – um reservatório espiritual que pode ser aberto a nós para uma maior iluminação. Porém, temos também dentro de nós as representações dos anjos decaídos. São os anjos do anticristo, os pensamentos, desejos e sentimentos que nos separam da percepção de sermos unos com Deus. Há, dentro de cada alma, a escolha de experimentar a vida no espírito de aceitação (que é uma força, uma presença angélica) ou no espírito de rebelião (que é, como vimos, o espírito de Satã). Esses *seres* ativos estão em ação dentro de nós a cada dia, em cada decisão, em cada desejo, em cada ação. O Anjo da Criação e o Anjo da Rebelião têm os seus "anjos" menores, que correspondem às próprias ações de nossos pensamentos sobre o espírito.

As leituras de Cayce afirmaram muitas vezes que cada alma está "somente encontrando a si mesma" no domínio das experiências terrestres. Temos passado por tantas experiências ao longo de todas as nossas muitas vidas na Terra que estamos hoje apenas encontrando o que criamos para nós mesmos. Elas são refletidas de volta para nós pelas pessoas em nossas vidas. Portanto, cada experiência em nossas vidas torna-se uma lição ou uma verdade ativa que retornará para nós repetidas vezes até que esteja perfeita em nós.

"As pessoas não entendem os poderes do pensamento e do desejo", disse Irion durante um curso de doze semanas que deu em 1986, sobre o Apocalipse. "Elas estão convocando as próprias forças criativas que criam os mundos: o pensamento e o desejo, são *forças personificadas* dentro de nós, que têm uma vida que lhes demos. Nos domínios invisíveis, elas têm uma identidade, uma personalidade."

São anjos essas forças personificadas?

"Cada pensamento, ou cada desejo tem uma essência vital que atua como um mensageiro para nós", respondeu Irion. "Nesse sentido, sim, eles são anjos dentro de nós."

Todas as situações na vida nos são dadas pela mente-alma superior que está sintonizada com seu próprio anjo da guarda. Cada experiência nos é fornecida como uma lição.

"A luz e a escuridão que manifestamos na vida", disse Irion, "determina de que lado estamos, à medida que passam por nós os Anjos da Aceitação ou os Anjos da Rebelião. Meu julgamento sobre outra pessoa nada mais é que meu julgamento das *minhas concepções* sobre essa pessoa. Nisto, eu julgo o meu próprio eu. Através de situações, de pessoas, de vidas, estou sempre me encontrando comigo. As perguntas que precisamos formular a nós mesmos são estas: Com que espírito ou por qual anjo da guarda eu opero na vida? Dissenção? Luta? Alegria? Culpar os outros? Clemência?

"O espírito com o qual eu ajo me libertará ou me prenderá", explicou Irion, "assim como há anjos que nos guiam para uma maior liberdade ou que nos prendem mais fortemente à consciência terrena."

Se o espírito de aceitação se manifestar na vida – em qualquer circunstância – então seremos libertados. "... e conhecereis a verdade e a verdade vos libertará" (João 8:32). Irion ensinava em suas aulas que o uso de afirmações positivas para aceitar as circunstâncias de nossas vidas nos permite despertar espiritualmente de maneira plena. Por exemplo:

"Não há circunstâncias além do meu controle. Tudo o que eu tenho me é dado por meu Eu Superior, pois estou pronto para encontrá-lo ou para manipulá-lo. Tudo é para o meu benefício e para o meu despertar espiritual. Aceito tudo dos meus Anjos do Amor e da Aceitação. Sou, fui e sempre serei co-criador com Deus. Libero tudo o que me obstruir e aceito a divina vontade de Deus."

Irion também mencionou que se trabalharmos com afirmações positivas de aceitação, então chamaremos em cena os mais elevados anjos regentes de Deus. Faremos com que se manifestem em nossa consciência, e eles se tornarão companheiros vivos e guardiães dentro de nós. Repetir palavras e frases de conteúdo espiritual – em uma afirmação antes da meditação, durante a prece e na vida cotidiana – é um poderoso recurso para "reprogramar" a mente consciente de modo que ela fique mais bem-sintonizada com a mente da alma. Essas afirmações tornar-se-ão, eventualmente, princípios vivos na alma e no espírito, e quaisquer barreiras à compreensão espiritual serão rompidas, e a mente da alma finalmente irá se converter na mente consciente. Através das muitas vidas de Jesus, foi esse o padrão que Ele demonstrou: se se fizer com que a vontade individual seja una com a de Deus, Deus tornar-se-á a atividade motivadora consciente na vida do indivíduo. Sob essa luz, *tornamonos* Deus, e o poder de Deus torna-se nós.

Para compreender o Apocalipse, Irion nos ensina que é importante entender que nossas reações constroem ações. Cada alma na Terra reage a tudo o que ela criou por si mesma, para si mesma. Todas as experiências promovem o crescimento da alma e o despertar, se a circunstância for vivida no espírito da aceitação. Se não for aceita nesse espírito, a circunstância retornará repetidas vezes, oferecendo à alma infinitas oportunidades para transformar rebelião em crescimento espiritual. É dessa maneira que assimilamos experiências espirituais e crescemos a partir delas. Nossos próprios pensamentos voltam para nós repetidas vezes até que aprendamos as lições.

"Quando uma alma finalmente aceita suas circunstâncias e as vive como uma oportunidade espiritual", explica Irion, "então ela pode prosseguir no seu ingresso numa percepção mais sensível da realidade conforme essa alma a cria. Aí, nesse ponto, o Apocalipse torna-se uma realidade viva e a alma é de fato livre."

Essa é a chave para se viver uma vida espiritual no mundo material: compreender que atraímos para nós as influências de que necessitamos para o nosso desenvolvimento. Atraímos os espíritos (anjos) da aceitação ou da rebelião por meio do nosso estado mental, dos nossos pensamentos e do nosso ser.

"As experiências pelas quais o homem passa", disse Cayce, "assim como Deus ofereceu em outros períodos, fazem-no ciente do seu propósito de ingressar naquilo que conhecemos como materialidade [Terra]. Então, a percepção do *caminho* vem através do *pensamento* do homem, da *fé* do homem, do *desejo* do homem tal como foram sempre sustentados por esse Um [Jesus Cristo] – que se tornou a *própria retidão* –, passando por todas as forças do desejo do homem na materialidade."[13]

Mais uma vez, o nosso próprio desejo de atingir uma compreensão espiritual em nossas vidas sai de nós e atravessa os domínios espirituais como uma mensagem destinada às inteligências divinas, os anjos; gra-

---

13. Leitura 262-119.

ças a eles, são oferecidas a nós as chaves que abrem as portas dos mistérios da própria essência da vida.

Os Anjos e o Significado Místico do Apocalipse

O que se segue é um exame – baseado nas leituras de Cayce – dos versículos do Apocalipse que são significativos para o nosso estudo dos anjos e da grande conscientização espiritual que está nascendo em nossa época. De interesse particular são as referências de João às "sete igrejas" da Ásia. O tópico é introduzido da seguinte maneira:

"João, às sete igrejas que se encontram na Ásia: Graça e paz a vós outros, da parte daquele que é, que era e que há de vir, da parte dos sete Espíritos que se acham diante do seu trono ..." (1:4).

O que significam a Ásia e as sete igrejas? De acordo com as leituras, a referência à Ásia no Apocalipse simboliza efetivamente o corpo físico. Os sete espíritos perante o trono de Deus e as sete igrejas correspondem aos sete centros espirituais dentro da alma-corpo (veja a Figura 3, e também a Figura 2, no Capítulo 7). Há glândulas físicas dentro do corpo que correspondem a esses centros espirituais, ou chakras: as gônadas, as células de Leydig, as supra-renais, o timo, a tireóide, a pineal e a pituitária. Essas glândulas de secreção interna, que constituem o sistema endócrino, transportam hormônios essenciais ao corpo físico, mas também são os condutos através dos quais a energia espiritual flui para dentro do corpo e através dele. Esses chakras constituem os mesmos centros que foram criados no princípio, de modo que os seres humanos pudessem viajar pela Terra e, ainda assim, manter essa conexão de importância fundamental com os mundos espirituais.

"Um estudo do sistema endócrino é parte integrante do estudo do Apocalipse", escreveu Irion, "pois as glândulas de secreção interna desempenham um grande papel em nossa percepção ... Essas glândulas são os pontos de contato para a comunicação entre a alma ou psique e o corpo e a mente consciente."[14] Esses chakras, que são chamados de igrejas

---

14. *Interpreting the Revelation with Edgar Cayce*, J. Everett Irion, p. 11.

em todo o Apocalipse, contêm todas as memórias das experiências da alma – milhões de anos de evolução estão contidos neles. O aspecto notável desses chakras é que eles efetivamente correspondem a fontes espirituais dentro do corpo e também *fora dele* – nos reinos invisíveis. Durante uma leitura, a seguinte pergunta foi formulada a Cayce:

Simbologia dos Sete Centros Espirituais				
Centro Espiritual	Glândula Endócrina	Cor	Elemento	Igreja do Apocalipse
1	Gônadas	Vermelho	Terra	Éfeso
2	Células de Leydig	Laranja	Água	Esmirna
3	Supra-renais	Amarelo	Fogo	Pérgamo
4	Timo	Verde	Ar	Tiatira
5	Tireóide	Azul	Éter	Sardes
6	Pineal	Índigo		Filadélfia
7	Pituitária	Violeta		Laodicéia

Figura 3
Os sete centros espirituais e os símbolos com eles relacionados de acordo com as leituras de Edgar Cayce.

"O que significam as sete tochas de fogo ardendo diante do trono, descritas como os sete espíritos de Deus – no Capítulo 4:5?" Cayce respondeu: "Essas influências ou forças que em sua atividade nas naturezas do homem estão fora dele, se postam sempre perante o trono da graça – ou Deus – para se tornarem os mensageiros, os auxiliares, as destruições dos obstáculos ..."[15]

Não apenas possuímos os circuitos internos para sintonizar os domínios interiores da alma, como também esses anjos, esses guias que se acham em comunhão com Deus desde o princípio – quando Amilius tomou forma e tornou-se Adão – são *nossos intercessores*. Eles fornecem ativamente a nós a força, a graça e a sabedoria necessárias para conseguirmos nos mover em direção a um maior despertar espiritual,

---

15. Leitura 281-29.

em direção à reunião com Deus. Sob essa luz, temos a orientação e a proteção dos anjos externos e internos. Os chakras são os centros dessas atividades espirituais. Quando são espiritualizados e despertados por meio da meditação, os chakras tornam-se entradas para a consciência superior. Através deles, somos capazes de vivenciar a consciência cósmica de Cristo e um retorno à nossa percepção como co-criadores com Deus.

O "trono" no Apocalipse é a culminação de todas as nossas memórias espirituais, até mesmo das que remontam ao princípio do tempo. O trono refere-se às memórias retidas nos chakras superiores – o da pineal e o da pituitária. Cayce freqüentemente afirmava que o corpo é o templo do Deus vivo, a morada da individuação de Deus, a faísca divina que faz de nós uma alma. Através desses centros, podemos vivenciar a mais alta manifestação da consciência de Deus.

Num exemplo extraordinário da maneira como o Apocalipse pode, e de fato será, vivenciado por todos, Barbara Marx Hubbard estava estudando as seguintes palavras do apóstolo Paulo, quando seu entendimento do Apocalipse começou a se desdobrar perante ela: "Porque, assim como o corpo é um, e tem muitos membros, e todos os membros, sendo muitos, constituem um só corpo, assim também com respeito a Cristo" (Coríntios I 12:12).

Durante a sua experiência mística, a sra. Hubbard foi convocada por um impulso íntimo a escrever o que tinha visto. Sua mensagem nos ajuda a verificar a promessa divina segundo a qual todas as coisas serão reveladas àqueles que procuram conhecer sua verdadeira relação com Deus. Na meditação, ela recebeu uma interpretação dos seguintes versículos do Apocalipse:

"... e da parte de Jesus Cristo, a fiel testemunha, o primogênito dos mortos, e o soberano dos reis da Terra. Àquele que nos ama, e pelo seu sangue nos libertou dos nossos pecados, e nos constituiu reis e sacerdotes para o seu Deus e Pai, a ele a glória e o domínio pelos séculos dos séculos. Amém" (1:5-6).

A sra. Hubbard acredita que sua interpretação foi oferecida a ela por Cristo. Essa interpretação torna clara uma promessa feita a todos: "Eu, que fiz de vocês reis e sacerdotes", escreve ela, "vou agora fazer de vocês co-criadores. Mulheres e homens não mais estarão separados por minha causa, mas se unirão por minha causa, ser completo com ser completo, de modo que vocês possam se tornar os segundos frutos dos mortos – uma geração de se move para além da degeneração rumo à regeneração. Fui o primeiro a me levantar dentre os mortos. Vocês, queridos bem-amados, serão os próximos a se levantar dentre os mortos."[16]

Essa promessa de realização divina é a razão que está por trás de todas as atividades angélicas que hoje se infiltram na consciência humana. Assim como os anjos anunciaram o grande advento da humanidade – em Adão no princípio – e assim como os anjos anunciadores cantaram por ocasião do nascimento do padrão de perfeição na manifestação de Cristo 2.000 anos atrás, eles agora se postam como mensageiros para a Segunda Vinda de Cristo em nós, em nossa consciência. As profecias bíblicas sobre o Segundo Advento adquirem um significado mais estimulante e mais profundo quando contempladas sob essa luz – a de que Cristo está nascendo na consciência *através* de nós. Como Paulo afirmou, cada um de nós se tornará parte do grande "corpo" de Cristo, assim como as muitíssimas células e átomos do nosso corpo formam "um" ser.

"Eu sou o Alfa e o Ômega [o princípio e o fim], disse o Senhor", lê-se no Apocalipse 1:8; "Aquele que é, que era e que há de vir, o Todo-poderoso."

Essa referência é particularmente significativa porque ela identifica Amilius – Alfa e Ômega – que foi o primeiro filho, Adão, e que demonstrou a perfeição como Jesus. " ... que há de vir" refere-se às almas restantes, o restante de nós que está no caminho para se religar à Consciência de Deus.

A evolução de Jesus Cristo tornou-se uma corrente de vida da consciência, que é parte de cada alma que está na Terra. Cada um de nós é padronizado de acordo com esse "princípio" e "fim", pois viajamos ao longo das eras com essa alma-mestra. Isso torna o Apocalipse muito importante para o nosso despertar espiritual, pois ele nos liga, como herdeiros, com Deus e com Cristo – não separados deles, nem subservientes a eles – mas iguais ao Divino.

"Quanto ao mistério das sete estrelas que viste na minha mão direita, e os sete candeeiros de ouro, as sete estrelas são os anjos das sete igrejas, e os sete candeeiros são as sete igrejas" (1:20).

---

16. *The Revelation: Our Crisis Is a Birth*, Barbara Marx Hubbard, p. 86.

Aqui, mais uma vez, temos o mesmo simbolismo que foi apresentado em *O Livro de Enoch*. Cada estrela representa um anjo que, por sua vez, representa uma fase da consciência dentro de cada um de nós. Sete é um número místico de perfeição e está relacionado com os sete planetas do mundo antigo, os sete dias da criação, as sete igrejas, os sete selos, os sete anjos, os sete chakras. Simbolicamente, cada um deles reside dentro de nós, e por intermédio da meditação cada um deles será purificado, e será como um anjo da guarda para o nosso despertar espiritual. As leituras de Cayce dizem que o Pai-Nosso está especificamente relacionado com cada um dos sete centros dentro de nós. Quando fazemos essa oração em voz alta e visualizamos cada centro espiritual correspondente sendo preenchido de luz, estamos efetivamente apressando o processo da nossa alma-mente rumo ao despertar.

A Correção das Sete Igrejas
com os Sete Chakras

"Ao anjo da igreja em Éfeso escreve: Estas cousas diz aquele que conserva na mão direita as sete estrelas e que anda no meio dos sete candeeiros de ouro ..." (2:1).

A igreja de Éfeso representa o primeiro centro espiritual do corpo, que está associado com as gônadas. Dele jorra o princípio de toda a atividade criativa. Esse centro é a energia sexual e procriadora interior, mas pode se tornar uma luz transformadora para o restante dos centros espirituais do corpo. A energia *começa* como sexual, mas pode – pelo poder da vontade – ser transformada em energia espiritual. O fato de que esse centro "conserva ... as sete estrelas" significa que o poder para sermos co-criadores com Deus tem sua origem aqui, embora sua energia possa ser estritamente utilizada para autogratificação na consciência voltada para fins terrenos.

Evidências do poder de escolha entre Terra e céu, nesse nível de consciência, podem ser encontradas no versículo 2:4, que diz: "Tenho, porém, contra ti que abandonaste o teu primeiro amor." Nosso "primeiro amor" foi a união da nossa consciência com Deus, antes que a Terra tivesse sido criada. Abandonamos esse amor para perseguir nossos próprios interesses e nossas próprias criações, e gradualmente nos afastamos dessa comunhão na consciência com Deus. Esse "mensageiro" ou anjo da igreja de Éfeso nos apresenta uma escolha: permanecer no estado de consciência autoperceptivo ou ascender até os reinos superiores e recanalizar essa energia de uma forma que esteja em harmonia com Deus.

"Ao anjo da igreja em Esmirna escreve: Estas cousas diz o primeiro e o último, que esteve morto e tornou a viver ..." (2:8).

Esse mensageiro interior representa o perfeito padrão de Adão a Jesus – o Alfa e o Ômega; o princípio e o fim. Esse anjo é representado pelo segundo chakra, associado com o centro *lyden* (as células de Leydig nos testículos e as células *hilus* nos ovários), que abriga na consciência o padrão para a nossa evolução perfeita. Por meio da meditação, o corpo é "regenerado" a partir da energia terrestre bruta dentro dele e transformado para o despertar espiritual, um processo que ascende, passo a passo, ao longo dos restantes centros espirituais.

"Ao anjo da igreja em Pérgamo escreve: Estas cousas diz aquele que tem a espada afiada de dois gumes ..." (2:12).

Esse anjo representa o terceiro centro espiritual, associado com as glândulas supra-renais. A atividade interior do tipo "lute ou fuja", relacionada com esse centro, é uma espada de dois gumes. O primeiro gume pode causar grande destruição e disputas dentro da consciência por meio de guerras com o desejo espiritual inerente à alma-corpo. No entanto, o outro gume da "espada", o da fuga, pode nos transportar até um estado de reconciliação espiritual com Deus. Na fisiologia do corpo, as glândulas supra-renais situam-se no topo dos rins e são governadas individualmente pelos dois hemisférios do cérebro. Aqui, há uma dualidade bem-definida – pois o hemisfério esquerdo controla as capacidades analíticas da nossa consciência voltada para a terra, e o hemisfério direito controla as experiências intuitivas, inspiracionais e místicas. A mensagem angélica nesse centro poderia ser assim enunciada: "Esteja em paz. Não combata o impulso espiritual. Permita a você mesmo voar até os níveis mais elevados da percepção de Deus." Mais uma vez, somos defrontados com escolhas materiais e espirituais nesse centro.

"Ao anjo da igreja em Tiatira escreve: Estas cousas diz o Filho de Deus, que tem os olhos como chama de fogo, e os pés semelhantes ao bronze polido; conheço as tuas obras, o teu amor, a tua fé, o teu serviço, a tua perseverança e as tuas últimas obras, mais numerosas do que as primeiras" (2:18-19).

O mensageiro divino nesse nível representa o quarto chakra, próximo do coração e associado ao timo. Esse centro espiritual é a sede do amor. A mensagem implica um paradoxo com o qual nos defrontamos constantemente pela escolha entre manifestar o amor egoísta ou o amor abnegado em nossa vida cotidiana. Os atributos espirituais desse centro são a caridade, o serviço, a fé e a paciência. Temos aqui um exemplo da evolução desde a total auto-imersão, no princípio da "queda", até a ascensão à consciência superior, onde o "último [é] mais que o primeiro". Em outras palavras, em nossa perfeição incorporaremos tudo o que está em unidade com Deus. O centro do timo é o ponto de fusão da energia espiritual; é da terra e, não obstante, é o ponto médio entre os três centros inferiores, que presumem energias terrestres, e os três centros superiores, que são mais celestialmente orientados. Esse nível de consciência reproduz a ponte entre céu e Terra, com os quatro centros inferiores representando a Terra e os três superiores representando o céu.

"Ao anjo da igreja em Sardes escreve: Estas cousas diz aquele que tem os sete espíritos de Deus, e as sete estrelas: conheço as tuas obras, que tens nome de que vives, e estás morto. Sê vigilante, e consolida o resto que estava para morrer ..." (3:1-2).

O anjo da igreja em Sardes representa o quinto centro espiritual, associado com a tireóide. É a sede da vontade divina e individual, que nos separa dos animais e das criações inferiores: a vontade para escolher. É nesse nível que a alma pode escolher desafiar Deus por intermédio das forças da vontade. Porém, quando essa vontade torna-se una com Deus, a mente Crística é despertada e a vontade espiritual torna-se a vontade de Deus.

A referência à morte nos versículos acima não é negativa, mas diz respeito à transformação ou transição. Em seu estado de perfeição, nossa própria alma individual será transformada (morta) quando nos reunirmos com a Consciência Crística. Isso faz paralelo com a morte e a ressurreição de Jesus. Sua vontade individual passou pela morte, e então Ele foi feito superior aos anjos porque viajou através de toda a experiência material e *desejou* estar, Ele mesmo, em unidade com Deus. Finalmente, perderemos a vontade individual e, não obstante, nos tornaremos maiores em perfeição do que podemos imaginar. Os sete espíritos de Deus e as sete estrelas representam os assistentes angélicos que ajudam a alma na Terra a atingir esse estado divino da vontade. Essa eventualidade tem as bênçãos do próprio Mestre, como o indica o versículo 3:5:

"O vencedor será assim vestido de vestiduras brancas, e de modo nenhum apagarei o seu nome do livro da vida; pelo contrário, confessarei o seu nome diante de meu Pai e diante de seus anjos."

"O vencedor" refere-se àqueles que tornam sua vontade una com a de Deus. A referência a "vestiduras brancas" corresponde à aura perfeita. Cada chakra espiritual vibra com uma determinada cor. O das gônadas, com o vermelho; o das células de Leydig, com o laranja; o das suprarenais, com o amarelo; o do timo, com o verde; o da tireóide, com o azul; o da pineal, com o índigo; e o da pituitária, com o violeta (veja a Figura 3). Quando a vontade está em perfeita harmonia com Deus, esses centros operam como uma *consciência una*; há harmonia através de todo o corpo, mente e espírito. Essa harmonia conjunta de todas as cores é descrita como "vestiduras brancas".

"Ao anjo da igreja em Filadélfia escreve: estas cousas diz o verdadeiro, aquele que tem a chave de Davi, que abre e ninguém fechará, e que fecha e ninguém abre ..." (3:7).

O anjo da igreja de Filadélfia representa o sexto centro espiritual, associado com a glândula pineal. Esse chakra é a sede de toda a memória da alma. A respeito desse centro, Everett Irion escreveu: "Aquele que se lembra, sabe, e homem nenhum pode lhe tirar sua memória. Esta não pode ser desativada por outra pessoa. Por outro lado, *podemos* enterrar uma lembrança tão profundamente na escuridão do esquecimento que nenhum homem é capaz de alcançá-la. Sob esse aspecto, a memória parece oferecer uma compreensão válida do que acontece – enquanto memória."[17]

---

17. *Interpreting the Revelation with Edgar Cayce*, J. Everett Irion, p. 119.

Todas as experiências pelas quais passamos durante nossa evolução na Terra são mantidas trancadas no centro da glândula pineal. Na meditação, a energia sobe através dos sete centros espirituais, e gradualmente desperta a memória da alma-mente através desse chakra, para o amor universal. No nível da pineal, lembramos de nós mesmos como almas, como companheiros de Deus e como co-criadores com Deus.

Com relação ao significado simbólico de Davi, Charles Fillmore, fundador da Igreja da Unidade, escreveu em seu livro *Metaphysical Bible Dictionary*: "Davi é, com freqüência, considerado como um tipo de Cristo. Sua visão foi precursora da do homem mais perfeito, Jesus Cristo, que pertenceu à casa de Davi. Davi representa o amor divino individualizado na consciência humana ... Quando Davi, em sua juventude e em sua pureza, comungava diariamente com Deus, ele refletia intimamente o amor divino ..."[18]

Sob essa luz, "a chave de Davi" é a abertura da alma ao amor universal tornado manifesto na Terra. Quando esse amor universal é despertado no nível da alma através da pineal, então não somos controlados nem movidos pela experiência material: "que abre e ninguém fechará". Portanto, os anjos do Apocalipse são mensageiros da memória divina da origem da alma, e também contêm o padrão do destino da alma.

O versículo seguinte refere-se a essa abertura da memória da alma e à consumação do plano original do retorno consciente da alma ao Criador:

"Ao vencedor, fá-lo-ei coluna no santuário do meu Deus, e daí jamais sairá; gravarei também sobre ele o nome do meu Deus, o nome da cidade do meu Deus, a nova Jerusalém que desce do céu, vinda da parte do meu Deus, e o meu novo nome" (3:12).

A "coluna no santuário do meu Deus" refere-se à percepção espiritual despertada no corpo (o templo); "...e daí jamais sairá" significa que, uma vez tendo a alma despertado para a memória divina de sua Fonte, então ela atingirá todo o conhecimento proveniente de dentro – sem ter de procurar por toda a Terra pelas respostas para os enigmas da vida. Em outras palavras, a alma não terá mais de procurar fora do eu

---

18. *Metaphysical Bible Dictionary*, Charles Fillmore, p. 166.

por significado, propósito e amor. A verdadeira compreensão é oferecida à alma recém-despertada. A nova *compreensão* é representada pela "nova Jerusalém", uma cidade (consciência) de Deus. Essa percepção ascenderá a partir do céu (os domínios espirituais da mente inconsciente) em direção à Terra (mente consciente).

"Ao anjo da igreja em Laodicéia escreve: estas cousas diz o Amém, a testemunha fiel e verdadeira, o princípio da criação de Deus ..." (3:14).

O anjo dessa igreja é o sétimo e mais elevado centro espiritual, associado com a glândula pituitária. Everett Irion escreveu: "... no corpo [a pituitária] é 'o princípio da criação de Deus'. A pituitária *atua* como se ela própria fosse a Força Criadora original, pois realiza a sua tarefa assim como o faz a Força de Deus, que anima o corpo. De fato, ela dá vida, *dirige* a força vital em ação para o corpo em quaisquer que sejam as escolhas do corpo-mente ... É a sede na qual as idéias que se manifestam para as associações [humanas] são postas em movimento."[19]

Esse centro espiritual age como "o Criador", desde o nascimento até a morte: ele mantém dentro de si o padrão perfeito do corpo, sua forma, tamanho, estatura. A pituitária é a glândula predominante no corpo físico. Sem ela, não há vida. Dessa maneira, vemos por que o Apocalipse se refere a ela como "o princípio da criação de Deus".

Quando esse centro é aberto na meditação, a pessoa vivencia "o silêncio", um vasto reservatório de consciência que não é meramente uma ausência de som, mas uma presença divina de paz e de harmonia. Alcançar o silêncio é ideal para a maioria dos que meditam, pois nesse silêncio o corpo, a mente e o espírito, em sua totalidade, estão em completa sintonia com Deus. Quando a alma em viagem sintoniza essa consciência, ocorre uma cura de todos os centros inferiores do corpo. As leituras de Cayce afirmam que todos os níveis de consciência inferiores são aquietados quando a pituitária é despertada. Eles são subservientes ao Deus interior despertado.

---

19. *Interpreting the Revelation with Edgar Cayce*, J. Everett Irion, p. 126.

As Quatro Bestas e os Quatro Anjos

"Há diante do trono um como que mar de vidro, semelhante ao cristal, e também no meio do trono, e à volta do trono, quatro seres viventes cheios de olhos por diante e por detrás" (4:6).

As bestas são representações do lado mais escuro ou sombrio dos quatro centros espirituais inferiores dentro de nós. No entanto, eles são essenciais à jornada da humanidade através do mundo material, pois propagam a espécie, preservam a si mesmos com o mecanismo do "lute ou fuja" e mantêm vivo o corpo físico por meio da sustentação do alimento. A pergunta e a resposta seguintes, provenientes das leituras, nos esclarecem a respeito do lado mais negativo das manifestações das quatro bestas:

"Qual é o significado das quatro bestas?"

"Como é admitido, elas significam as quatro influências destrutivas que constituem o desejo maior pelas forças carnais, que se erguem como as bestas dentro do eu para destruir. Assim como o homem que em seu desejo por companhia trouxe esses elementos para dentro da própria experiência do eu. Eles devem ser satisfeitos. Exatamente como o dragão representa aquele [Satã] que separou o eu, afastando-o para tão longe a ponto de lutar e de destruir aqueles que fariam de si mesmos um reino próprio."[20]

Vemos aqui o campo de batalha no qual as mais elevadas influências espirituais fazem guerra com as influências terrestres e bestiais dentro de nós. Essas bestas representam a queda dos anjos no princípio, os quais vêm ao mundo material apenas para satisfazer seus próprios desejos egoístas. Do mesmo modo como os anjos entram em decadência, os anjos dos nossos *ideais* também decaem dentro de nós quando deixamos que as nossas mais elevadas aspirações espirituais prossigam não-realizadas. No entanto, o importante é a *viagem*, a experiência através de todas essas fases da consciência. Existe a escuridão que, com a chegada da luz, será redimida. Sem os anjos decaídos, os ideais decaídos, não há

---

20. Leitura 281-16.

redenção para salvar a alma. A escuridão dos dragões e das bestas é o *potencial espiritual não-realizado*. Quando chega a luz, ela atualiza e transforma completamente a besta numa consciência espiritual mais elevada. Isso é simbólico durante o processo de meditação, quando a energia começa a ativar o chakra mais baixo – a natureza animal – e gradualmente transcende até a consciência mais elevada de Deus. É a *mesma energia* – apenas mais intensificada.

O grupo de Cayce fez mais perguntas sobre os seres viventes do Apocalipse:

"Estamos corretos ao interpretar as quatro bestas como as quatro naturezas físicas fundamentais (desejos) do homem, que devem ser superadas? Dê-nos mais luz sobre cada uma delas."[21]

O Cayce adormecido respondeu afirmativamente. Ele afirmou que as bestas eram símbolos dos elementos físicos – terra, ar, fogo e água. Cada um deles está fora de nós, mas reside igualmente dentro de nós. Os elementos são úteis a nós, seres humanos, embora também tenham seus atributos negativos.

Os atributos superiores das bestas são representados no Apocalipse por "anjos em pé nos quatro cantos da Terra", em 7:1 do Apocalipse. Para cada força ou atividade, há o exato oposto: se há luz, há trevas. Os anjos e as bestas são, na verdade, *um só*, mas tornam-se úteis ou destrutivos dentro de nós, dependendo de como os aplicamos. Cayce projetou algumas luzes sobre esses anjos quando afirmou que são apenas como que provenientes das "forças-corpo". Explicou-as dizendo que "são essas quatro influências ou forças nas naturezas do homem provindas de sua fonte; como no ambiente, na hereditariedade, como da terra e como do mental e do espiritual".[22]

Vemos aqui que esses anjos são representantes do poder espiritual como dentro da alma. Não importa quão profundamente a alma está emaranhada no mundo material, pois esses anjos reterão as capacidades úteis para se tornarem os mensageiros da alma na sua evolução espiritual, bem como na sua evolução física.

---

21. Leitura 281-29.
22. *Ibid.*

"Veio outro anjo e ficou de pé junto ao altar, com um incensário de ouro, e foi-lhe dado muito incenso para oferecê-lo com as orações de todos os santos sobre o altar de ouro que se acha diante do trono" (8:3).

Lembrando que eles são, na verdade, mensageiros divinos, os anjos nesse versículo representam o bem que não apenas fazemos na vida, mas também o bem que desejamos, sentimos, e no qual pensamos. Não apenas nossas mais elevadas aspirações espirituais, mas também cada pensamento sai de nós para os domínios invisíveis como uma prece a Deus. As leituras de Cayce dizem que os pensamentos e os desejos positivos tornam-se como anjos que não apenas ajudam a nós mesmos mas também ajudam a erguer a totalidade da criação. Por outro lado, nossos pensamentos e nossos desejos negativos atuam como barreiras e provocam confusões e lutas em nossas vidas. Dá-se *vida* a cada pensamento por intermédio do poder co-criativo da mente.

As leituras de Cayce descrevem o "incenso", mencionado acima, da seguinte maneira: "... aquilo que tem sido bondoso, gentil, paciente, misericordioso, resignado na experiência do eu durante o dia, levanta-se perante o trono da sede da misericórdia dentro do eu como a fumaça de um incenso de satisfação. Por quê? Ódio, grosseria, rispidez, tudo isso torna-se como que uma base em tua própria experiência e, como é comum, o indivíduo condena o eu dizendo: 'Por que não posso fazer isso ou aquilo?' E: 'Para que serve?' Bem – e o incensório é quebrado!"[23]

Os pensamentos de autocondenação, as atitudes de baixa auto-estima e de autocrítica atuam literalmente como barreiras entre nós e os anjos que poderiam nos ajudar. Nossos próprios pensamentos tornam o caminho trafegável à intervenção divina ou o bloqueiam onde a alma se acha num estado de auto-alienação.

As Atitudes como Anjos

Na interpretação do Apocalipse por Cayce, atraímos para perto de nós anjos de acordo com nossos pensamentos, com nossas atitudes e com nossas emoções. Por ocasião da nossa morte física, esses anjos tor-

---

23. Leitura 281-30.

nam-se nossos guias, e nos levam até as dimensões que criamos para nós mesmos. Cada um de nossos pensamentos e de nossas ações, de acordo com as leituras, torna-se um guia, um anjo, uma inteligência que nos move até um domínio superior de consciência na morte ou nos retém perto da Terra. Aquilo que retemos em espírito na Terra animará o anjo que irá nos guiar nos domínios de depois da morte.

Esse assunto foi exposto numa pergunta feita a Cayce a respeito dos anjos do Apocalipse:

"Os sete anjos descritos no Apocalipse 8-9 representam forças espirituais que governam os planos dimensionais que as almas atravessam [na morte] entre encarnações na Terra?"

"Essa é uma interpretação muito boa", respondeu Cayce. "... como foi dado, 'Ele transmitiu aos Seus anjos incumbências referentes a ti, a fim de que não tropeces a qualquer momento numa pedra' ... Se tens amado a glória pessoal, se tens amado a honra das pessoas mais do que aqueles pensamentos de prosperidade e de felicidade mental e espiritual e moral, que espécie de anjos vos dirigirá entre os teus ínterins?"[24]

Os anjos, nessa interpretação, governam nossas atividades de acordo com o que fazemos em nossas vidas, de acordo com o espírito com que agimos. Para cada um de nós, fica a pergunta: "Estamos escutando os anjos?" "Estamos escutando o chamado espiritual, e o estamos vivendo?" Ou estamos deixando que as circunstâncias nos sitiem a ponto de a vida se tornar caótica e confusa? Se a vida é cheia de discordâncias, de brigas, de caos, de ódio, etc., então estes serão para nós como seres vivos, anjos, quando deixarmos esta vida. Por outro lado, se a alma trabalha lutando pela felicidade, pela paz, pela harmonia, pelo amor, pelo perdão, então serão estes os anjos auxiliares, os guias que, literalmente falando, nos levarão adiante até domínios superiores de consciência.

O Novo Céu e a Nova Terra

O encerramento do Apocalipse é particularmente inspirador, pois nos fala de um novo estado de consciência, de um novo modo de vida que fará parte da evolução espiritual de todas as almas. João, o Bem-

---

24. Leitura 281-30.

amado, escreve sobre uma visão na qual não haverá mais lutas com dragões, com bestas, com o demônio:

"Vi novo céu e nova terra, pois o primeiro céu e a primeira terra passaram, e o mar já não existe. Vi também a cidade santa, a nova Jerusalém, que descia do céu, da parte de Deus, ataviada como noiva adornada para o seu esposo ... E Deus lhes enxugará dos olhos toda lágrima, e a morte já não existirá, já não haverá luto, nem pranto, nem dor, porque as primeiras cousas passaram" (21:1-2,4).

O novo céu e a nova terra constituem o estado de consciência da alma depois do seu despertar divino. "As primeiras coisas passaram", disse Cayce, "quando é contemplado dentro do eu que toda a vontade do Criador, o Pai, o lugar da morada, as forças de dentro e de fora, conduzem ao *novo* céu, à *nova* terra."[25] Toda a viagem através do Apocalipse, as experiências com os dragões e com as bestas, tudo isso representa a luta entre a carne e o espírito; tudo isso, pelo que os seres humanos passam no mundo material, enfrentando e superando constantemente aquelas coisas que são distrações para a alma. Até mesmo em meio às mais terríveis visões das atividades das bestas no Apocalipse, há sempre a presença dos anjos, dos guias e de Cristo. Cayce forneceu-nos um vislumbre daquilo com que se parecerá a consciência da humanidade depois que ela tiver passado por todas essas provações e tribulações espirituais:

"Pode a mente do homem deixar de conter o desejo de pecar, e outro propósito que não seja a de que a glória do [Cristo] possa se manifestar em sua vida? Não é esse um novo céu, uma nova Terra? ... Pois assim como os desejos, os propósitos, os fins devem criar toda a mudança fisicamente, da mesma forma ela cria, na experiência de cada alma, uma nova visão, uma nova compreensão."[26]

Do Livro do Gênesis ao Apocalipse, a Bíblia é um registro vivo da evolução da humanidade em direção a esse estado harmonioso de experiência no qual o homem está ciente da sua conexão com Deus. Cayce disse a muitas pessoas que a Bíblia é o registro vivo da *experiência de cada pessoa*; não somente dos povos antigos – mas é a *nossa história* da

---

25. Leitura 281-16.
26. Leitura 281-37.

jornada individual rumo à realização de Deus na Terra. Vivemos numa época instigante para se estar na Terra. Não estamos supondo que, simplesmente, ganharemos a compreensão universal de Deus e então deixaremos o planeta. Em vez disso, todos nós nos reunimos nesta época para anunciar o "novo céu" e a "nova Terra" de que nos fala o Apocalipse. Coletivamente, quanto maior for o número de pessoas que despertarem o desejo de que o "novo céu" e a "nova Terra" passem a existir, maior será a transformação global – como nunca foi antes experimentada.

Everett Irion, na conclusão de seu livro sobre o Apocalipse, resumiu assim o estimulante desdobramento que espera cada um de nós à medida que começamos a vivenciar a nossa própria versão do Apocalipse:

"... descobrimos a história evolutiva total da [humanidade] na Terra, que culminará com o [nosso] retorno ao [nosso] Criador a partir do desenvolvimento do físico no Gênesis, do mental em Jó e do espiritual em Jesus, todos eles levando à imagem da [humanidade] retornando às Forças Criativas, ou Deus, e tornando-se una com elas ..."[27]

Quaisquer que sejam as experiências pelas quais passamos em nossas vidas espirituais, podemos estar certos de que as portas da percepção serão abertas e nos revelarão exatamente aquilo de que precisamos a fim de nos movermos para o próximo passo do despertar individual. O Apocalipse, como disse Cayce, é *individual*. Cada pessoa experimentará de diferentes maneiras os símbolos, os anjos, as bestas. No entanto, por meio de estudo profundo, de introspecção e de meditação, podemos ter um vislumbre da nossa própria versão do Apocalipse. Podemos começar a perceber que, assim como há anjos fora de nós que podem nos socorrer, há também anjos dentro de nós capazes de estimular e de despertar nossas vidas espirituais.

Descobrimos, no estudo da visão de João, o Bem-amado, que a responsabilidade última pelo nosso estado de ser cabe exclusivamente a nós. Cayce disse que não existe poder hereditário ou ambiental que supere a vontade da alma. Independentemente de nossas circunstâncias, de nossas fraquezas, e assim por diante, residem dentro de nós as verdadeiras respostas para todas as questões universais. O Apocalipse é, em muitos sentidos, o alfa e o ômega – é o começo do nosso despertar espi-

---

27. *Interpreting the Revelation with Edgar Cayce*, J. Everett Irion, p. 438.

ritual consciente na Terra, e representa o fim da longa jornada que a alma, com a ajuda dos anjos, empreende para descobrir sua relação com o Criador.

200

9
Nossos Amados
Anjos da Guarda

"... sempre o rosto do guia ou do guarda para cada alma em suas caminhadas na Terra tem seu anjo, seu gnomo, sua face em frente ao Trono daquele que é a Primeira Causa, a influência Criadora, Deus. E esses estão sempre prontos para guiar, para guardar, se a alma apenas se puser na posição das coisas materiais para ser guiada por verdades espirituais." – Leitura 531-2 de Edgar Cayce.

Os Anjos da Guarda nas Artes

Terry Lynn Taylor, autora de vários livros sobre anjos, entrevistou o cantor e músico de rock Carlos Santana em seu livro *Creating with the Angels*[1] (H.J. Kramer, Inc., 1993). Ele acredita que os anjos da guarda tiveram influência sobre a expressão artística de sua música. No livro de Taylor, Carlos disse que uma mudança decisiva surgiu em sua vida devido a três pessoas cujos trabalhos o inspiraram.

------

1. *Creating with the Angels*, Terry Lynn Taylor, pp. 176-186. [*Os Anjos – Inspiradores da Criatividade*, publicado pela Ed. Pensamento, São Paulo, 1995.]

"Em 1967 e em 1968", explicou Carlos, "Mahalia Jackson, Martin Luther King, Jr. e John Coltrane disseram: 'Quem é você? O que você está fazendo e para quem você irá fazê-lo?' "

Carlos respondeu a todos os três que era um filho de Deus e um músico, e que sempre tocaria e dedicaria sua música a Deus. Sua vida musical, que já se estende por quatro décadas, tem inspirado e elevado espiritualmente centenas de milhares de pessoas. Ao longo do seu caminho, teve várias experiências que lhe confirmaram que estava sendo divinamente conduzido por anjos em sua vida. No entanto, uma experiência em particular o fez compreender que suas experiências angélicas eram mensagens vindas de Deus.

Carlos fora notificado pela sua gravadora que Julio Iglesias queria gravar uma de suas músicas, "Europa", num de seus álbuns. Iglesias só gravaria a canção se Carlos Santana concordasse em tocar no disco. Carlos recusou, em vista da enorme lacuna que sentia existir entre seu mundo musical e o de Iglesias. Sentia que Iglesias fazia parte da corrente principal do mercado fonográfico, um sistema ao qual ele não pertence e no qual não se sente à vontade. "Sou um garoto de rua", disse Carlos a Taylor na entrevista. "Simplesmente, não concordo com o sistema ... Ainda sou um *hippie* ..."

Nessa mesma noite, durante o jantar, depois da chamada telefônica, Carlos Santana contou à sua mãe a respeito da oferta de Iglesias. Ela permaneceu calada quanto à decisão de ele não gravar a canção, mas seu silêncio transparecia desapontamento. Depois do jantar, Carlos se preparou para jogar uma partida de tênis. No momento em que atirou a bola no ar para dar o saque, ela *desapareceu*.

Uma voz falou a Carlos: "Quem deu a você essa canção?" Embora apavorado, Carlos respondeu de imediato: "Você me deu."

A voz perguntou: "Bem, por que você não me deixa fazer o que eu bem quiser com minha canção?" Santana disse: "O que você quer fazer com sua canção?" A voz respondeu: "Quero que você grave a canção com Julio, e todo o dinheiro que ganhar com ela, quero que doe às crianças de Tijuana. Você não precisa dele."

A vida de Carlos Santana mudou a partir desse dia. Ela se recompôs e combinou as condições para gravar a canção com Julio Iglesias.

"Para mim, é tudo uma lição de humildade", disse Carlos. "Tenho de ser sábio e seguir a voz. Foi ela que me levou até onde cheguei."

Os anjos da guarda são aqueles seres que acompanham a alma ao longo de toda a sua vida material na Terra. Desde a época em que Amilius viajou até a Terra como Adão, sempre houve à nossa volta seres angélicos que nunca estiveram na Terra num corpo material. Eram os guardiães prometidos que Deus enviara para estar com todas as almas no mundo material. As leituras de Cayce indicam que cada pessoa tem, no mínimo, um anjo da guarda, cujo papel é fornecer inspiração, avanços de compreensão intuitiva e experiências espirituais para servirem como "lembretes" de que há um propósito maior para a vida terrestre. Eles não *interferem per se* nas escolhas que uma alma faz, mas incitam e guiam pessoas de mentalidade semelhante para que fiquem juntas. De acordo com Sophy Burnham, autora do *best-seller A Book of Angels*, é raro que alguém de fato *veja* fisicamente o seu anjo da guarda.

Aqueles que têm a graça de ser dotados de habilidades artísticas estão, com freqüência, em sintonia com os domínios angélicos. Tanto a pintura como a música, a dança, o teatro ou a escultura são habilidades criativas que provêm dos domínios dos anjos. Isso é particularmente verdadeiro no que se refere à música. Cayce dissera que a música no mundo material é um reflexo do que chamava de "música das esferas", um reino celeste de coros angélicos. Esses coros cantaram na véspera do nascimento de Jesus em Belém. Quando um artista se põe diante da tela, ou quando um compositor escreve sua música, ou quando um escultor começa a trabalhar sobre um bloco de pedra, cada um deles está representando esses reinos criativos do espírito. Cayce dizia que a música é uma ponte entre o finito e o infinito e, com freqüência, recomendava a música como um auxílio para uma meditação mais profunda.

A arte medieval está repleta de pinturas de anjos. Muitos artistas durante esse período acreditavam que sua inspiração vinha dos domínios dos anjos da guarda. O famoso artista Rafael atribuía sua habilidade artística para pintar anjos às suas visões interiores. Certo dia, dois cardeais católicos estavam vendo Rafael trabalhar em seus afrescos de anjos. Um deles fez a seguinte observação: "Por que você pinta seus anjos com rostos tão vermelhos?" Sem se desviar do trabalho, Rafael respondeu: "Porque eles se envergonham em ver em que mãos a Igreja caiu!"

Foi durante o período medieval que os anjos eram representados com halos e com harpas. O uso de harpas parece ressaltar uma ligação angélica com a "música das esferas", como Cayce descrevia em suas leituras. Os halos indicavam a presença de campos de energia brilhantes, ou auras, que freqüentemente circundam uma presença angélica. Quando as pessoas vêem uma manifestação física de um anjo, como aconteceu com Cayce quando menino, ela é, muitas vezes, envolvida numa luz branca suave. Outros que vêem anjos acreditam que a luz emana de dentro deles. Como os anjos não possuem corpos materiais *per se*, a forma de seus corpos é constituída de padrões vibratórios superiores de luz.

Pode-se olhar para as ilustrações de anjos de Gustave Doré (algumas das quais são reproduzidas neste livro), para as gravuras de William Blake, bem como para as obras de Michelangelo e reconhecer que esses artistas foram inspirados por algo que transcende a imaginação comum até o espiritual e o sublime. William Blake, artista, poeta e gravurista do século XVIII, dizia que teve visões de anjos durante toda a vida. Afirmava que um anjo lhe ensinara a pintar quando ainda era muito pequeno, e que os retratos de anjos que gravara eram visões de seres angélicos. Blake também afirmava que seus escritos eram ditados a ele por anjos e por Jesus.

Michelangelo afirmava que podia "ver" o anjo aprisionado dentro do bloco de pedra ou de mármore, e que sua tarefa consistia em libertá-lo. A dificuldade para retratar anjos de uma forma aceitável para não-artistas foi trazida à luz num incidente humorístico na vida de Michelangelo. O papa aproximou-se de Michelangelo enquanto ele trabalhava no teto da Capela Sistina. "Quem já viu um anjo com sandálias?" – criticou o papa. Michelangelo respondeu com outra pergunta: "Quem já viu um anjo com *pés*?" Independentemente das asas, dos halos e das harpas que aparecem em suas obras de arte, temos de agradecer aos artistas da Renascença por essas pinturas inspiradas e visionárias. Quando olhamos atentamente para suas obras, parece óbvio que eles estavam em contato com seus anjos da guarda artísticos.

Edgar Cayce e os Anjos da Guarda

No Capítulo 1, os "jovens" que ajudaram Marie quando a transmissão de seu carro falhou na rodovia interestadual pertenciam às fileiras dos anjos da guarda. De acordo com as leituras de Cayce, eles são dotados do poder de aparecer fisicamente em forma humana e de oferecer ajuda. Às vezes, o anjo da guarda pode se manifestar sob a forma de uma efusão de revelações, como uma súbita inspiração ou como uma excitação profunda e inata da alma. Cayce, numa leitura que fez para sua esposa Gertrude, mencionou que os anjos da guarda podem surgir como "um odor, um aroma, uma emoção, uma onda, um vento ..."[2] Muitas vezes, a influência dos anjos não é física, mas surge na forma de uma voz ou de uma sensação de confiança renovada. As leituras eram muito claras ao afirmar que cada pessoa na Terra tem, no mínimo, um anjo da guarda.

Cayce forneceu uma interessante leitura para um jovem que tinha sobrevivido miraculosamente ao escapar por pouco de ser assassinado num campo de batalha durante a Primeira Guerra Mundial. Embora ferido, o homem foi fisicamente ajudado no campo de batalha por um anjo. Na leitura, ele perguntou a Cayce sobre o significado desse encontro angélico:

> "No anjo inclinado para a frente no campo, na caminhada ao longo do jardim com a sombra ... a entidade estava sendo guiada, ou guardada, ou protegida, a qual, assim como tem sido prometido desde os fundamentos do mundo, seria para cada indivíduo, 'Se fores o meu povo, serei o vosso Deus'. Aquele que caminha na luz, e que se propõe, em seu coração, a *fazer*, a *ser* aquilo que *as* Forças Criativas afirmariam que a pessoa *deve* ser, *não* será *deixado* sozinho! pois ... o Seu braço, a Sua mão, dirigirão seus caminhos."[3]

É uma promessa inspiradora para cada um de nós: se acreditarmos na ajuda divina, ela certamente estará presente para nós em períodos de provação. Na citação acima, o "braço" e a "mão" de Deus representam os anjos que são nossos constantes guardiães ao longo da vida.

"Para dizer com certeza", disse o Cayce adormecido, "existem aquelas consciências ou percepções que não participaram nem foram

---

2. Leitura 538-58.
3. Leitura 1909-3.

parte da consciência *física* da Terra; como os anjos, os arcanjos, os mestres aos quais têm-se atribuído realizações ..."[4] Mesmo que esses anjos superiores nunca tenham estado na Terra, mesmo assim eles podem ajudar a alma em desenvolvimento em nosso planeta. Cayce enfatizou o poder da prece como um meio graças ao qual podemos ser guiados com segurança pelos anjos através das dificuldades da vida.

Há anjos, diferentes daqueles mencionados acima, que já haviam encarnado na Terra. Essas almas, após a morte dos corpos, nos guiam a partir dos domínios espirituais. Foi o que ocorreu quando a falecida mãe de Cayce atuou como seu anjo da guarda durante um período particularmente difícil de sua vida. Embora ele fosse capaz de ajudar milhares de pessoas com suas leituras físicas e espirituais, teve muitas perdas pessoais e passou por acontecimentos profundamente perturbadores em sua vida. Como todas as pessoas, Cayce estava propenso a períodos de depressão e se preocupava com as coisas do cotidiano. Sempre foi muito próximo de sua mãe e, como ela atuara na condição de mentor para ele na sua juventude, Edgar vivia procurando os seus conselhos. Devido a isso, a morte dela o atingiu com um golpe particularmente duro. Mesmo que tivesse um número de experiências mediúnicas suficiente para lhe assegurar que a morte física não representava, em absoluto, o fim da alma, a morte *física* de sua mãe foi quase insuportável para ele. Escreveu muitas cartas a seus amigos e conhecidos para que pedissem, em preces, que esse período de aflição passasse rapidamente.

Vários anos depois da morte de sua mãe, Cayce entrou num período de crise financeira. Abandonara seu negócio de fotografia e estava tentando dedicar-se às leituras em tempo integral. Fornecer leituras nunca foi uma empresa lucrativa, pois, em sua maioria, as pessoas que necessitavam de sua ajuda tinham pouco dinheiro. Em geral, Cayce era capaz de dar a volta por cima, mas, no início da década de 30, ele estava em dificuldades financeiras. Durante um período de prece, sua mãe apareceu a ele com tanta nitidez como se estivesse fisicamente presente no quarto. Ela lhe sorriu suavemente e materializou um dólar de prata no ar. Cayce apanhou a moeda, estupefato, e olhou para a mãe.

---

4. Leitura 5755-2.

"Que seja este um sinal para que você nunca se preocupe com dinheiro", disse ela. "Sempre se cuidará de você." A partir desse momento, Cayce sentiu a confirmação, vinda do outro lado, de que se tomaria conta dele, independentemente do que acontecesse.

Uma experiência semelhante ocorreu com dois associados comerciais próximos de Cayce, Morton e Adeline Blumenthal, que estavam estudando misticismo e espiritualismo. Os Blumenthal receberam mais leituras de Cayce do que quaisquer outros consulentes. Ambos eram altamente desenvolvidos mediunicamente e tiveram algumas experiências fascinantes em comunicação com espíritos. Adeline começou a ter sonhos com a mãe vários meses depois do seu falecimento. Ela, aparentemente, estava agindo na condição de anjo da guarda. Adeline sonhou que a mãe a advertia sobre a saúde de sua cunhada. Ela procurou uma interpretação junto a Cayce e às suas leituras.

"[Sonhei que minha mãe disse:] 'Alguma coisa está errada com a perna da sua cunhada, ou com seu ombro ... Ela precisa ver um médico."

Em transe, Cayce respondeu: "... como se vê, a mãe, *através* da *própria* mente da entidade, é como a mãe para tudo nesse lar. Advertindo, então, sobre as condições que possam surgir, e sobre as condições existentes. Então, avise a irmã quanto a isso, vê?"[5]

O sonho de Adeline comprovou-se preciso e sua cunhada finalmente foi tratada com sucesso em sua saúde doentia, que Cayce diagnosticou como "auto-intoxicação e eliminações deficientes". Adeline e Morton tiveram uma experiência mediúnica consciente logo depois que ela deu à luz o seu filho. Na sala da maternidade, o casal presenciou um fenômeno de luzes. Cayce confirmou que a mãe estava tão perto deles em espírito como estivera na Terra.

Adeline teve sonhos maravilhosamente tranqüilizadores sobre a continuidade da existência de sua mãe após a morte. Ela perguntou a Cayce sobre o significado de um sonho inspirador que tivera depois da morte da mãe:

"[Sonhei que uma voz dizia:] 'Sua mãe está viva e feliz.' "

Cayce confirmou isso: "Sua mãe está viva e feliz ... porque a morte não existe, somente a transição do plano físico para o espiritual. Então,

---

5. Leitura 136-45.

assim como o nascimento no físico é dado como o tempo da nova vida, assim também, então, na morte física é o nascimento no espiritual."

Adeline foi tocada muito profundamente e, com tranqüilidade, perguntou: "Então, minha mãe me vê e me ama como sempre?"

"Vê você e ama você como sempre", respondeu Cayce.[6]

A mãe de Adeline foi muito útil à sua filha, bem como a Morton, advertindo a respeito do perigo de acidentes. Numa dessas ocasiões, Adeline sonhou que sua mãe a prevenira sobre um acidente iminente que envolveria sua tia Helen.

"Quando é que esse acidente estará em vias de acontecer ...?", perguntou Adeline numa leitura.

"Na presente fase da Lua", respondeu Cayce.

"De que maneira?", perguntou Adeline.

"... carro na rua e acidente de automóvel", disse Cayce. "Seja cautelosa ao dirigir no transcorrer dessas fases – isto é, até a Lua minguante."[7]

É fascinante que os nossos bem-amados recentemente falecidos muitas vezes atuem como anjos da guarda. Assim como aconteceu com Adeline, as almas dos mortos com freqüência aparecem em sonhos para transmitir informações. As leituras disseram que quando sonhamos com pessoas que morreram, realmente estamos em contato com elas – que isso não é algo simbólico. No entanto, gradualmente, a alma gravita para longe do domínio terrestre e se dirige para outras atividades. No entanto, nas leituras sobre vidas passadas de Gertrude Cayce, foi-lhe dito que ela serviu como anjo da guarda de Edgar Cayce durante uma encarnação em que ele vivera na Palestina, na época de Cristo. Ela nunca se encarnara durante esse período, mas atuara como um guia até que Cayce se juntou novamente a ela no domínio espiritual.

Essas belas experiências descritas nas leituras deveriam servir como confirmações tranqüilizadoras para todos nós. Nunca perdemos realmente aqueles a quem amamos; eles estão conosco ao longo das nossas vidas terrestres, seja como anjos da guarda seja como companheiros na Terra. A compreensão disso veio a Darrell Cook (veja o Capítulo 1) quando ele descobriu o ninho do tordo sobre a laje tumular de sua mãe. No entanto,

---

6. Leitura 136-33.
7. Leitura 136-48.

ele não era mediunicamente sensível o bastante para percebê-la em seus sonhos e visões, e mesmo assim ela foi capaz de atuar por meio de circunstâncias físicas para fornecer a ele uma confirmação.

Essas experiências não deveriam ser encaradas como algo incomum ou inatingível. As leituras de Cayce indicam que *se supõe* que tenhamos essas experiências em nossas vidas. É apenas uma questão de despertar espiritual. Trabalhando com os nossos sonhos, com a meditação e com a prece, nós também teremos as experiências de Adeline Blumenthal, nas quais estaremos em contato direto com os reinos espirituais.

Um aspecto bastante peculiar sobre os anjos da guarda foi fornecido nas leituras de Cayce. Eles podem ser pessoas que ainda estão na Terra, mas atuam como anjos auxiliares durante o estado de sono. As leituras indicam que, durante o sono, a alma não está no corpo, mas é ativa nas dimensões espirituais. Cayce foi longe a ponto de dizer que os estados de sonho e de sono não passam de sombras dos reinos que experimentaremos depois da morte física. No sono, retornamos à nossa consciência espiritual.

Hugh Lynn Cayce falou sobre uma mulher que se sentia solitária, isolada e sem propósito, e que foi até Edgar Cayce pedindo uma leitura. Quando chegou, estava à beira do suicídio. Na leitura, o Cayce adormecido contou à mulher que, durante seus períodos de sono, ela se encontrava nos domínios espirituais ajudando almas, no outro lado, que tinham sido assassinadas em campos de batalha durante a Segunda Guerra Mundial. Estava atuando na condição de anjo da guarda, embora ainda estivesse na Terra! A mulher ficou perplexa porque não conseguia se lembrar de experiências oníricas nas quais desempenhava o papel de mensageira espiritual. Mas quando aprendeu a trabalhar com a meditação, com a prece e com os seus sonhos, tornou-se familiarizada com o seu eu maior, o seu eu superior.

Hugh Lynn Cayce estava respondendo a perguntas numa conferência sobre esse mesmo assunto, na década de 70. "Nossos anjos da guarda estão separados de nós", perguntou um homem, "como seres que nunca estiveram na Terra, ou são pessoas que conhecemos antes, ou são eles uma extensão da nossa mente inconsciente?"

"Sim", Hugh Lynn respondeu ao homem, "tudo isso e *mais*!" Sua visão concordava com a de seu pai, para quem nossos anjos da guarda provêm de muitas fontes diferentes.

Um Menino Médium e seus Anjos da Guarda

Muito antes do atual interesse popular por anjos, um garotinho que viveu na Inglaterra durante a década de 1880, narrou minuciosamente suas muitas experiências mediúnicas e angélicas em diários pessoais. Eles foram posteriormente publicados no livro *The Boy Who Saw True*, com um comentário de Cyril Scott, um investigador de fenômenos mediúnicos que compilou os diários no início da década de 50. A coisa notável a respeito de *The Boy Who Saw True* é que ele foi escrito numa linguagem infantil a respeito da natureza das auras, de anjos, de gnomos e de fadas, incluindo conversas com mortos.

A criança era clarividente e podia "ver" os domínios espirituais de maneira parecida com a de Rudolf Steiner. Surgiram problemas na família do garoto quando ele afirmou que todos podiam ver auras e comunicar-se com os mortos, assim como ele mesmo fazia. Estava num terrível dilema porque sua mãe o puniria se ele lhe falasse em ver espíritos ou auras. No entanto, foi confortado durante esse período por seu anjo da guarda (que ele conseguia ver), o qual lhe prometeu que aquelas entidades nos domínios espirituais o ajudariam a "arranjar" para ele um professor compreensivo. Finalmente, um tutor, o sr. Patmore, foi enviado ao garoto. O tutor ficou assustado, pois aquele garoto de dez anos de idade fora capaz de ver coisas do passado do sr. Patmore, um talento que indicava ser o menino um médium notável. Depois que se recobrou do espanto, o sr. Patmore tornou-se muito próximo do menino, e explorou os mundos espirituais fazendo-lhe perguntas. Felizmente, Patmore encorajou o garoto a conservar os seus diários, que servem hoje como uma das obras mais coerentes de literatura mediúnica atualmente disponíveis sobre a natureza da vida após a morte e as dimensões espirituais.

O menino tinha a capacidade de ver conscientemente os mundos espirituais com tanta clareza quanto nós vemos o nosso mundo físico. Ele repetia as palavras do seu espírito guardião, a quem o menino chamava de Elder Brother (Irmão Mais Velho), e o sr. Patmore transcrevia o que o menino retransmitia. É particularmente interessante o fato de que tanto Elder Brother como o falecido avô do menino serviam de anjos da guarda para ele. Em 20 de julho de 1886, ele escreveu: "Vi o vovô hoje, e ele me contou que eles (os espíritos) levaram papai para que ele des-

211

cobrisse o sr. Patmore para ser meu tutor, e que eles estavam muito contentes pela maneira como eu estava me saindo."[8]

O garoto teve longas conversas com seu falecido avô, que lhe explicou que os espíritos podem, muitas vezes, reunir pessoas de interesses semelhantes. Eles podem manipular circunstâncias que ajudam as pessoas a atingir uma compreensão espiritual maior. Dessa maneira, os anjos não atuam apenas como mensageiros, mas também como organizadores de circunstâncias que são benéficas. Talvez, a partir dessa concepção, possamos olhar para as nossas vidas e nos maravilharmos com aqueles assim chamados encontros "coincidentes" de pessoas que acabam se tornando nossas amigas por toda a vida e nossos mensageiros espirituais. Na verdade, nossos encontros com as pessoas não são coincidências, em absoluto, mas são planejados e arranjados por nossos anjos da guarda nos domínios espirituais.

As experiências do menino com seu Elder Brother (o menino referia-se a ele como E.B. no livro) são de particular interesse para o estudo dos anjos da guarda, pois ele era um dos espíritos guardiães que guiavam as pessoas a partir de seus estados de sono. Eis como E.B. explicava a si mesmo ao rapaz:

"Como não dei a você uma razão para pensar de outro modo, espero que imagine que eu sou um espírito separado do corpo. Mas não é exatamente assim. Para ser explícito, acontece que eu sou um anglo-indiano, como se costuma dizer, e estou me comunicando com você enquanto me encontro fora do meu corpo, que está dormindo, milhares de milhas longe daqui. Nossa noite é o seu dia. Se não fosse, eu não seria capaz de vir até você dessa maneira. Aprendi a trabalhar nesse plano em meu corpo *atual*, enquanto meu corpo físico está dormindo. [O menino] tem o mesmo poder, e muitas vezes eu me encontro com ele aqui. Mas nem ele nem eu nos lembramos quando voltamos aos nossos corpos, de manhã. Isso talvez pareça estranho a você, e no entanto é bastante simples. Sem treinamento especial, o corpo *astral* não impressiona o cérebro físico com a memória de suas experiências."[9]

---

8. *The Boy Who Saw True*, com um comentário de Cyril Scott, p. 97.
9. *Ibid.*, p. 144.

Isso explica por que a mulher solitária que procurou Cayce não se lembrava de ser um espírito-guia para aqueles que recentemente morreram em campos de batalha. As leituras indicam com muita clareza que, no nível consciente, só temos a percepção de nosso eu-personalidade. O propósito de uma determinada vida é ficar tão ciente no nível da alma ou do eu superior como o estamos no nível de percepção do eu-personalidade. O papel do anjo da guarda é instigar a alma de modo que ela procure despertar para a percepção maior que possui. As leituras de Cayce afirmam que todos os domínios da consciência estão abertos aos seres humanos, mas estes devem estudar e praticar a meditação para despertarem plenamente. Um método específico de meditação recomendado nas leituras de Cayce, e que permitirá à alma estar em contato com os domínios angélicos, será fornecido mais adiante, neste capítulo.

O jovem clarividente discute muitas verdades espirituais fascinantes em *The Boy Who Saw True*. Ele comunicou-se com vários espíritos diferentes vindos dos domínios invisíveis, e correlacionou algumas concepções dadas não apenas nas leituras de Cayce, mas também em Swedenborg e em *O Livro de Enoch*. Embora tivesse apenas dez anos de idade, retransmitiu as seguintes informações sobre anjos a partir daquilo a que chamava de "o espírito científico" de seu tutor:

"... cada elemento [na Terra] tem seus habitantes, e ... há espíritos de fogo, e espíritos de água, e espíritos de ar e assim por diante, e ... as duas últimas espécies têm a ver com as condições meteorológicas ... o Sol é o corpo físico de um Grande Espírito ... os planetas, inclusive nossa Terra, animam os corpos espirituais de grandes Entidades conhecidas como Espíritos Planetários ... as forças magnéticas que emanam dos Espíritos Planetários animam esses corpos celestes."[10]

Esse espírito também forneceu informações sobre a maneira como os anjos da guarda operam nas vidas terrestres das almas:

"Existe uma idéia em *nosso* mundo antes que ela se materialize em *seu* mundo; e é por isso que somos capazes de prever a tendência de pensamento e as atividades em sua Terra com uma certa medida de precisão ..."[11]

---

10. *The Boy Who Saw True* p. 182.
11. *Ibid.*, p. 184.

213

Isso explica como, a qualquer momento, pessoas são salvas de um desastre iminente de maneira miraculosa, por seus anjos da guarda.

Por exemplo, uma jovem estava dirigindo numa estrada de duas pistas, com a qual não estava familiarizada, no Centro-Oeste. Era uma estrada rural, fustigada por ventos e desprovida de quaisquer luzes de segurança. Para o seu horror, viu, de repente, um carro que se desviou para a sua pista e vinha direto em sua direção. O motorista aparentemente estava bêbado, e se aproximou o suficiente de seu carro para que ela conseguisse ver as características físicas de seu rosto. Ela sabia que uma colisão frontal era iminente e piscou os olhos por um segundo, preparando-se para o choque. Não havia tempo para se desviar da estrada estreita. No entanto, depois dessa fração de segundo em que piscou os olhos, viu-se milagrosamente fora da situação de perigo, e constatou que o carro do homem estava visível no seu espelho retrovisor. Enquanto dirigia ao longo do caminho restante que a separava de sua casa, sabia que, se ainda estava viva, era simplesmente por um milagre.

De acordo com a citação extraída de *The Boy Who Saw True*, o fato do acidente iminente já existia nos domínios invisíveis. Como o tempo é diferente nesses domínios, os anjos da guarda foram capazes de intervir e de impedir o acidente da mulher.

O autor de *The Boy Who Saw True* continuou mediunicamente bem-dotado ao longo de sua vida adulta e ajudou a tranqüilizar muitas pessoas, depois da Primeira Guerra Mundial, ao lhes confirmar que seus filhos que tinham sido mortos passaram para o domínio espiritual. Ele era capaz de entrar em contato com as almas dos mortos e de transmitir, às famílias desoladas, mensagens que as aliviavam tremendamente. Ele podia ver, por clarividência e com a ajuda de seus anjos da guarda, todas as facetas da vida de uma pessoa. Não obstante, quando adulto, escreveu que ficava perplexo ante o fato de não conseguir prever tragédias que ocorriam em sua própria vida. Segundo o seu diário:

"Está se tornando bastante óbvio o fato de que o nosso casamento é um malogro sem esperança. Nunca me queixara com E.B. antes disso, mas quando, depois de minha meditação diária, ele repentinamente apareceu, fiquei um pouco envergonhado em dizer que reclamara um pouquinho. Por que ele não me advertira que eu não era a pessoa certa para fazer J. feliz? Confesso que sua resposta me fez sentir um pouco embaraçado. Ele disse: 'Nós, Elder Brothers, não existimos para o propósito de fazer malograr o karma dos nossos alunos. Tanto você como sua esposa têm um certo karma para dele se livrarem juntos, e se eu o tivesse advertido, estaria frustrando os desígnios dos Senhores do Karma. Isto, naturalmente, nunca é permitido ...'"[12]

Elder Brother chegou a ponto de dizer que somente depois que um iniciado "se gradua" num estágio de evolução espiritual superior é que ele é capaz de prever acontecimentos de sua própria vida. Nesse sentido, nossos anjos da guarda podem nos guiar e nos dirigir, mas as escolhas ainda são nossas, e devemos encontrar o que criamos para nós mesmos – provenientes tanto desta vida como de vidas anteriores. Embora não se possa esquivar das circunstâncias kármicas, e muitas sejam bastante difíceis, nossos anjos estão sempre presentes para nos ajudar durante as provações. Porém, mais do que apenas a sua ajuda, o fato de nos tornarmos cientes deles pode fazer da vida uma experiência feliz – principalmente quando esperamos ser guiados e dirigidos por nossos invisíveis amigos angélicos. Terry Lynn Taylor resumiu a importância dos anjos da guarda em nossas vidas na Introdução de *Creating with the Angels*:

"Os anjos atuam como mensageiros de Deus. Eles se comunicam conosco por meio da inspiração. Quando preenchemos nossas vidas diárias com essência espiritual e pedimos aos anjos para se unirem a nós, criamos consciência angélica ... A consciência angélica ajuda-nos a manter vivas qualidades celestes bem aqui na Terra. Não somente *vemos* a beleza que nos cerca; nós a *sentimos* em nossas almas ... Os anjos, como mensageiros do céu, ajudam-nos a fazer da vida uma experiência autêntica e significativa."[13]

---

12. *The Boy Who Saw True*, p. 209.
13. *Creating with the Angels*, Terry Lynn Taylor, p. xiii. [*Os Anjos – Inspiradores da Criatividade*, publicado pela Ed. Pensamento, São Paulo, 1995.]

A Meditação – Portal para a
Comunhão com Deus e com os Anjos

De muitas maneiras, as dramáticas experiências recentes que as pessoas estão tendo com anjos em suas vidas podem servir como sinais que dirigem o restante de nós a fim de que voltemos nossa atenção para dentro, para aprender a ouvir a voz baixa e tranqüila dentro de nós e para escutar nossos próprios guias, os anjos que têm estado conosco desde o começo dos tempos. Aprender a escutar o Divino por intermédio do processo de meditação pode abrir as entradas espirituais aos nossos próprios anjos da guarda.

Cayce esboçou uma técnica simples para praticar a meditação, uma técnica eficaz para despertar a capacidade da alma de comungar com os domínios angélicos, para explorar habilidades mediúnicas e – o que é o aspecto mais importante da meditação – para ingressar num domínio onde nos tornamos cientes de Deus como um companheiro pessoal e presente. As leituras afirmam que, na prece, falamos a Deus, mas na meditação *escutamos* Deus. As leituras vão longe a ponto de dizerem que, na meditação, encontramo-nos com Deus face a face. Tem sido conhecido pelos místicos, ao longo dos séculos, que o ato de voltar a atenção para dentro nos abre o acesso a mundos espirituais nunca antes percebidos no nível consciente. É para o espaço tranqüilo da meditação que Deus enviará mensageiros até nós.

Um jovem de vinte e três anos procurou Cayce para lhe perguntar a respeito da meditação e dos processos de sintonia. Nessa leitura, Cayce dá ao anjo-guia, a quem o homem poderia encontrar na meditação, os nomes de "amigo", "associado" e "irmão":

"Se a aproximação [da meditação] for feita por meio de algum associado, de algum amigo, de algum irmão que está atuando na condição de um sinal, de uma placa de orientação ao longo do caminho da vida, então sabeis que fostes guiado para esse caminho – e deveis vós mesmos caminhar por essa estrada; e que não caminhareis sozinhos – ao contrário, com Sua mão vos guiando o caminho será mostrado, o caminho será aplainado aos vossos esforços." [14]

---

14. Leitura 440-8.

Que mensagem confortadora! Saber que a estrada nunca será trilhada a sós! De fato, para muitos estudiosos da meditação, há um sentido predominante de "companheirismo" que é despertado depois de algumas semanas ou meses de meditação regular. O companheirismo é com Deus e com Seus mensageiros. Não que eles sejam atraídos *para* nós por meio da meditação, mas sim, que nos tornamos cientes dos anjos *devido* à meditação. Como se tem afirmado ao longo de todo este livro, os anjos sempre têm estado conosco. É apenas a nossa percepção que precisa aprender esse fato. A meditação é uma chave para nos tornar cientes das influências angélicas.

É importante praticar meditação na mesma hora a cada dia. Isso treina a mente consciente para que se aquiete. De início, um período de silêncio de quinze minutos é suficiente. Então, à medida que o corpo e a mente vão se acostumando à meditação, estenda o período para trinta minutos – e em seguida para uma hora.

A fim de preparar o corpo e a mente para um período de meditação, é útil ler algum material de natureza inspiracional ou passagens das Escrituras por alguns minutos. Música apropriada e incenso também foram recomendados nas leituras para ajudarem a sintonizar a mente no período de silêncio espiritual.

Mantendo sua espinha ereta, sente-se numa cadeira com seus pés espalmados sobre o assoalho, ou com as pernas cruzadas na posição de lótus. Feche os olhos e inicie com uma oração pedindo orientação e proteção divinas. As leituras de Cayce recomendam dizer uma prece de proteção, de modo que qualquer anjo, influência ou guia que você possa encontrar na meditação provenha apenas dos domínios espirituais mais elevados. Cayce deu ao jovem mencionado um ótimo conselho a respeito de uma prece de proteção:

"... ao meditar ou procurar pela abertura do eu às fontes invisíveis ... nunca abra o eu, meu amigo, sem envolver o eu com o espírito de Cristo, que possa estar sempre protegido e ser guiado por Suas forças!"[15] Neste exemplo, "Suas forças" referem-se aos anjos e aos arcanjos, os quais, como Cayce explica, intercedem junto a Deus pelas almas na Terra. Abrir com uma prece de proteção também ajuda a enfatizar o propó-

---

15. Leitura 440-8.

sito e o ideal para a meditação: sintoniza o eu com os domínios espirituais superiores de Deus. Também é apropriado solicitar a orientação e a direção do seu anjo da guarda. Eis uma prece parafraseada, baseada nas leituras de Cayce, que garantirá que somente as fontes espirituais mais elevadas ajudarão a sintonizar e a despertar a alma:

Conforme eu me abro às Forças Invisíveis que circundam o trono da graça, da misericórdia e da luz, envolvo-me com a pura luz branca de proteção que se encontra no pensamento de Cristo. Somente a Tua vontade será feita em mim e através de mim.

Cristo é chamado por muitos nomes. Como foi indicado em capítulos prévios, o espírito de Cristo é a corporificação de *Deus em atividade*, ou do movimento de Deus. Ao longo das eras, esse mesmo espírito esteve presente no budismo, no confucionismo, no cristianismo, no judaísmo, no islamismo, e assim por diante. Qualquer nome que ajude a despertar o indivíduo para o ideal espiritual mais elevado que se busca por intermédio da meditação é apropriado.

A repetição do Pai-Nosso também nos auxilia no processo de sintonização, e foi recomendada nas leituras porque cada um dos seus versos corresponde a um dos sete centros espirituais – ou chakras – do corpo. A visualização do corpo sendo preenchido de luz à medida que essa oração é feita em voz alta ajuda a centralizar o corpo, a mente e o espírito para a meditação.

Em seguida, é aconselhável uma série de exercícios simples para a cabeça e para o pescoço, de maneira que a energia espiritual que se move através dos chakras não seja obstruída. Esses exercícios deveriam ser executados lentamente. Repita cada um deles três vezes. Com os olhos fechados, deixe cair a cabeça para a frente até o peito e a traga de volta até a posição vertical (3x). Deixe a cabeça cair de volta no sentido oposto e retorne para uma posição vertical (3x). Em seguida, gire a cabeça para a direita, como se estivesse olhando por sobre o ombro direito (3x). Faça isso igualmente no sentido oposto (3x). Então, deixe a cabeça cair para a frente até o peito, e gire-a num círculo completo para a direita (3x), e depois para a esquerda (3x).

Ao longo de todo o processo preparatório para a meditação, continue a pensar, a sentir e a visualizar que todo o seu corpo, sua mente e seu espírito estão completamente sintonizados com os domínios do espírito. Visualize seus anjos da guarda circundando e protegendo você. As leituras dizem freqüentemente que estamos sempre na presença de Deus; é somente uma questão de despertar para o fato de assim estarmos. A meditação é uma maneira de se tornar cônscio dessa Presença permanente.

Uma série de exercícios respiratórios foi também recomendada para abrir os sete centros espirituais por um caminho seguro e de uma maneira eficaz: tampe a narina esquerda com o seu dedo indicador, inale pela narina direita e exale pela boca. Faça isso três vezes. Em seguida tampe a narina direita e inale com a esquerda. Depois de exalar, tampe a narina esquerda e exale com a direita. Faça isso três vezes. Durante as inalações, visualize todo o seu corpo sendo preenchido de força, de sabedoria, de luz e de paz. Ao exalar, visualize que está eliminando todas as limitações, todos os problemas e todas as tensões – qualquer coisa que o impeça de sentir a Presença espiritual envolvendo você. Depois de realizar os exercícios respiratórios, utilize uma série de palavras ou uma frase que atue como uma afirmação, algo sobre o qual sua mente possa focalizar-se quando começar a vaguear. Pode ser algo tão simples como isto:

Deus é amor ... amor é Deus ... sou filho de Deus ... estou agora na presença de Deus ...

As leituras de Cayce contêm numerosas afirmações a respeito do que focalizar durante a meditação, o que ajudará no despertar espiritual. Nas filosofias orientais, uma afirmação é denominada *mantra*. Depois que a afirmação for repetida duas ou três vezes, permaneça em silêncio. Não fique frustrado se, no começo, sua mente vaguear. Leva tempo até que haja silêncio na meditação. Os estágios iniciais do trabalho com a meditação consistem em treinar a mente consciente para que fique em silêncio de modo que a alma-mente possa ingressar. Sempre que sua mente estiver vagueando, traga-a de volta ao foco da afirmação. Se a meditação for praticada todos os dias no mesmo horário, a mente acabará por se aquietar.

As palavras repetidas da afirmação tornam-se uma mensagem para a alma-mente fornecer iluminação. As palavras eventualmente tornar-se-ão uma experiência que levará ao Silêncio – que é mais do que a mera ausência de sons ou de palavras. O Silêncio é um lugar na consciência no qual você se sente em completa harmonia com Deus e com todo o Universo. É um lugar onde o sentimento de companheirismo espiritual com os anjos é intimamente sentido. Muitas pessoas relatam várias experiências provenientes desse estado.

Hugh Lynn Cayce ensinou milhares de pessoas a meditar com base nas leituras de seu pai. Ele mencionava que não é um fato incomum ter experiências místicas durante a meditação, assim como ver anjos da guarda ou até mesmo Jesus. Deveríamos *esperar* que essas experiências acontecessem, mas é importante reconhecer o mensageiro, o Cristo, ou quem quer que apareça, e considerar a experiência como um sinal de que você está na pista certa. É importante não ser distraído pela experiência, mas ser grato por ela, e retornar ao Silêncio. É para esse lugar do Silêncio que Jesus prometeu que todas as coisas seriam trazidas à nossa lembrança, até mesmo coisas vindas dos fundamentos do mundo. A meditação é um importante caminho ao longo do qual podemos escutar, observar e esperar a presença e a mensagem do Divino. Graças a isso podemos conhecer a direção que Deus indica para seguirmos em nossas vidas.

No encerramento da meditação, é importante liberar a energia que foi acumulada através dos centros espirituais do corpo. A melhor maneira de liberá-la é por meio da prece. A prece é particularmente poderosa depois da meditação, e essa é uma boa oportunidade para orar por pessoas amadas e por amigos, bem como por aqueles que desencarnaram. É também muito importante orar pela paz nas regiões do mundo conturbadas por conflitos. As leituras de Cayce enfatizam que as nações poderiam ser poupadas da destruição se um punhado de pessoas orasse e meditasse sinceramente pela paz – e a *vivesse*! Nossos pensamentos, sentimentos, atitudes e preces são intensificados por meio da meditação, e as leituras de Cayce afirmam que essas preces podem se tornar forças positivas capazes de produzir milagres sobre a Terra.

Betty Eadie teve o privilégio de ver, em primeira mão, como as preces são respondidas por anjos. Ela testemunhou esse fenômeno durante uma experiência de quase-morte que detalhou em seu livro *bestseller, Embraced by the Light*:

"... Vi a esfera da Terra girando no espaço. Vi muitas luzes jorrando da Terra como faróis. Algumas delas ... disparando rumo ao céu como largos feixes de *laser* ... Fiquei surpresa quando me disseram que esses feixes de energia eram as preces das pessoas na Terra. Vi anjos atarefados para responder às preces. Eles estavam organizados para oferecer o máximo de ajuda possível ... Os anjos conheciam as pessoas pelo nome e cuidavam delas com íntima atenção."[16]

As preces que são feitas depois de um período de meditação ajudam não apenas os que estão vivos, mas também os que já se foram. As leituras de Cayce afirmam que muitas pessoas que morreram estão muitas vezes atentas aos seus entes queridos para dizer a eles que está tudo bem e que podem seguir em frente. Essas preces, oferecidas após a meditação, serão sem dúvida como um dos feixes de luz que Eadie descreveu, e que guiarão a alma do morto para diante, em direção à luz.

A Intervenção dos Anjos da Guarda

Em alguns casos, os anjos da guarda intervêm nos assuntos da humanidade quando as coisas pioram, especialmente durante períodos espirituais importantes de crescimento na Terra. Um exemplo bíblico disso, discutido anteriormente, ocorreu durante a época de Jesus, quando o Arcanjo Miguel foi avisar José que Herodes iria emitir um decreto ordenando o assassinato de todas as crianças de até dois anos de idade, devido ao seu medo de que um novo "rei" tivesse nascido. A advertência de Miguel levou Maria, José e Jesus, em segurança, até o Egito, onde permaneceram ilesos.

O autor John E. Ronner detalhou um fascinante relato de uma intervenção angélica em seu livro *Know Your Angels*. No século XX, relatou-se que hostes de anjos foram vistas durante a Primeira Guerra Mundial, em 1914, na batalha em Mons, na Bélgica. Relatos sobre anjos "guerreiros" começaram a circular entre os civis, o corpo médico e os soldados dos exércitos britânico, francês e alemão. A Alemanha guerre-

---

16. *Embraced by the Light*, Betty Eadie, pp. 103, 121.

ava contra os ingleses e os franceses, que estavam batendo em retirada de Mons. De fato, a batalha piorava para o lado dos franceses e dos ingleses. No entanto, eles começaram a vencer depois que anjos foram vistos no campo de batalha. Um relato, obtido de um soldado alemão capturado, afirmava que seu exército teve de se retirar devido a uma grande divisão de soldados vestidos de branco e armados com arcos e flechas, com um oficial liderando-os sobre um grande cavalo branco. O soldado alemão ficou perplexo porque o líder desse exército, montado num cavalo, era um alvo obviamente fácil, e no entanto os alemães dispararam sobre ele repetidas vezes sem sucesso.

Em outra história, contada durante o mesmo período, um exército de anjos vestidos de branco se postou entre os soldados ingleses e alemães. Os cavalos dos soldados alemães empacaram, recusando-se a prosseguir, ou debandaram no sentido oposto ao do exército angélico. A essa altura, os ingleses escaparam dos alemães com sucesso. Outros soldados, pertencentes aos exércitos de todas as nações envolvidas, relataram ter visto as figuras de Joana d'Arc, do Arcanjo Miguel e de São Jorge, o santo padroeiro da Inglaterra. John Ronner escreveu sobre esse acontecimento miraculoso:

> "... Um cabo ferido declarou que seus soldados ficaram observando durante meia hora, com mudo terror, três figuras impressionantes com rostos que pairavam no céu ao redor deles – um dos componentes do trio celeste parecia ter asas estendidas ... um capitão bastante perturbado aproximou-se do cabo, perguntando-lhe se ele ou qualquer um dos seus soldados teria visto alguma coisa 'espantosa'."[17]

Esse relato sobre os anjos de Mons chegou até os jornais da época, e foi escrito um livro sobre os misteriosos seres que ajudaram a França e a Inglaterra na batalha na Bélgica: *On the Side of Angels*, de Harold Begbie.

A notícia de anjos da guarda em campos de batalha não é nova. Como discutimos antes, o "anjo do Senhor" (que era provavelmente o

---

17. *Know Your Angels*, John Ronner, p. 23.

Arcanjo Miguel) muitas vezes libertava aqueles que eram justos e que tinham sido chamados para um alto propósito. No Segundo Livro dos Reis, no Velho Testamento, Ezequias, rei de Judá, pediu a Deus para salvar o seu povo das mãos de Senaqueribe, rei da Assíria, que desencadeara uma onda de destruição através das nações e tomara Jerusalém, alegando sua posse. O rei assírio zombou de Ezequias e das antigas tradições vindas de Moisés, e também zombou dos poderes e da capacidade de Deus para libertar o Seu povo. Senaqueribe falou rudemente contra o profeta Isaías e o povo de Judá, e não desistiu de Jerusalém. Ezequias orou a Deus, e não apenas Jerusalém foi salva do rei assírio como cada soldado do exército assírio foi assassinado pelo "anjo do Senhor":

> "Então naquela mesma noite saiu o anjo do Senhor, e feriu no arraial dos assírios a cento e oitenta e cinco mil; e quando se levantaram os restantes pela manhã, eis que todos estes eram cadáveres" (Reis II 19:35).

Pouco depois dessa matança maciça, o rei assírio foi assassinado pelo seu próprio povo. Nessa história bíblica, os exércitos do rei assírio ultrapassavam de longe os do povo de Ezequias. Sem levar em consideração as forças invisíveis de Deus, parece que as tropas assírias puderam tomar Jerusalém sob uma resistência pouco maior que a de um protesto. No entanto, *um único anjo* tomou conta de todo o exército assírio! De maneira semelhante, a Alemanha excedia claramente em forças os ingleses e os franceses em Mons e – de maneira inexplicável, nos termos racionais de uma batalha – a Alemanha perdeu. Esse é um padrão que percorre toda a Bíblia, no Velho e no Novo Testamento – e no século XX. Há sempre disparidades aparentemente insuperáveis no conflito bem *versus* mal e, não obstante, de alguma forma, uma maneira miraculosa de escapar é preparada para os poucos fiéis.

Anjos – Os Mensageiro da Esperança

Há uma mensagem central nessas histórias bíblicas sobre anjos da guarda protetores, e é sempre uma mensagem de esperança. Os capítulos anteriores descreveram os anjos que alimentaram Elias; os anjos que visitaram Daniel com as visões do que iria acontecer na Terra; o profeta Enoch, a quem foram mostradas as grandes e terríveis visões dos anjos de Deus e dos anjos de Satã, assim como o advento de seu próprio destino como Messias.

O Novo Testamento tem história nas quais surgem anjos nos momentos mais negros, quando parece que toda a esperança se foi. O nascimento de Jesus ocorreu numa dessas épocas, em que tudo indicava que o mundo estava perdendo o seu fundamento espiritual. Cayce descreveu numa leitura os eventos que cercaram o nascimento de Jesus e esclareceu que foi uma época na história da humanidade em que, num dos mais baixos pontos a que o mundo desceu, a esperança voltou a nascer:

> "... cada vez mais baixo caíra a concepção humana das necessidades. Então – quando toda esperança parecia ter desaparecido – os anjos anunciadores cantaram ... Todos sentiram um grande e reverente temor quando o brilho da Sua estrela apareceu e reluziu, e a música das esferas trouxe consigo este coro jubiloso: 'Paz na Terra! Boa vontade aos homens de boa-fé!' "[18]

Os essênios, que foram descritos no Capítulo 7, abriram caminho para o mais incomum dos eventos quando se prepararam para a vinda de Cristo. Eles acreditavam que a libertação não somente era *possível* como também era *provável*. Entre eles nasceu Jesus, que se tornaria o Cristo. Com os essênios, nada fisicamente tangível indicava que o Messias nasceria entre eles, exceto a esperança e a expectativa. De fato, a palavra "essênio" significa "expectativa" ou "aqueles que esperam", como foi dito antes. Sua fé produziu um nascimento milagroso, e acontecimentos que comprovaram a antiga promessa de que Deus se realizaria e se atualizaria plenamente na Terra. Jesus nasceu em meio ao tumulto e às lutas de um mundo que tinha perdido a fé, e que quase perdera a esperança. No momento mais negro houve Luz, e em meio à Luz, coros de anjos proclamaram que uma nova esperança nascera, um renascimento espiritual como nunca houve antes na Terra.

---

18. Leitura 5749-15.

Hoje, 2.000 anos depois, estamos sendo novamente instados a nos lembrar de onde viemos, a remover de nossa visão espiritual as distrações do mundo material, a não escutar o mundo externo, que se acha num estado de caos, e a não nos deixarmos cegar por um mundo de aparências. Estamos sendo levados a nos voltar *para dentro de nós mesmos*, onde há um reservatório de espírito que vai além das palavras; um silêncio que está preenchido de paz, de harmonia, de luz, e – acima de tudo – de esperança pelo próximo passo desse grande drama espiritual que está sendo encenado no palco do mundo.

O planeta está passando hoje por um outro período de trevas, de testes e de transição. O comunismo caiu, juntamente com o Muro de Berlim e, não obstante, muitos países continuam a travar velhas guerras animadas pelo ódio e por diferenças religiosas: a Bósnia, a Sérvia e a Croácia empenham-se em batalhas devastadoras. Assassinatos em massa e genocídios ocorrem em Ruanda. Crimes odiosos florescem nos Estados Unidos. De fato, estes são tempos de trevas. Não obstante, as forças da escuridão e os poderes do mal só têm domínio sobre aquilo que cedemos a eles. Reafirmando a definição de Cristo e do anticristo feita por Cayce:

> "Os frutos do espírito de Cristo são o amor, a alegria, a obediência, a resignação, o amor fraterno, a bondade. *Contra tudo isso não existe lei*. O espírito do ódio, o anticristo, são as discussões, a luta, a censura ... São estes o anticristo, e *tomam posse de grupos*, de massas, e se mostram até mesmo nas vidas dos homens"[19] (os grifos são do autor).

Nestes dias de transição, podemos cair na armadilha do anticristo, de Satã, se perdermos a esperança ou a nossa fé no Divino. Assim fazendo, abrimo-nos aos próprios anjos decaídos e aos seus poderes, examinados neste livro, aqueles seres que guerrearam contra o Arcanjo Miguel no princípio e continuam a "tomar posse de grupos ..." Podemos, *por escolha*, escutar as vozes que anunciam a desesperança. Como vimos, Satã é uma força real. Mas a sua influência só se estende pelo mundo material e por escolha. Se há um punhado de pessoas que não perderam

---

19. Leitura 281-16.

nem a esperança nem a fé, independentemente dessa situação infernal em que o mundo parece ter caído, então os anjos da luz podem cuidar desses que têm esperança e que oram, e que anseiam pela melhor das soluções; desse modo, os anjos poderão realizar o seu trabalho, provocando o surgimento de um maior despertar e de paz sobre a Terra.

Mensagens angélicas de esperança estão irrompendo por toda a parte: estão aparecendo nos jornais, na televisão, em revistas de âmbito nacional, a indivíduos como aqueles sobre os quais falamos no Capítulo 1, e em outros lugares. Como ocorria nos dias bíblicos, as pessoas ainda são escolhidas para se tornarem mensageiras de esperança, como esses modernos clarividentes que foram Rudolph Steiner e Edgar Cayce, entre outros. Em meio à grande escuridão do mundo, há aqueles que levam a luz e que nos encorajam para seguir em frente, e para ter fé e coragem.

As manifestações de anjos em nossa época nos desafiam a olhar mais profundamente para além de um mundo em transição. Quando consideramos as atividades dos anjos, o que essas experiências significam para nós, pessoalmente? Inspiram esperança dentro de nós? Permitem-nos atuar como anjos para outras pessoas? Acreditamos que *há* esperança para o novo mundo que virá? É precisamente hoje a época em que realmente precisamos nos sentar e fazer um balanço desse mundo notável em que vivemos, e dos acontecimentos miraculosos que estão ocorrendo ao nosso redor. É hora de dar um passo para trás diante das distrações do mundo material, de meditar e de absorver a realidade de que, espiritualmente, não estamos sós – nem jamais estivemos. Não passa de uma ilusão o fato de acreditarmos que estamos separados da luz divina, do amor de Deus. Os anjos – as vozes celestes e multifacetadas de Deus – estão proclamando que pertencemos ao seu domínio de potencial espiritual ilimitado. É apenas uma questão de compreender, acreditar, e manifestar isso em nosso mundo. Agora é tempo de reafirmar que somos parte do divino plano de Deus e de realizar a promessa que foi transmitida através das eras às almas que ingressaram no mundo material, palavras que Cristo pronunciou há 2.000 anos e que sempre foram verdadeiras: *Estou sempre com você, até mesmo no fim do mundo*. Pois precisamos dessa divina confirmação, dessa mensagem de conforto, e da mensagem que nos diz que Deus, para sempre, cuida de nós, nos ama e quer falar conosco. Tudo o que temos de fazer é ficar calados. E escutar ... escutar ... escutar ...

A Nova Jerusalém
"Vi também a cidade santa, a nova Jerusalém, que descia do céu, da parte de Deus, ataviada como noiva adornada para o seu esposo..." (Apocalipse 21:2)

Bibliografia

Anônimo. *The Boy Who Saw True*. Essex, Inglaterra: The C.W. Daniel Company, Limited, 1953.

Begbie, Harold. *On the Side of Angels: A Reply to Arthur Machen*. Londres, Inglaterra: Hodder and Stoughton, 1915.

Bro, Harmon Hartzell. *A Seer Out of Season – The Life of Edgar Cayce*. Nova York, N.Y.: New American Library, 1989.

Bucke, Richard Maurice. *Cosmic Consciousness*. Nova York, N.Y.: Causeway Books, 1974.

Burnham, Sophy. *A Book of Angels*. Nova York, N.Y.: Ballantine Books, 1990.

Carey, Kenneth X. *The Vision – A Personal Call to Create a New World*. Nova York, N.Y.: HarperCollins, 1992. [*Visão*, publicado pela Editora Cultrix, São Paulo, 1988.]

Cayce, Edgar. *Psychic Development*. Volume 8 da Edgar Cayce Library Series. Virginia Beach, Va.: A.R.E. Press, 1978.

Cayce, Edgar. *The Revelation: A Commentary Based on a Study of Twenty-Four Psychic Discourses by Edgar Cayce*. Virginia Beach, Va.: A.R.E. Press, 1945, 1952, 1969.

Cayce, Edgar. *The Study Group Readings*. Volume 7 da Edgar Cayce Library Series. Virginia Beach, Va.: A.R.E. Press, 1977.

Cayce, Hugh Lynn. *Venture Inward*. Nova York, N.Y.: Harper & Row, 1964.

Crim, Kenneth, editor. *The Perennial Dictionary of World Religions*. Nova York, N.Y.: Harper & Row, 1989.

Danielou, Jean. *The Angels and Their Mission*. Traduzido por David Heimann. Westminster, M.D.: The Newman Press, 1957.

Davidson, Gustav. *A Dictionary of Angels – Including the Fallen Angels*. Nova York, N.Y.: The Free Press, 1967.

Drummond, Richard H. *A Life of Jesus the Christ – From Cosmic Origins to the Second Coming*. San Francisco, Califórnia: Harper & Row, 1989.

Drummond, Richard H. *Unto the Churches – Jesus Christ, Christianity, and the Edgar Cayce Readings*. Virginia Beach, Va.: A.R.E. Press, 1978.

Eadie, Betty J. *Embraced by the Light*. Placerville, Calif.: Gold Leaf Press, 1992.

Fillmore, Charles. *Metaphysical Bible Dictionary*. Unity Village, Missouri: Unity School of Christianity, 1931.

Fullwood, Nancy. *The Flaming Sword*. Nova York, N.Y.: McCoy Publishing, 1935.

Giovetti, Paola. *Angels – The Role of Celestial Guardians and Beings of Light*. Traduzido por Toby McCormick. York Beach, Maine: Samuel Weiser, Inc., 1993.

Govinda, Lama. *Foundations of Tibetan Mysticism*. Nova York, N.Y.: Samuel Weiser, Inc., 1971. [*Os Fundamentos do Misticismo Tibetano*, publicado pela Editora Pensamento, São Paulo, 1983.]

Grant, Robert J. *Love and Roses from David: A Legacy of Living and Dying*. Virginia Beach, Va.: A.R.E. Press, 1994.

Howard, Jane M. *Commune with the Angels*. Virginia Beach, Va.: A.R.E. Press, 1992.

Hubbard, Barbara Marx. *The Revelation – Our Crisis Is a Birth*. Greenbrae, Calif.: The Foundation for Conscious Evolution, 1993.

Irion, J. Everett. *Interpreting the Revelation with Edgar Cayce*. Virginia Beach, Va.: A.R.E. Press, 1982.

Komroff, Manuel, org. *The Apocrypha or Non-Canonical Books of the Bible – The King James Version*. Nova York, N.Y.: Tudor Publishing Co., 1937.

Laurence, Richard. *The Book of Enoch the Prophet*. Londres: Kegan, Paul, Trench & Co., 1883.

Lewis, C.S. *The Screwtape Letters*. Nova York, N.Y.: The MacMillan Company, 1948.

Martin, Malachi. *Hostage to the Devil: The Possession and Exorcism of Five Living Americans*. Nova York, N.Y.: Perennial Library, 1976.

Nelson, Kirk. *The Second Coming*. Virginia Beach, Va.: Wright Publishing Company, 1986.

Newhouse, Flower A. *Natives of Eternity*. Escondido, Calif. The Christward Ministry, 1937, 1944, 1950, 1965.

Newhouse, Flower A. *Rediscovering the Angels*. Escondido, Calif. The Christward Ministry, 1950, 1966. [*Redescobrindo os Anjos e os Habitantes Alados da Eternidade*, publicado pela Editora Pensamento, São Paulo, 1995.]

Peck, M. Scott. *People of the Lie – The Hope for Healing Human Evil*. Nova York, N.Y.: Simon & Schuster, 1983.

Prophet, Elizabeth Clare. *Forbidden Mysteries of Enoch: The Untold Story of Men and Angels*. Livingston, Mont.: Summit University Press, 1983.

Redfield, James. *The Celestine Prophecy – An Adventure*. Nova York, N.Y.: Warner Books, 1994.

Ritchie, George. M.D., com Elizabeth Sherrill. *Return from Tomorrow*. Tarrytown, N.Y.: Spire Books, 1978.

Ronner, John E. *Know Your Angels – The Angel Almanac with Biographies*. Murfreesboro, Tenn.: Mamre Press, 1993.

Schroff, Lois. *The Archangel Michael*. Herndon, Va.: New Light Books, 1990.

Smith, Robert C. *In the Presence of Angels*. Virginia Beach, Va.: A.R.E. Press, 1993. [*Na Presença dos Anjos*, publicado pela Editora Pensamento, São Paulo, 1995.]

Sparrow, G. Scott. *I Am with You Always*. Nova York, N.Y.: Bantam Books, 1995.

Steiner, Rudolf. *Michaelmas and the Soul-Forces of Man*. Spring Valley, N.Y.: Anthroposophic Press, 1946.

Sugrue, Thomas. *There Is a River – The Story of Edgar Cayce*. Virginia Beach, Va.: A.R.E. Press, 1970.

Swedenborg, Emanuel. *Earths in the Starry Heaven – Their Inhabitants, and the Spirits and Angels There – From Things Seen and Heard*. Londres, Inglaterra: Swedenborg Society, Inc., 1860.

Swedenborg, Emanuel. *Heaven and Hell – From Things Seen and Heard*. Nova York, N.Y.: Swedenborg Foundation, Inc., 1852.

Taylor, Terry Lynn. *Creating with the Angels – An Angels-Guided Journey into Creativity*. Tiburon, Calif.: H.J. Kramer, Inc., 1993. [*Os Anjos – Inspiradores da Criatividade*, publicado pela Editora Pensamento, São Paulo, 1995.]

Taylor, Terry Lynn. *Guardians of Hope – The Angels' Guide to Personal Growth*. Tiburon, Calif.: H.J. Kramer, Inc., 1992. [*Os Anjos – Guardiães da Esperança*, publicado pela Editora Pensamento, São Paulo, 1993.]

A Respeito do Autor

Robert J. Grant tem organizado conferências e seminários sobre anjos e arcanjos nos EUA e no Canadá. Passou mais de cinco anos trabalhando com a equipe que processou em computador a coleção completa de mais de 14.000 leituras mediúnicas e correspondência relacionada, de Edgar Cayce. É considerado um especialista na coleção das leituras, particularmente nos assuntos de anjos e arcanjos.

Treinado como jornalista na Marinha dos EUA, Robert viajou extensamente por toda a Europa e o leste do Mediterrâneo durante a crise em Beirute em 1983-1984, trabalhando como correspondente estrangeiro para a televisão, o rádio e os jornais. Mais tarde, foi premiado com a Navy Achievement Medal por seu destacado trabalho de jornalismo irradiado e impresso durante esse período de viagens. É também o autor de *Love and Roses from David: A Legacy of Living and Dying*, publicado pela A.R.E. Press. Robert vive e trabalha em Virginia Beach, na Virgínia.

Obras de Terry Lynn Taylor:

OS ANJOS - GUARDIÃES DA
ESPERANÇA

OS ANJOS - Inspiradores da
criatividade

ANJOS - MENSAGEIROS DA
LUZ

OS ANJOS RESPONDEM - Um
livro de mensagens angélicas

Outras obras de interesse:

PERGUNTE AO SEU ANJO -
Um guia prático para lidar com
os mensageiros do céu e
fortalecer e enriquecer a sua vida
Alma Daniel, Timothy Wyllie
e *Andrew Ramer*

REDESCOBRINDO OS ANJOS e
os Habitantes Alados da
Eternidade
Flower A. Newhouse

NOSSOS GUIAS ESPIRITUAIS
Penny McLean

OS ANJOS - Espíritos protetores
Penny McLean

CONTATOS COM O ANJO DA
GUARDA
Penny McLean

OS ANJOS QUE REGEM A
NOSSA VIDA
John Randolph Price

A COMUNICAÇÃO COM OS
ANJOS E OS DEVAS
Dorothy Maclean

A FRATERNIDADE DE ANJOS
E DE HOMENS
Geoffrey Hodson

O REINO DOS DEUSES
Geoffrey Hodson

HARMONIZE-SE COM O SEU
ANJO DA GUARDA
Anita Godoy

MEDITANDO COM OS ANJOS
Texto: *Sônia Café*
Ilustrações: *Neide Innecco*

NA PRESENÇA DOS ANJOS -
Histórias reais de pessoas que
tiveram contato com seus Anjos
da Guarda
Robert C. Smith

Peça catálogo gratuito à
EDITORA PENSAMENTO
Rua Dr. Mário Vicente, 374 - Fone: 272-1399
04270-000 - São Paulo - SP